कविता का रचनालोक

कविता का रचनालोक

राजकुमार शर्मा

अनामिका पब्लिशर्स एंड डिस्ट्रीब्यूटर्स (प्रा.) लिमिटेड
4697/3, 21-ए, अंसारी रोड, दरियागंज, नई दिल्ली 110002
फोन : 011-23281655, 011-43708938
E-mail: anamikapublishers@yahoo.co.in

संस्करण : 2019

आई.एस.बी.एन. 978-81-7975-911-0

भारत में मुद्रित

अनामिका पब्लिशर्स एंड डिस्ट्रीब्यूटर्स (प्रा.) लिमिटेड, 4697/3, 21-ए, अंसारी रोड, दरियागंज, नई दिल्ली 110002 द्वारा प्रकाशित। शिवानी कम्प्यूटर्स, दिल्ली 110093 द्वारा शब्दांकित एवं विकास कंप्यूटर एंड प्रिंटर्स, ट्रॉनिका सिटी, गाजियाबाद में मुद्रित।

निवेदन

'कविता का रचना-लोक' उन्नीस सौ तिरसठ से लेकर उन्नीस सौ चौरासी तक के वर्षों में प्रकाशित मेरे कविता पर केन्द्रित लेखों में से कुछ का संकलन है। जाहिर है कि इस लम्बे दौर में, कविता को लेकर व्यक्त इन प्रतिक्रयाओं में आलोचकीय परिप्रेक्ष्य और संवेदना-स्तर की एकरूपता नहीं मिलेगी। हाँ, अपने दौर में लिखी जा रही कविता के बारे में समझ बनाने के आरम्भिक प्रभाववादी और एक हद तक अनुकरणमूलक प्रयासों के कच्चेपन से लेकर समाज के संघर्षशील तबकों और उनसे खरी सहानुभूति रखनेवाले संस्कृतिकर्मियों द्वारा विकसित मूल्य-दृष्टि से जुड़कर, सही परिप्रेक्ष्य पाने के प्रयासों के अधपकेपन तक पहुँचने की यात्रा का नैरंतर्य यहाँ अवश्य देखा जा सकता है। अपने वक्त की कविता और अपने वक्त की आलोचना को आमन-सामने रखकर, रचना और रचनाकार के बारे में राय बनाने की व्यक्तिगत कोशिशों से बनी यह यात्रा आलोचक की कम, पाठक की यात्रा अधिक है। आधुनिकतावादी आग्रहों की अतिशयता से मुक्त होकर पक्षधर सामाजिक परिप्रेक्ष्य को आत्मसात करने की दिशा में आगे बढ़ने की आकांक्षी पाठकीय दृष्टि का संघर्ष ही शायद इन लेखों को एकसूत्रता दे पाया हो।

नई कविता के दौर में कविता पर आधुनिकतावाद की गिरफ़्त मजबूत थी। सामाजिक यथार्थ के बाह्य आग्रहों के प्रति निःसंगता को कवि का आदर्श बताया जाता था और रचना-प्रक्रिया को मात्र अन्तःप्रेरणा। व्यक्ति और समाज, उसके अन्तर्जगत और बाह्य परिवेश को एक-दूसरे के खिलाफ़ खड़े ऐसे दो पक्षों के रूप में प्रस्तुत किया जा रहा था मानो उनके बीच कोई दुर्लंघ्य विभाजक रेखा हो। अन्तर्जगत को बाह्यजगत के प्रभाव से बचाना तथा व्यक्ति की समाज से रक्षा एक तरह से कवि के नैतिक कर्तव्य मान लिए गए थे। पर, खुशी की बात यह थी कि इस तरह के आधुनिक सोच का विरोध नई कविता के खेमे में भी हो रहा था और उसके बाहर भी। बाह्यजगत की जटिलताओं से

एक हद तक कटे इस निजबद्ध रचना-लोक और इसके पीछे सक्रिय सन्दर्भच्युत विच्छिन्नता-बोध की सही आलोचना हमारे यहाँ मुक्तिबोध ने की थी और यूरोप में स्टीफेन स्पेण्डर ने। स्पेण्डर ने कहा था कि 'इस युग की सर्जनात्मक प्रतिभा शीशे की सलाखों से बने एक पिंजड़े में बन्द है, जिसमें उसे केवल अपना ही प्रतिबिम्ब दिखाई देता है।'

इस दौर में शुरुआत करने वाले समीक्षक की जिम्मेदारी दोहरी थी। एक ओर तो सूक्ष्म तर्क और बौद्धिक विलास का आश्रय लेकर, रचना को अपने आप में सम्पूर्ण स्वायत्त इकाई के रूप में परिभाषित करने वाली व्यक्तिवादी-रूपवादी आस्वाद-प्रणाली का निषेध तथा दूसरी ओर संस्कृति के संघर्षकारी रूपों की मानवीय परम्परा के स्वाभाविक और ऐतिहासिक रूप से अनिवार्य विकास के साधन रूप में प्रस्तुत नई रचनाओं के मूल्यांकन के परिप्रेक्ष्य का विस्तार। दोहरी जिम्मेदारी के इस आत्मानुशासन में रहकर ही समीक्षा ने, अपनी नई भूमिका में, जनवादी कार्यभारों को पूरा किया। अपने समय और जीवन के सारभूत मुद्‌दों को लेकर, रचनाकार और पाठक के बीच समानान्तर सहचिन्तन को उभारने की जरूरत महसूस कराने वाली समीक्षा का माहौल धीरे-धीरे बनता गया। इस माहौल को—विचारधारात्मक आधार पर—संगठित और दिशाबद्ध करने में वामपन्थी तेवर की लघु पत्रिकाओं ने एक बड़ी भूमिका निभाई। बदले हुए सन्दर्भ में बदले हुए रूप के साथ कलावाद की वापसी की कोशिशें कविता में फिर से सक्रिय हो उठी है। अपने कलावादी पूर्वग्रह की रक्षा के निमित्त कवि फिर नए तर्कों के साथ आलोचक की भूमिका में उतरा है। जनवादी समीक्षा को अभी और तैयारी के साथ उत्तरआधुनिकतावाद के इस नए समीकरण के खतरे से निर्णायक लड़ाई लड़नी है, सिर्फ छापामार विधि से काम नहीं चलेगा।

प्रगतिवाद, छायावोदोत्तर कविता नई कविता, अकविता से लेकर कविता के नए जनवादी दौर तक की यात्रा के बीच बन रहे इस माहौल में पाठकीय हस्तक्षेप की एक हल्की-सी झलक आपको मिल सके, बस इतनी ही सार्थकता इस पुस्तक की है।

—राजकुमार शर्मा

अनुक्रम

प्रगतिशील कविता का शिल्प–सौन्दर्य

हिन्दी की प्रगतिशील काव्यधारा की अभिव्यक्ति-संचेतना की मुख्यतः दो प्रेरणा-दिशाएँ रही हैं। विकास के स्थानीय ऐतिहासिक सन्दर्भ में एक ओर उसने छायावादी काव्य की सूक्ष्म अभिव्यंजना पद्धति के प्रति अपने विद्रोह को यथार्थवादी शिल्प-दृष्टि के वरण द्वारा व्यावहारिक परिणति प्रदान करने की चेष्टा की तथा दूसरी ओर व्यापक सैद्धान्तिक सन्दर्भ में मार्क्सवादी विचारधारा के कला-चिन्तन के प्रभाव को आत्मसात् कर उसी के अनुशासन में अपने शिल्पतन्त्र को ढालने की आवश्यकता का अनुभव किया है। इन दोनों प्रेरणा-दिशाओं से प्रगतिशील काव्य-दृष्टि ने एक ही उभयनिष्ठ तथ्य ग्रहण किया—यथार्थ का मार्मिक ग्रहण। प्रगतिशील काव्य-दृष्टि जीवन को भावना से अतिरंजित करने में, आदर्श का पर्दा ढँकने में, नीति और धर्म के बँधन में बँधने में विश्वास नहीं रखती। मार्क्सवादी चिन्तन के अनुरूप वह समाज विज्ञान और उसकी परम्परा में निष्ठा रखती है। उसकी आस्था उस यथार्थवादी परम्परा में है, जिसका आधार पदार्थ-विज्ञान है। दोब्रोल्युबोव का कथन है कि, 'पदार्थ-विज्ञान के विकास ने हमारे युग में बोध-प्राप्ति की एक नई पद्धति को तैयार और पक्का किया। एक ऐसी पद्धति को जो अनुभव पर आधारित है, जो अपने तमाम सैद्धान्तिक निष्कर्षों को तथ्यात्मक ज्ञान पर आधारित करती है, किन्हीं स्वप्निल मान्यताओं और धुंधले अनुमानों पर नहीं।'[1] मार्क्सवादी काव्य-दृष्टि सामाजिक तत्त्वों की यथार्थता को स्वीकार करती है। पदार्थ सौन्दर्य पर उसकी मूल्य निष्ठा टिकी हुई है। इसी दृष्टि से प्रेरित होकर प्रगतिशील कविता छायावादी काव्य में नीरव और मधुमय संगीत की व्यर्थता को प्रतिपादित करती है—

---

1. दर्शन-साहित्य और आलोचना (अनूदित), पृष्ठ-298

❖ डॉ. राजकुमार शर्मा ❖

क्या होगा गाकर अनन्त का नीरव और मधुमय संगीत?
मलयानिल के उच्छ्वासों का अस्फुट अनुपम राग पुनीत।
कनक रश्मियों के गौरव से होगा क्या दुखियों का त्राण,
रूखी रोटी में जिनको है यथार्थ जीवन का प्राण।
होगा क्या बनवाकर कविते, तुहिन-बिन्दु की निर्मल माल,
विस्मृति के असीम सागर में फैलाकर स्वप्नों का जाल।[1]

प्रगतिशील कवि विषयवस्तु की कठोर वास्तविकता को शब्दों में बाँधना चाहता है। वह वस्तु के पार के सत्य को व्यंजित करने में विश्वास नहीं रखता। दूसरे शब्दों में वह वस्तु के मूर्त प्रभाव को ही पकड़ने और सम्प्रेषित करने में ही अपने कवि-कर्म की इयत्ता मानता है। अर्थ के उच्चतर अमूर्त आयामों को छूने में भी उसकी पार्थिव सौन्दर्य-चेतना बहुधा समर्थ हो जाती है। इसका मूल कारण प्रगतिशील कवि की सोद्देश्य वस्तुनिष्ठता है।

यदि हम छायावादी और प्रगतिशील काव्य का रचना-प्रक्रिया की सापेक्षिक स्थितियों का अध्ययन करें तो रचना-दृष्टि सम्बन्धी कुछ महत्त्वपूर्ण तथ्य सामने आते हैं। छायावाद में अभिव्यक्ति के प्रति एक विचित्र प्रकार की सजगता दिखलाई पड़ती है। श्रुतिरंजक नाद-योजना, लघु-लघु चित्रों या लाक्षणिक संकेतों का रमणीय विधान और इन सबको अन्वित करने के लिए किसी सहज दार्शनिक धारणा का सूत्र, उस सूत्र को न ढूंढ़ें तो सब कुछ बिखरा हुआ लगता है। यह सूत्र ही कविता के ढाँचे के बिखराव को सँभालता है तो दूसरी ओर अनुभव की असंगति पर सामंजस्य का आरोप करता है। छायावादी कवि संकोच से ग्रस्त कोमल व्यक्ति प्रतीत होता है। प्रगतिशील काव्य में इस सामंजस्य की खोज कुछ भिन्न स्तर पर हुई है। यहाँ कवि प्रगति के एक विशिष्ट दर्शन की ओर उन्मुख होता है। वह मनुष्य के भौतिक सम्बन्धों की सामाजिक असंगति का यथार्थ एवं साभिप्राय वस्तुनिष्ठ चित्रण करता है। छायावाद की भाँति यहाँ कवि के व्यक्तिगत पक्ष का आग्रह प्रबल नहीं है। इसके बावजूद प्रगतिशील कवियों की मौलिक धारणाएँ मूलतः आदर्शवादी हैं। ये कवि वर्ग-चेतना के सन्दर्भ में मनुष्यता के विषय सम्बन्धों को खूब विशदता के साथ सामने लाते हैं और फिर भी समाजवादी दर्शन के सहारे असंगति के भविष्यमूलक समाधान की विवृति करते हैं। उदाहरण के रूप में देखा जा सकता है कि वे किसी प्रकार मजदूर की एक मानवीय धारणा का ही बोध

---

1. रहस्यवाद का निर्वासन, सरस्वती खण्ड 37, संख्या 3, 1936।

रखते हैं, जिससे एक नए 'मानुषवाद' का पुनरावर्तन होता है।

प्रतीक वस्तुतः एक अनुभव-स्थिति का सम्बद्ध अर्थ-बोध है। प्रतीक एक अनुभूति का प्रसंग, उसका सम्पर्कात्मक बोध और अनुभव करने वाले व्यक्ति की सापेक्ष सत्ता को प्रतिष्ठित करता है। इसीलिए प्रतीक का मूल महत्त्व व्यक्तिगत होता है। सम्पूर्ण अनुभूति को जब व्यक्ति अपने समझने के लिए भाषाबद्ध करना चाहता है, तभी इन प्रतीकों का अर्थ बनता है। साक्षात्कार के क्षणों में अनुभव करने वाला जब सम्पूर्ण स्थिति को किसी समान स्थिति के अर्थ में व्यक्त करना चाहता है, तभी वह दो भिन्न स्तरों को मिलाकर एक प्रतीक का निर्माण करता है। सम्पूर्ण प्रगतिशील कविता मार्क्सवादी राजनीति-दर्शन से प्रेरित है। प्रगतिशील कवि के लिए मार्क्स कथित जीवन-दृष्टि ही आदर्श स्थिति है। उसी की समान स्थिति की खोज वह प्रकृति जगत् में भी करता है, तथा हम दो भिन्न कोटि के स्तरों को अर्थापन की प्रक्रिया द्वारा एक करने की चेष्टा द्वारा प्रतीक गढ़ता है। प्रगतिशील कवि के लिए प्रतीक सैद्धान्तिक अर्थापन व्यवस्था की एक सचेष्ट अभिव्यक्ति हो जाता है। उसकी प्रतीक-प्रक्रिया अनुभव करने वाले व्यक्ति की सापेक्ष सत्ता को प्रतिष्ठित करने से कतराती है। प्रतीक का व्यक्तिगत महत्त्व-धारणा से जुड़ जाना मार्क्सवादी काव्य-चिन्तन की अविरोधी प्रक्रिया-दिशा है। समाजवादी चिन्तन के अनुसार, प्रवृत्तियाँ पदार्थ तत्त्व की स्वीकृति में और अनुभव उसके वातावरण की स्वीकृति में ही सृजन करता है।[1] अतः मानव की समस्त चेतनाएँ समाज से सम्बद्ध हैं और उसी से पैदा होती हैं।[2] व्यक्ति की चेतना से समाज नहीं, वरन् सामाजिक चेतना से व्यक्तित्व का निर्माण होता है। व्यक्तित्व की अखण्डता का अर्थ ही सामाजिक अनुभव से है। प्रगतिशील चिन्तक कविता की परिभाषा सामाजिक श्रम के रूप में स्वीकार करता है।[3] उसकी दृष्टि में कविता प्रकृति के साथ होनेवाले मनुष्य के संघर्ष का श्रम-सीकर है।[4] उपर्युक्त कला-चिन्तन से प्रेरित होने के कारण ही प्रगतिशील काव्य के प्रतीक-प्रयोगों की अर्थीकरण-प्रक्रिया में कवि 'सम्पूर्ण अनुभूति को' अपने समझने के साथ ही दूसरों को सिद्धान्ततः समझाने के लिए भाषाबद्ध करने की चेष्टा करता है। प्राकृतिक और व्यक्तिगत जीवन के अनेक पक्षों को भी वह इसी निर्वैदक्तिक सिद्धान्तवादी दृष्टि से देखता है। प्रगतिशील काव्य में अधिकांश भावात्मक प्रतीकों की सृजन-प्रक्रिया इसी दृष्टि से प्रेरित है।

---

1. Poetry Springs from the contradiction between the instincts and experience of the Poet: Christopher candwell.
2. Ibid. p. 288
3. Ibid. p. 110
4. Ibid. p. 110

भावात्मक वर्ग के प्रकृत उपवर्ग के प्रतीक प्रगतिशील काव्य में अधिक मिलते हैं। परन्तु इन प्रतीकों के पीछे भावात्मक प्रेरणा उतनी ही है, जितनी कि वैचारिक आग्रहशीलता। निरालाजी की प्रगतिशील कविताओं में कुछ सुन्दर प्रकृत-प्रतीकों की सृष्टि हुई है। निम्नोद्धृत पंक्तियों में 'ठूंठ' आज के मध्यवर्गीय व्यक्ति की रोमानी सन्दर्भों से विरहित नि'शेष राग-वैभव मन'स्थिति को प्रतीकित करता है–

ठूंठ यह है आज
गई इसकी कला,
गया है सकल साज
झरते नहीं यहाँ दो प्रणयियों के नयन-नीर।1

'कुकुरमुत्ता' निराला की अत्यन्त प्रसिद्ध प्रतीकात्मक कविताओं में से एक है। यहाँ निराला ने प्रतीकात्मक शैली में सामाजिक वैषम्य के अनुभवमूलक यथार्थ को मर्मस्पर्शी अभिव्यक्ति दी है। किसी आरोपित सैद्धान्तिक आग्रह के अभाव में इस प्रतीक में एक सहज मानवीय अनुभूति का सन्निवेश हो गया है। इस कविता में 'गुलाब' और 'कुकुरमुत्ता' इन दो प्रतीकों को कथा-प्रसंग के सहारे अर्थ-विस्तार दिया गया है। इनके अर्थ क्रमशः प्रस्फुटित होते हुए अन्त में प्रतीकात्मक सम्पूर्णता को प्राप्त होकर समस्त कविता को एक तथा अर्थ-परिवेश प्रदान करते हैं–

अबे सुन बे गुलाब,
भूल मत गर पाई खुशबू रंगों-आब,
खुन चूसा खाद का तूने अशिष्ट,
डाल पर इतरा रहा है कैपीटलिस्ट
कितनों को बनाया है तूने गुलाम
... ...
तूने दुनिया को बिगाड़ा,
मैंने गिरते से सँभाला
तूने जनखा बनाया रोटियाँ छीनीं
... ...
'कहा, चल गुलाब जहाँ से, उगा,
सबके साथ हम चाहते हैं कुकुरमुत्ता
माली ने कहा माफ करें खता

1. अनामिका, पृ. 136

कुकुरमुत्ता उगाया नहीं उगता।"[1]

यहाँ कवि ने आधुनिक जीवन की अनेकमुखी विरूपताओं और विसंगतियों पर व्यंग्य करते हुए सामाजिक जागरण के यथार्थवादी दृष्टिकोण को प्रतीकात्मक अभिव्यक्ति दी है। 'कुकुरमुत्ता' सर्वहारा वर्ग की अपने 'स्व' के प्रति जागरूकता का प्रतीक है। 'गुलाब' पूंजीवादी वर्ग की अपने अस्तित्व को बनाए रखने के लिए आग्रहशील अभिजात्य भावना को प्रतीकित करता है। परन्तु यहाँ अनेक अर्थों का घनीभाव (Condensation of meenings) मिलता है। एक ही स्थल पर अनेक अर्थों की पर्तें मिलती हैं। केन्द्रीय संवेदना और मूल्य के आलोक में नए प्रतीकार्थों की पतों पर पर्तें खुलती चली जाती हैं। इस कविता में निराला ने शुद्ध प्रतीकों के संयोजन द्वारा अर्थाभिव्यंजना की नई यथार्थवादी शैली की दिशा प्रस्तुत की है। प्रकाशचन्द्र गुप्त के अनुसार 'कुकुरमुत्ता को निरालाजी ने दीन-हीन शोषित जनता का प्रतीक माना है और गुलाब को शोषक अभिजात वर्ग का इस रूपक में परम्परागत भाषा, संगीत, उपमाएँ, शब्दचित्र आदि सब विलीन हो गए हैं और एक नई कला का जन्म हुआ है। यह कला कुकुरमुत्ते के समान ही वंजर धरती की उपज है, इसमें रूप, रस, गन्ध आदि की कमी है।"[2] निराला द्वारा निर्दिष्ट इस दिशा में आगे बढ़ कर प्रगतिशील कविता, सामाजिक यथार्थ की अभिव्यक्ति के लिए शुद्ध प्रतीकात्मक शैली का सही उपयोग करती चली गई।

पंत जी के प्रतीकों में अत्यधिक अर्थ-स्फुटता या कथ्यवर्णनात्मकता आ जाने में उनका कलात्मक प्रभाव क्षीण हो जाता है—

द्रुत झरो जगत् के जीर्ण-पत्र,
हे त्रस्त ध्वस्त। हे शुष्क शीर्ण,
निष्प्राण विगत युग। मृत विहंग,
जग नीड़ शब्द और श्वासहीन।
च्युत अस्त-व्यस्त पंखों से तुम
झर-झर अनन्त में हो विलीन।[3]

यहाँ जीर्ण-पत्र रूढ़ परम्पराओं और अन्धविश्वासों का प्रतीक है। कवि नई समाजवादी चेतना के विकास के लिए विगत युग की अवशिष्ट रूढ़ दृष्टियों के ह्रास की अनिवार्यता के तथ्य को उभारना चाहता है। 'जीर्ण यह एक ही विशेषण सम्पूर्ण प्रतीकार्थ को स्फुट करने में सक्षम हो सकता था, परन्तु कवि ने 'त्रस्त, ध्वस्त, शुष्क शीर्ण' आदि अनावश्यक विशेपणों का ढेर लगा दिया। कलात्मक

1. कुकुरमुत्ता, पृ. 4-5
2. नया साहित्य (निराला विशेपांक) पृ. 45
3. युगांत, पृ. 1-2

संयम के अभाव में यह प्रतीक-प्रयोग असफल हो गया है। वस्तुस्थिति यह है कि प्रकृति के क्षेत्र में पदार्पण करते ही पंतजी में स्वभावतः बिम्ब या बिम्बावलियों के प्रति ललक का भाव उभड़ पड़ता है। बिम्ब को यथावत् उतारने की उनकी यह ललक वर्णनात्मक शैली प्रधान प्रगतिशील काव्यधारा में तो और भी अनुकूल सिद्ध हुई है। पंतजी के प्रगतिशील युग के प्रतीक प्रयोग चित्रात्मक आग्रह के कारण अर्थ के अमूर्त प्रभाव को बाँधने में असफल ही रहे हैं।

श्रीमती सूजान के. लेंगर के अनुसार 'प्रतीक वस्तुओं के स्थापन्न शब्द संकेत नहीं होते वरन् वे वस्तुओं की विचार-धारणा के वाहक हैं। किसी वस्तु अथवा स्थिति को जान लेना, स्पष्टरूप में उसके प्रति व्यवहार या उसकी उपस्थिति का सही बोध नहीं है। वस्तुओं के सम्बन्ध में चर्चा करते समय हमारे पास प्रत्यक्ष वस्तुएँ नहीं बल्कि प्रतीकों द्वारा सीधे रूप में अर्थापित विचार होते हैं। शब्द (प्रतीक रूप में) विचारों या धारणाओं के प्रति व्यवहार को उद्बुद्ध करते हैं। यही प्रतीकात्मक चिन्तन की प्रक्रिया है।'[1]

अधिकांश प्रगतिशील कवि प्रतीकात्मक अभिव्यक्ति की इस प्रक्रिया को पूरी तरह से समझ नहीं पाए हैं। अपने प्रतीक-प्रयोगों में वे यथार्थवादी दृष्टि के कारण वस्तु के चाक्षुष आधार को अमूर्त्त प्रत्यय में रूपान्तरित न करते हुए उसके स्थान पर वस्तु यथार्थ को ही अधिक उभार देते हैं। प्रगतिशील कवियों में वैचारिक आग्रह बहुत प्रबल है इसीलिए वे शुद्ध भावात्मक प्रतीक बहुत कम दे सके हैं। प्रकृत और व्यक्तिगत प्रतीकों मैं भी सहज भावात्मक अभिव्यक्ति की अपेक्षा विचारों का प्रक्षेपण ही अधिक मिलता है और विचार भी वस्तु के मूर्त आधार से बँधे हुए।

प्रगतिशील काव्य में प्रकृत एवं वैयक्तिक प्रतीकों की मुख्य पृष्ठ-प्रेरणा तीव्र राग (Passion) है। मार्क्स के अनुसार 'ऐन्द्रिय होने की वजह से इन्सान एक तीव्र रागात्मक (Passionate) प्राणी है। तीव्रराग उसकी मूल शक्ति है, जो तीव्रता से वस्तु की ओर मुड़ी रहती है।'[2] इसी कथन के आधार पर प्रगतिशील कला दृष्टि यह मानती है कि, 'कला का मुख्य सम्बन्ध इन्द्रिय बोधों से है। अतएव राग (Emotions) भाव ही वाणीहार हो जाते हैं। लेकिन तीव्रराग रागों

---

1. Symbols are not proxy for their objects, but are vehicles for the conception of objects. To conceive a thing or a situation is not the same thing as 'to react towards it' overtly, or to be sware of its presence. In talking about things, we have conceptions not the things, that symbols directly 'mean'. Behaviour toward conceptions is what words normally evoke, this is the typical process of thinking.' Language & Symbolism problims in aesthetics. Ed. by morris weitz. P. 225
2. मार्क्स एण्ड इकानामिक 'फिलासफिक मैनुस्क्रिप्ट्स आफ 1944', पृ. 358

की उदात्त परिणति है। तीव्र राग की अवस्था ही कलाकार को विशिष्ट रुझानों की ओर इस प्रकार मोड़ती है कि वह श्रेष्ठ विचारों का अभिषेक, श्रीभावों का वरण या वस्तुओं को अपने दर्शन में ढ़ाल कर उसे शक्ति के रूप में स्वीकार करने लगता है। जिस कलाकार या सहृदय या जन-समूल या संस्कृति में जितनी तीव्र तीव्ररागों की संवेदना तथा अनुभूति होगी कलाकृतियाँ भी उतनी ही अधिक महान् और प्रवृत्यात्मक होंगी।'[1] प्रगतिशील कवियों ने अभिव्यक्ति के स्तर पर इस तीव्रराग को सहज संयत भावाभिव्यंजना के रूप में ही नहीं बल्कि आवेशमय आक्रोश के आवेगवलयित कथन के रूप में ग्रहण किया है। प्रतीक मूल्य सम्पन्न दृष्टि की अर्थप्रधानभाषा होते हैं। वे अनुभव की सम्पूर्ण क्रियाशक्ति को संकलित करके व्यक्त करते हैं जिससे सम्पूर्ण अनुभूति की अर्थप्रधान विशेषता जागृत होती है। इस सम्पूर्ण प्रक्रिया के लिए चित्तवृत्तियों की समाहिति और कलात्मक संयम की आवश्यकता होती है। आवेश में इन दोनों स्थितियों का समाहार हो जाता है। प्रगतिशील कविता के अधिकांश प्रतीक 'समाहार' की इसी भूमिका पर निर्मित हुए हैं। नागार्जुन का निम्नोद्धृत प्रतीक-प्रयोग दृष्टव्य है–

मैंदानों के काँटे चुन-चुन
पथ के रोड़ों को हटा-हटा
तेरे उन अगणित स्वप्नों को
हम रूप और आकृति देंगे
हम कोटि-कोटि
तेरी औरस सन्तान पिता।[2]

यहाँ 'काँटे' और 'रोड़े' नई प्रगतिशील चेतना के मार्ग को अवरूद्ध करनेवाली प्रतिक्रियावादी धारणाओं के प्रतीक हैं तथा और 'औरस सन्तान' युगों से उपेक्षित सर्वहारा वर्ग की भावना का। 'काँटे' और 'रोड़े' दोनों एक ही भाव को प्रतीकित करते हैं। दोनों का एक साथ प्रयोग शिल्प-संयम के प्रभाव एवं संक्षेपण कला-शक्ति के विकास को सूचित करते हैं। इसी प्रकार महेन्द्र भटनागर की इन पंक्तियों में विध्वंसक क्रान्ति भावना के प्रतीक के रूप में प्रस्तुत किया गया है–

बड़ा शोर करती उठी आज आँधी,
क्षितिज से क्षितिज तक घिरी आज आँधी,
समुन्दर जिसे देखकर खिलखिलाया,

1. डॉ. रमेश 'कुन्तल मेघ'–आलोचना, अक्तूबर-दिसम्बर, 67, पृ. 46
2. हँस–मार्च, 1948, पृ. 43

निखिल सृष्टि काँपी प्रलय-भय समाया,
पुराने भवन सब गिरे लड़खड़ा कर
बड़ी तेज आई हवाएँ हहर कर
दिवाकर किसी का छिपा थाम दामन,
दहलता भयावह बना विश्व-आँगन।[1]

प्रवाह को बनाए रखने के लिए कवि ने यहाँ 'आँधी' इस प्रतीकात्मक शब्द का दो बार प्रयोग किया है और अन्त तक प्रतीकार्थ को समझाने की चेष्टा की है। चेष्टा की इस प्रक्रिया में उसने अनेक वर्णनात्मक चित्रों की सृष्टि की है, जिनके स्थूल मूर्त प्रभाव के घटाटोप में मूल प्रतीक का सूक्ष्म अर्थ खो गया है और उसके स्थान पर आँधी का दृश्य-वर्णन ही प्रधान हो उठा है। इसके विपरीत प्रतीक का अनाहत प्रभाव केदार की निम्नलिखित पंक्तियों में दृष्टव्य है—

हर्ष की हिलोरों को,
पाँव से दबाए खड़ा सैनिक है,
काई मढ़े पानी में सोई नहीं शोभा है,
चंचला अचंचल है, चारों ओर—
केश खोले चिन्ता है।
धुएँ की अवस्था में देशकाल धुँधला है।[2]

यहाँ कवि ने घुटन एवं नैराश्य की मनःस्थिति को प्रकृति के माध्यम से अत्यन्त सफल प्रतीकात्मक अभिव्यक्ति दी है। 'हर्ष की हिलोरों को पाँव से दबाए खड़ा' सैनिक उस युगीन यान्त्रिकता का प्रतीक है, जिसके शिकंजे में सामान्यजन की कोमल रागात्मक संवेदनाएँ दब कर टूट जाती हैं, उसमें सुखद स्वप्न दम तोड़ देते हैं। 'धुआँ' नैराश्य की सर्वग्रासी स्थिति को प्रतीकित करता है। प्रगतिशील कवियों में केदारनाथ अग्रवाल ही सफल भावात्मक प्रतीकों की योजना में समर्थ सिद्ध हो सके हैं। उनकी प्रतीक-योजना सहज आत्मीय अनुभवों से प्रेरित है। मार्क्सवादी दर्शन की निष्पत्तियों की अभिव्यक्ति के हेतु सायास लाए गए प्रतीक केदार की कविता में नहीं के बराबर हैं। इन्हीं शुद्ध प्रतीकों की सफल योजना द्वारा केदार ने इस व्यापक धारणा को तोड़ा कि प्रयोग और प्रगतिशीलता दो विरोधी चीज हैं। शमशेर बहादुर सिंह के अनुसार 'पिछले दशकों की साहित्यिक धाराओं की चर्चा प्रायः इसी धारणा की पृष्ठभूमि में हुई

---

1. नई चेतना, पृ. 20
2. फूल नहीं रंग बोलते हैं, पृ. 156

है। 'प्रगतिशीलता का सम्बन्ध विचारों से है–प्रायः समाजवादी या मार्क्सी; जिनमें मुख्य तत्त्व साम्राज्यवाद और पूँजीवाद का विरोध और मजदूर-किसान के अपने स्वत्वाधिकार के आन्दोलनों के लिए समर्थन है। 'प्रयोग' का सम्बन्ध शिल्प और कथन में भावनाओं के नवयुगीन सन्दर्भों की खोज से है, और इस 'खोज' का उद्देश्य कलाकार के सृजनात्मक व्यक्तित्व का परिष्कार और विशेष स्पष्टीकरण है। मार्क्सवादी कवि प्रयोग के क्षेत्र में उतनी ही दिलचस्पी ले सकता है, और लेता है, जितना कि मार्क्सवादी-विरोधी कवि।'[1] पाश्चात्य जगत् के अनेक उदार प्रगतिशील विचारकों ने भी स्थिरीकृत मूल्यों या सिद्धान्त विशेष की अनुभव निरपेक्ष विचारधारा के अन्ध अनुगमन की प्रवृत्ति को साहित्यकार की प्रतिभा की ह्रासोन्मुखी स्थिति के प्रतीक के रूप में ही स्वीकार किया है। आस्ट्रिया के प्रसिद्ध मार्क्सवादी चिन्तक अर्न्स्ट फिशर की स्पष्ट मान्यता है कि 'कलाकार की संवेदना, नई परिस्थितियों और यथार्थों के प्रति उसकी तीव्र प्रतिक्रिया प्रायः आकस्मिक परिवर्तन तथा एक प्रकार के विकास को भी सम्भव करती है, जो अल्पबोध और क्षीण कल्पनाशक्ति के कलाकारों की अपेक्षा अधिक सम्पन्न और असीम होता है। जब कलाकार रूढ़िग्रस्त होने लगता है, उसकी प्रतिक्रियाओं–जो किसी घटना को परखने और उसको अनुभव करने में पहल रखने में ही निहित हैं–की जगह नीरस उक्तियाँ लेने लगती हैं तो ऐसी स्थिति में वह अपना अद्वितीय सामाजिक कार्य सम्पादन करने से रह जाता है। कलाकार मात्र आलेखक नहीं है, स्वीकृत विचारों और माँगों का अनुगामी मात्र नहीं है, वल्कि एक व्यक्ति है, जिसमें स्पर्श और आकांक्षाएँ जागती हैं, जो नवीनता की गन्ध लेता है, नए यथार्थों का अन्वेषण करता है।[2] केदार के कवि ने प्रगतिशीलता के इसी आदर्श को स्वीकार कर नए प्रतीक-प्रयोगों द्वारा अपने काव्य की अभिव्यंजना-सामर्थ्य का बढ़ाया है। रंगों के वैविध्य द्वारा एक ही वस्तु से दो भिन्न प्रतीकार्थों की सृष्टि का कौशल केदार की निम्न पंक्तियों में देखिए–

मार हथौड़ा,
कर कर चोट
लाल हुए काले लोहे को,
जैसा चाहे वैसा मोड़।[3]

---

1. आलोचना, पूर्णांक 36, पृ. 156
2. प्रेमेन्द्र द्वारा अनूदित–द्रष्टव्य आलोचना, पूर्णांक 40, पृ. 42
3. फूल नहीं रंग बोलते हैं, पृ. 83।

❖ डॉ. राजकुमार शर्मा ❖

यहाँ काला लोहा सर्वहारा वर्ग की ठण्डी शान्त मनःस्थिति का प्रतीक है और उसका लाल रूप कान्ति भावना से उस आविष्ट स्थिति को प्रतीकित करता है, जिसे नेतृत्व पर सृजनात्मक या संहारात्मक किसी भी दिशा की ओर प्रेरित किया जा सकता है। केदार के पास यथार्थ का बोध अर्थात् व्यक्ति के यथार्थ और समाज के यथार्थ को समन्वित रूप में देख सकने वाली ऐतिहासिक दृष्टि है। उन्होंने स्वयं लिखा है "मेरी कविताओं में मेरा अनुभूत व्यक्तित्व तो है ही, साथ ही साथ उसमें युग और यथार्थ-बोध भी है। प्रत्येक कविता यथार्थान्वेषिणी भी है। एक ओर वह व्यक्तित्व में भरपूर डूबी हुई है, दूसरी ओर वह व्यक्तित्व से हटी हुई—तटस्थ भी है। उसकी तटस्थता उसकी सिद्धि है और वही तटस्थता उसे मेरे व्यक्तित्व से बाहर, काव्य क्षेत्र में जीवित रखती है।"[1] निश्चय ही केदार की यह यथार्थन्वेषिणी दृष्टि तथा वैयक्तिक तटस्थता उसके काव्य-प्रतीकों में एक विशिष्ट कलात्मक संयम एवं प्रभावशीलता की योजना करती है। 'युग की गंगा' केदार का प्रख्यात प्रतीक है—

'युग की गंगा
गुहागर्त से
आगे जाकर
सूर्योदय से खेलेगी ही,
... ...
सूखी खेती सींचेगी ही।[2]

'युग की गंगा' आधुनिक प्रगति-चेतना की प्रतीक है। 'गुहागर्त' कुण्ठित स्व-केन्द्रित अन्तर्मुखी वृत्ति को तथा 'सूखी खेती' मूल्य-विघटन की स्थिति को प्रतीकित करती है। 'सूर्योदय' समान्यजन के जागृत बोध का प्रतीक है। कई प्रतीकों के सफल संयोजन द्वारा कवि ने एक ही संवेदना को अर्थदीपित किया है। यहाँ प्रतीक अनुभूति के एकार्थ रूप में अन्वित हैं। प्रगतिशील काव्य की प्रतीक-योजना में शिल्प-संयम के ऐसे सफल उदाहरण बहुत मिलते हैं। इस धरा के अन्तर्गत अधिकांश कवियों ने अनुभव की अद्वितीयता को सहज रूप में सम्प्रेषणीय बनाने वाले सार्थक प्रतीकों की योजना की है, एक सूक्ष्म सामाजिक चेतना से प्रेरित अथवा विशिष्ट समाजवादी दर्शन के द्वारा निर्देशित प्रतीकवत् उद्घोषणाएँ की हैं—

---

1. दृष्टव्य—फूल नहीं रंग बोलते हैं, भूमिका
2. युग की गंगा, पृष्ठ-8

व्यक्त सिर्फ आज के सवाल चाहिए
तम नहीं प्रभात लाल-लाल चाहिए
व्यक्ति की करुण कराह उतारती
आग जो दबी उसे पुनः उभारती।[1]

'लाल प्रभात' जनजागरण एवं 'दबी आग' सर्वहारा वर्ग में आध्यात्मिक रूढ़ भय एवं भाग्यवादी धारणाओं के नीचे सोई क्रान्तिभावना के प्रतीक हैं। इसी प्रकार त्रिलोचन की इन पंक्तियों में 'दीप्तज्वाल' नई क्रान्ति चेतना के प्रतीकार्थ को प्रस्फुटित करती है–

तुम बढ़ो जिस तरह दीप्तज्वाल
कर दग्ध रूढ़ि का अन्तराल
साम्राज्यवाद, सामन्तवाद और व्यक्तिवाद
जो बाँध रहे गति जीवन की कर उन्हें नष्ट
तुम सामाजिक स्वातन्त्र्य-साध्य को करो स्पष्ट
होवें स्वतन्त्र नारीनर
हो सामंजस्य अमलतर।[2]

रांगेय राघाव के कुछ प्रतीकों में भावात्मक अपील मिलती है। पदार्थवादी मार्क्स-दर्शन से प्रेरित होकर भी उन्होंने भाव जगत् के स्थायित्व के प्रति निष्ठा व्यक्त की है। उन्होंने लिखा है कि '-मानव-समाज में बाह्य परिवर्तनों की भाँति मनुष्य के भाव-जगत् में उतना परिवर्तन नहीं होता, क्योंकि वह मूलतः अपनी प्रवृत्तियों की नींव पर ही खड़ा होता है। अतः 'भाव' का स्थायित्व अन्य वस्तुओं की अपेक्षा कहीं अधिक है। जो साहित्य 'भाव' से सम्बन्ध रखता है, वह किसी भी वस्त, विषय या रूप को लेकर भी, स्थायी तत्त्व अपने भीतर अधिक रखता है।[3] भावात्मक प्रकृत प्रतीकों के सम्बन्ध में उनका विचार है कि 'इन प्रतीकों के भीतर एक अन्तःसलिला है। वह है समन्वय की। वह (मनुष्य) अब पहले से भी अधिक तादात्म्य चाहता है, प्रकृति से। उसे आज भी वही सब सुन्दर लगता है, जो उसके पूर्वजों को लगता था। उसके उपमान बदल गए हैं, वह नई-नई चित्र-छवियाँ पैदा करता है, परन्तु क्यों? इसीलिए कि उसी अच्छे लगने वाले प्रकृति के रूप को अपने भीतर भर-भर लेना चाहता है।''[4]

---

1. महेन्द्र भटनागर (कला) टूटती शृंखलाएँ (द्वि.सं.) पृ. 40
2. त्रिलोचन; धरती, पृ. 6-7
3. डॉ. रांगेय राघव (अधुनिक हिन्दी कविता में विषय और शैली) पृ. 7
4. वही, पृ. 14-15

रांगेय राघव के प्रकृत प्रतीकों में उपर्युक्त दृष्टि का रचनात्मक विस्तार मिलता है। उनके प्रकृत प्रतीक वैयक्तिक संवदेनशीलता और समाजवादी क्रान्तिदृष्टि की मिलन रेखा पर खड़े होकर प्रकृति से तादात्म्य की पीठिका में सूक्ष्म अर्थ-दान करते हैं। वहाँ रागवलयित बौद्धिक चेष्टा के दर्शन होते हैं–

1. **गंगा न कभी सूखा करती**
यह खून न अपना सूखा है
ज्वालामुखी को है शान्ति कहाँ
जाने वह किस क्षण फूटा है।[1]

2. **हर कगार के तले जल**
काटता फुँकारता है।[2]

पहले उद्धरण में 'गंगा और ज्वालामुखी' क्रमशः प्रगति चेतना के अविराम प्रवाह तथा रक्त क्रान्ति के दुर्दम विस्फोट के तथ्यों को प्रतीकित करते हैं। दूसरे उद्धरण में 'कगार' म्रियमाण पूँजीवादी व्यवस्था का तथा फुंकारता जल सर्वहारा वर्ग की क्रान्ति भावना का प्रतीक है। दोनों स्थलों पर शोषण के विरुद्ध विद्रोह एवं क्रान्ति की भावना को एक चिरन्तन मूल्य के रूप में प्रतिष्ठा दी गई है। कवि ने इस सम्पूर्ण तथ्य को अनुभूति के आन्तरिक स्पर्श से संयुक्त प्रकृत प्रतीकों में ढ़ाल कर सहज सम्प्रेषणीयता दी है। ये प्रतीक अन्य प्रगतिशील प्रतीक प्रयोगों की भाँति ऊपर-ऊपर से ही नहीं गुजर जाते बल्कि अपनी शक्तिमत्ता से प्रभाता के मन में कथ्य के अनुकूल भावों को उद्‌बुद्ध करते हैं।

गूढ़ विचार को भी भावात्मक प्रतीक सन्दर्भ दे कर किस प्रकार रागात्मक स्तर पर प्रेषणीय बनाया जा सकता है–यह निम्नलिखित उद्धरण में दृष्टव्य है–

कली निगाह में पली
हिली-डुली कपोल में
हृदय-प्रदेश में खुली
तुली हँसी के तौल में
गरम-गरम हवा चली
अशान्त रेत से भरी
हरेक पांखुरी जली

1. पिघलते पत्थर 'तूफान गरजाता है' कविता से
2. वही, पगचिह्न कविता से।

कली न जी सकी, मरी।
बबूल आप ही पला
हवा से वह न डर सका
कठोर जिन्दगी चला
न जल सका, न मर सका।[1]

यहाँ कवि ने 'कली' और 'बबूल' के माध्यम से वर्ग-संघर्ष की मान्यता को प्रतीकात्मक अभिव्यक्ति दी है। प्रतीकार्य यह है कि उच्चवर्गीय कला संरक्षण में पलने के कारण अशक्त है, किन्तु कवि इसे इतना प्रकट नहीं करता जितना इस सत्य को कि मनुष्य की धारणा को जीवित रहने के लिए संघर्ष करता ही जाना आवश्यक है।

केदारनाथ अग्रवाल के 'गर्रानाला और 'कोहरा' दो प्रसिद्ध प्रतीकात्मक प्रयोग हैं। 'गर्रानाला' शोषित वर्गों की अदम्य जिजीविषा और स्व-अस्तित्व के लिए चिरन्तन संघर्षशीलता का प्रतीक है–

काली मिट्टी काले बादल का बेटा है।
टक्कर पर टक्कर देता धक्के देता है।
रोड़ों से वह बेहारे लोहा लेता है।
नंगे भूखे काले लोगों का नेता है।[2]

'कोहरा' विदेशी साम्राज्यवादी शक्तियों की शोषकवृत्ति का प्रतीक है। उसके सर्वग्रासी व्यक्तित्व का विस्तार कवि इस प्रकार प्रस्तुत करता है–

शिशिर निशा के दुर्दम घोर तिमिर में,
यह परदेसी भारी लम्बा कोहरा
धीरे-धीरे प्रिय धरती पर उतरा
यहाँ-वहाँ फिर ठौर-ठौर पर ठहरा
घनीभूत हो गया अधिक ही ऐसा,
नहीं दिखाई देता अब आगे
प्यारे घर, अन, खेल, गाँव सब खोए
निज सत्वों की नहीं निशानी मिलती।[3]

यहाँ कवि बड़े सतर्क ढंग से कोहरे के प्रतीकार्थ को क्रमशः कथ्य की प्रकृति के अनुकूल प्रस्फुटित करता चलता है। साम्राज्यवादी प्रवृत्तियाँ किस

1. केदारनाथ अग्रवाल, अ.हि.क. में वि.शै. पृ. 164 से उद्धृत।
2. युग की गंगा, पृष्ठ-20
3. वही, पृ. 16

प्रकार धीरे-धीरे अपना विस्तार कर दूसरे देश की स्वतन्त्रता का अपहरण करती हैं, और वहाँ के सामान्यजन को सत्त्वनिःशेष कर उनके अस्तित्व को पंगु बना देती हैं–इन सभी तथ्यों को कवि ने बड़ी बारीकी से उभारा है। यहाँ केन्द्रीय प्रतीक की प्रवृत्ति कहीं भी आहत नहीं होती। यह पदे-पदे अर्थ-सम्पुष्ट होता चलता है। कविता के अन्त में कवि एक अन्य प्रकृत प्रतीक की योजना द्वारा रूपकात्मक कथ्य को एक प्रतीकात्मक पूर्णता दे देता है।

दिनकर जन्मेगा लपटों से लिपटा
भस्मीभूत करेगा कोहरा क्षण में।[1]

'दिनकर' सर्वहारा वर्ग की उस क्रान्तिचेतना का प्रतीक है, जो साम्राज्यवादी शक्तियों को ध्वस्त कर नहीं समाजवादी संस्कृति को देश की स्वाधीन धरती पर उतारती है। यह प्रतीक-प्रयोग सम्पूर्ण कविता को एक गहरी अर्थवत्ता एवं उसकी संरचना को एक पुष्ट एवं प्रभावी आधार प्रदान करता है।

प्रगतिशील कविता में वैयक्तिक राग-सन्दर्भों को लेकर कुछ विशिष्ट प्रकृत प्रतीकों के प्रयोग भी मिलते हैं। शिवमंगल सिंह 'सुमन' की 'गुरांस का फूल' ऐसी ही प्रतीकात्मक कविता है–

तुम खूब मिल गए पथ के बीच बसेरे में
जीवन का आधा मोड़ घूमते घेरे में
कुछ कहता पर शायद चलने का समय छुआ
लाओ गुरांस का फूल लगा दूँ जूड़े में।
फुले गुरांस झूम रहे झाड़-झाड़ में
फागुनफला कि आग लगी है पहाड़ में।[2]

'नेपाल में गुरांस का लाल फूल प्रेम का प्रतीक माना जाता है। भद्र शिक्षित समाज से लेकर श्रमिक वर्ग तक उसकी समान मान्यता है। पहाड़ों पर लकड़ी काटने जाने वाली गरीब मजदूरिनें भी पीठ पर लकड़ी का बोझा लादकर घाटी के झुरमुट से एक गुरांस का फूल जूड़ें में खोंस लेती हैं।' यहाँ कवि ने पहली चार पंक्तियों में 'गुरांस' के प्रतीक को वैयक्तिक रोमानी सन्दर्भ में प्रयुक्त किया है और अन्तिम दो पंक्तियों में उसे 'रागतत्व' के सामान्यीकृत अर्थ-सन्दर्भ में। इस कोटि के सफल प्रतीक-प्रयोग प्रगतिशील कविता में यत्र-तत्र मिलते हैं।

निम्नोद्धृत पंक्तियों में केदार ने आत्म साक्षात्कार की वैयक्तिक मनःस्थिति

---

1. युग की गंगा, पृ. 96
2. विन्ध्य-हिमालय, पृ. 118

को 'समुद्र' प्रतीक के माध्यम से अभिव्यक्ति दी है—

समुद्र वह है,
जिसका धैर्य छूट गया है
दिक् काल में रहे-रहे
समुद्र वह है,
जिसका मौन टूट गया है,
चोट पर चोट सहे-सहे।[1]

यहाँ समुद्र कवि की 'चेतना' का प्रतीक है। पहले वैयक्तिक स्तर पर वह दिक्काल के अक्ष से मुक्त होना चाहती है, दूसरे सामूहिक स्तर पर क्रूर आघातों से बिफर कर वह अपनी अन्तः वेदना को आक्रोशमयी अभिव्यक्ति देने की विवशता का अनुभव करती है। कवि की चेतना आत्म साक्षात्कार की प्रक्रिया में अहंविमुक्त होकर उस बिन्दु पर पहुँच पाती है और सामूहिक वेदना या अन्यायों से पिसते सामान्यजन की पीड़ा का अपने वैयक्तिक संवेदन-स्तर पर अनुभव करती है। यह प्रतीक बहुत ही सफल बन पड़ा है।

शुद्ध यौन प्रतीक प्रगतिशील कविता में अधिक नहीं है। निम्नलिखित पंक्तियों में कवि ने यौनासक्ति के एक मूड को सफल प्रतीकात्मक व्यंजना दी है—

भूल सकता मैं नहीं
ये कुच-खुले दिन,
ओठ से चूमे गए,
उजले, धुले दिन
... ...
दीप की लौ से
गरम दिन।[2]

इसी प्रकार की एक सहज उष्ण अनुभूति को निम्नलिखित प्रतीकों में बाँधा गया है—

अन्तर में ढ़लता लावा-सा दुर्धर
कुछ लगा सालने अन्दर ही अन्दर।[3]

---

1. फूल नहीं रंग बोलते हैं, पृ. 115
2. वही, पृ. 57
3. विन्ध्य-हिमालय (सुमन) पृ. 34

इसे बजाऊँ तो बजता है तार-तार तन का
रक्त शिराओं में नागिन-सी लहरें मार रही।[1]

यहाँ 'ढ़लता लावा' वासना की उद्दामता का प्रतीक है और 'नागिन-सी लहरें' काम वासना के ज्वार को प्रतीकित करती हैं। इस तरह के यौन-प्रतीक-प्रयोग इस कविता में बहुत कम हैं। प्रगतिशील कवियों की स्थूल दृष्टि यौन भावना के उत्तेजक कुछ अंशों के नाम भर गिनाने में विश्वास नहीं करती। निर्वैयक्तिक स्तर पर यौन-प्रभाव की अमूर्त्तता को शब्दों के माध्यम से रूपान्तरित कर प्रेषणीय बनाने की क्षमता इन कवियों में अधिक नहीं है।

प्रगतिशील आन्दोलन मुख्यतः एक यथार्थवादी बौद्धिक चेतना का परिणाम है। जीवन और जगत् के प्रति बौद्धिक दृष्टि प्रगतिशील साहित्य की सर्वोपरि विशेषता है। इस साहित्यिक आन्दोलन की प्रेरणा पृष्ठभूमि में मध्यवर्गीय बुद्धिजीवी वर्गों बहुत सक्रिय रहा है। एंगेल्स ने मार्क्स को लिखे अपने एक पत्र में समाजवादी आन्दोलन में इस मध्यवित्त बुद्धिजीवी वर्ग की साहित्यिक भूमिका के महत्त्व को प्रतिपादित करते हुए कहा है कि "किसानों का देश अपने साहित्यिक प्रतिनिधियों को सदैव नगरों के अभिजात्य तथा बुद्धिजीवी वर्ग से ग्रहण करता है।"[2] बुद्धजीवी वर्ग के प्रभाव में प्रगतिशील आन्दोलन ने साहित्य को एक वैचारिक क्रान्ति के रूप में पूरी शक्ति के साथ यथार्थ की ओर उन्मुख किया। गलदश्रु भावुक जीवन-दृष्टि के स्थान पर बौद्धिक एवं वस्तुपरक मूल्य-बोध को प्रतिष्ठित किया। हिन्दी की प्रगतिशील कविता में भी यही प्रयास दृष्टिगोचर होता है। इसीलिए यहाँ भावात्मक प्रतीकों की अपेक्षा वैचारिक प्रतीकों की प्रधानता मिलती है।

एक विशिष्ट राजनीतिक विचारधारा से सम्बद्ध होने के कारण प्रगतिशील काव्य में राजनीतिक प्रतीकों की भरमार है। समाजवादी सिद्धान्तों की ओट में कला और साहित्य को कम्युनिस्ट राजनीति से जोड़ने के प्रयत्न प्रगतिशील चिन्तकों ने बड़ी मात्रा में किए हैं। उसी के परिणाम स्वरूप आज यह सिथति आ गई है कि समाज शब्द को ही एक विशिष्ट राजनीति का पर्याय माना जाने लगा है। टामस मैन जैसे विश्वव्यापी प्रतिष्ठा के लेखक को जब कलाकार और समाज पर बोलने को कहा गया तो उसने तुरन्त कहा—"समाज? साफ-साफ

---

1. विन्ध्य-हिमालय (सुमन) पृ. 36
2. युग की गंगा, पृष्ठ-8
3. "A nation of peasants always has to take its literary representatives from the bourgeoise of the towns and their intel ligentia." The correspondence of marx and Engls (1846-1895) p. 208

क्यों नहीं कहते कि कलाकार और राजनीति। क्योंकि आज तो समाज शब्द बस एक हल्का-सा पर्दा है—राजनीतिक मन्तव्य को छिपाने का। 'सेवेन आर्ट्स' (फरनैण्डो प्यूमा)[1]

प्रगतिशील कवियों ने मुख्यतः विभिन्न देशों में जनवादी विचारधारा के प्रसार से सम्बन्धित राजनीतिक प्रतीकों को चुना है। अपने देश के समाजवादी यथार्थ की प्रकृति के अनुकूल राजनीतिक परिस्थितियों में उत्पन्न होने के कारण हम प्रतीकों में गहरी प्रभावोत्पादकता का प्रमाण मिलता है। एक राजनीतिक प्रतीक-प्रयोग दृष्टव्य है—

हँसिया और हथौड़ा जब तक
हुआ नहीं पामाल
यह पानी से नहीं
खून से ही था झण्डा लाल।[2]

हँसिया और हथौड़ा सोवियत रूस के झण्डे पर अंकित सर्वहारा क्रान्ति का प्रतीक चिह्न है। अन्तर्राष्ट्रीय कम्युनिष्ट ध्वज का रंग लाल है जो रक्त क्रान्ति के तथ्य को व्यंजित करता है। ऐसे प्रतीक प्रगतिशील कवियों ने सैकड़ों की संख्या में दिए हैं। भारतीय राजनीतिक जीवन से भी कुछ प्रतीकों को ग्रहण किया गया है—

कामधेनु-सी कांगरेस अब
सुरसा जैसा मुँह बाए है।
शासन के अधिकारी नेता
डायर की वर्दी पहने हैं
सत्य अहिंसा के अवतारी अब हिंसा का रूप घरे हैं
अंग्रेजी पिस्तौल चला कर,
कफन लपेटी आजादी को
जन-सेवक का खून चटा कर
रामराज्य की कथा सुनाकर, सौ प्रयास से जिला रहे हैं।[3]

भारतीय राजनीतिक परिवेश से सम्बद्ध होने के कारण 'कांग्रेस' 'डायर', 'अंग्रेजी-पिस्तौल; 'रामराज्य' आदि प्रतीक अपनी गहरी अर्थवत्ता से बहुत प्रभावशील हो उठे हैं। इन सब प्रतीकों की योजना द्वारा कवि ने आधुनिक भारतीय जीवन

---

1. डॉ. धर्मवीर भारती द्वारा उद्धृत, सारिका, मई, 1967, पृ. 17
2. शिवमंगल सिंह 'सुमन', प्रलय सृजन पु. 60
3. केदार अग्रवाल, हँस, जुलाई, 1948, पृ. 931

की विसंगति एवं राजनीतिक विरूपता को बड़ी मार्मिकता से उभारा है।

ऐतिहासिक प्रतीकों की योजना के स्थान पर प्रगतिशील काव्य में कुछ इतिहास प्रसिद्ध व्यक्तियों के नाम गिनाए हैं। यहाँ 'नीरा' जार, हिटलर, मुसोलिनी आदि ऐतिहासिक पात्रों के नाम यत्र-तत्र मिल जाते हैं–

इसे बुझाने आसमान में काले मेघ बहुत
रावण, अहिरावण, दुःशासन, नीरो, जार बहुत से आए,
हिटलर, तो जो मुसोलिनी ने अंजुलि भर रक्त उलीचा
पर न बुझी यह
स्वयं बुझे वे, जिन हाथों ने
मानवता का हृदय चीर कर इसको सींचा।[1]

रूस की 'लाल सेना' के ऐतिहासिक सन्दर्भ का प्रतीकवत् प्रयोग यहाँ अक्सर मिलता है–

1. **धू-धू जल रही है**
स्वर्ण की लंका
बिजय की वैजयन्ती
फरफराती बढ़ रही
लालसेना आज।[2]

2. **हिम्मत वाली लाल फौज सा**
मर मिटने को झूम रहा है।[3]

जवाहरलाल के ऐतिहासिक व्यक्तित्व का शुद्ध प्रतीकात्मक उपयोग निरालाजी ने अपनी प्रसिद्ध कजली 'न आए वीर जवाहरलाल' में किया है–

काले-काले बादल छाए, न आए वीर जवाहरलाल
कैसे-कैसे काग मंडराये, न जाए वीर जवाहरलाल
बिजली फन के मन की कौन्धी, कर दी सीधी खोपड़ी औन्धी
सर पर सर सर करते धाये, न आए वीर जवाहरलाल।[4]

यहाँ जवाहरलाल भारतीय सामान्यजन की मांगलिक भविष्य सम्बन्धी फूहड़ आशाओं का प्रतीक है। पाश्चात्य नाटककार सैमुअल बैकेट की प्रसिद्ध कृति 'गोद की प्रतीक्षा' में भी गोदो ऐसा ही प्रतीक है, जिसमें मध्यवर्ग अपनी

---

1. 'सुमन' विश्वास बढ़ता ही गया, पृ. 27-28
2. वही, जीवन के गान, पृ. 87
3. केदार, युग की गंगा, पृ. 16
4. बेला, पृ. 54

भविष्यत् सुख-ऐश्वर्य की आशाओं को प्रक्षेपित करता है पर वहाँ गोदो कभी नहीं आता। उपर्युक्त पंक्तियों में जवाहरलाल का प्रतीक भी इसी कोटि का है। अन्तर केवल इतना है कि गोदो की पात्र स्थिति काल्पनिक है, जबकि जवाहरलाल एक भारतीय ऐतिहासिक चरित्र है। अन्य सन्दर्भों में इसी प्रकार प्रगतिशील कवियों ने नादिरशाह[1], चाणक्य[2], चंद-पृथ्वीराज[3], कालिदास-विक्रमादित्य[4], को क्रमशः नृशंसता, निर्माण-क्षमता विश्वासघात, लालित्य एवं उच्चाशयता के प्रतीक के रूप में प्रस्तुत किया है।

समसामयिक युग के वैषम्य की काव्यात्मक अभिव्यक्ति के प्रसंग में प्रगतिशील दृष्टि प्राचीन सांस्कृतिक सन्दर्भों की ओर भी मुड़ी है। कुछ मार्क्सवादी चिन्तकों ने प्रगतिशील साहित्य को स्थायी-मूल्यों से युक्त करने के लिए प्राचीन सांस्कृतिक उपलब्धियों को यथोचित रूप में अपनाने की आवश्यकता पर बल दिया है। होमर के काव्य का मार्क्सीय विश्लेषण करते हुए होवाड़ फास्ट ने लिखा है कि 'प्रचीन जमानों में महान् एवं शौर्यवान साहित्य रचा गया है। इस दृश्यमान विरोध (कंट्राडिक्शन) का उत्तर इस बात में निहित है कि यथार्थता की समझ-बूझ चाहे कितनी ही सीमित क्यों न रही हो, तिस पर भी, वह संस्कृति की एक बुनियाद प्रदान करती है, और संस्कृति खुद एक यथार्थता हो जाती है, जिसे कलाकार को अंगीकार करना तथा कला-सृजन के लिए कार्यान्वित करना पड़ता है और यदि वह इसे दृढ़ता तथा सच्चाई के साथ पकड़ लेता है, तब उसकी कला उस विशिष्ट संस्कृति से भी आगे जीवित रहेगी, जिसने उसे (कला को) उत्पन्न किया।[5]

प्रगतिशील कवियों ने प्राचीन भारतीय सांस्कृतिक साहित्य से गृहीत अनेक पौराणिक प्रतीकों के माध्यम से नए समाज़वादी कथ्य को प्रस्तुत करने की चेष्टा की है। पौराणिक आख्यानों को नए प्रगतिशील अर्थ-सन्दर्भों में उतारने के सबसे अधिक सफल प्रयत्न पन्तजी के काव्य में दृष्टिगोचर होते हैं। निम्नोद्धृत पंक्तियों में 'अहिल्या' और 'कैकेयी' इन दो पौराणिक चरित्रों को नए युगीन अर्थ-सन्दर्भ में बाँधने की चेष्टा की गई है–

फिर हुई अहिल्या मनोभूमि
चेतना, शिला सी जड़निश्चल

---

1. रांगेय राघव, हँस, सितम्बर, 45
2. युगपथ, पृ. 46,
3. रांगेय राघव, हँस जनवरी, 1947
4. 'सुमन' विश्वास बढ़ता ही गया, निराला के प्रति, पृ. 56
5. Howard Fast, Literature and Reality. p. 17

फिर मानवीय बन कर निखरें
भू शाप मुक्त हो, छू पद तल।
... ...
लो बनी विमाता पुनः कुमति,
वनवासी सत्य, गृही अब छल,
फिर भौतिक मद का कंचन मृग
मोहित करता जन मन दुर्बल।[1]

यहाँ 'अहिल्या' विमाता (कैकेयी) कंचन मृग, क्रमशः पराधीन जड़ चेतना, कुटिल साम्राज्यवादी मनोवृत्ति तथा भौतिक उपलब्धियों के अहं के प्रतीक हैं। कवि ने रामायण के इन सन्दर्भों को समसामयिक भूमि पर उतार कर प्रतीकात्मक अभिव्यक्ति दी है। इसी प्रकार निम्नलिखत पंक्तियों में महाभारतकालीन पात्रों के प्रतीकात्मक माध्यम से आधुनिक युग में साम्राज्यवादी शक्तियों से आक्रान्त मानवता की कारुणिक स्थिति को उभारा गया है—

साम्राज्यवाद था...
तुमने की नत, पद-प्रणत, शान्त।[2]

यहाँ कंस, देवकी और यमुना क्रमशः साम्राज्यवादी बर्बरता सामान्य, जन की विवश पराधीनता, तथा जन-शोषण वृत्ति के प्रतीक हैं। प्रगतिशील कविता में पौराणिक प्रतीक के ये प्रयोग वहीं सफल हो पाए हैं, जहाँ कवि मार्क्सवादी सिद्धान्तों की यथावत् अभिव्यक्ति के आग्रह से मुक्त हो सका है। इन कवियों की प्रगतिशील दृष्टि अपने युग्र के दाहक यथार्थ को उसके प्रत्यक्ष रूप में ही देखती है, उसे कहीं प्रक्षेपित करके नहीं। परन्तु उनमें से कुछ ने संस्कार की प्रबलता से संशय विमुक्त होकर इस दिशा में भी कतिपय प्रयोग उपस्थित किए हैं। शिवमंगलसिंह 'सुमन' इस प्रयोग-दिशा में विशेष सक्रिय रहे हैं। उनके कुछ पौराण्कि प्रतीक-प्रयोग दृष्टव्य है—

नए भगीरथ सरिताओं की धार मोड़ते,
धनुष्य रूढ़ियों को जनता के राम तोड़ते
ग्राम-ग्राम में नई फसल का पर्व मन रहा,
हल की नोकों से सीता का जन्म हो रहा।[3]

यहाँ भगीरथ क्रान्ति चेता सर्वहारा शक्ति का प्रतीक है तथा सीता नई

1. युगपथ, पृ. 128
2. वही, पृ. 63
3. विश्वास बढ़ता ही गया, 103

सामाजिक मर्यादा की चेतना को प्रतीकित करती है। हल की नोक से सीता के जन्म के मिथक को कवि ने नए संवेदना-सन्दर्भ में प्रतीकात्मक अर्थ-विस्तार दिया है। इसी प्रकार निम्नलिखित पंक्तियों में दधीचि की अस्थि से इन्द्र वज्र बनने के पौराणिक प्रसंग का वर्तमान सन्दर्भ में सामान्य जन की अमोघ शक्ति की अभिव्यंजना के लिए प्रतीकात्मक उपयोग किया गया है। विरोधी साम्राज्यवादी शक्तियों को सम्बोधित करते हुए कवि कहता है–

आज खून के लिए खून, गोली का उत्तर गोली,
हस्ती चाहे मिटे न बदलेगी बेबस की बोली
तोप-टैंक एटम बम सब कुछ हमने सुना-गुना था
यह न भूल मानव की हड्डी से ही वज्र बना था।[1]

मार्क्सवादी दर्शन संसार की स्वीकृत मान्यताओं को, पुरातनबद्ध आशाओं को आमूल बदल कर जीवन-गति को एक नवीन वैज्ञानिक यथार्थवादी दिशा की ओर अग्रसर करने या परम्परागत् मूल्य-दृष्टि में आन्तरिक परिवर्तन उपस्थित करने की प्रेरणा देता है कि अपने दर्शन के क्रियात्मक पक्ष को स्पष्ट करते हुए कार्लमार्क्स ने लिखा है–'दार्शनिकों ने आज तक केवल संसार की ही व्याख्या प्रस्तुत की है, लेकिन मुख्य बात उसको बदलने की है।[2] मार्क्स के इस कथन का प्रभाव प्रगतिशील कवियों पर पड़ा और उन्होंने इस बदले हुए संसार को लाने के लिए पुराने संसार की सभी स्वीकृत, दार्शनिक, धार्मिक एवं पौराणिक अनुपयुक्त सिद्ध करने के लिए उन्हें परिवर्तित परिस्थितियों एवं संवेदना-सन्दर्भों के मध्य डालकर उनकी विसंगतियों को उभारने की चेष्टा की। प्रगतिशील काव्य में सांस्कृतिक प्रतीकों की यह भी एक विशिष्ट प्रयोग-दिशा रही है। कुछ स्थलों पर युगीन वैषम्य को तीखे रूप में प्रकट करने के लिए या यथार्थ की अभिव्यक्ति को और भी पैनी और धारदार बनाने के लिए पौराणिक प्रतीकों को सर्वधा विरोधी धर्म और स्वभाव के नए अर्थ संस्कारों से संयुक्त कर प्रस्तुत करने के प्रयास परिलक्षित होते हैं, यथा–

व्यास मुनि को धूप में रिक्शा चलाते
भीम अर्जुन को गधे का बोझ ढ़ोते देखता हूँ
सत्य के हरिश्चन्द्र को अन्याय के घर में,
झूठ की देते गवाही देखता हूँ,
द्रौपदी को और शैव्या को शची को,

---

1. 'सुमन' विश्वास बढ़ता ही गया, पृ. 67
2. Karl Mars, Thesis on Feuerbach. p. 9

रूप की दुकान खोले
लाज को दो-दो टके में बेचते मैं देखता हूँ।[1]

पौराणिक प्रतीक-प्रयोगों की भाँति जीवन की वर्तमान समस्याओं का पौराणिक घटनाओं से एक प्रकार के समीकरण को स्थापित करने का प्रयत्न यहाँ दृष्टिगोचर नहीं होता। यहाँ बदली हुई परिस्थितियों एवं जीवन-दृष्टि के सन्दर्भ में दोनों की विसंगतियों को उभारने की व्यंग्यमूलक चेष्टा लक्षित होता है। केदार की देवताओं की आत्महत्या[2] भी इसी प्रकार की प्रतीकात्मक कविता है। वहाँ देवता समाज की निरीहता और असमर्थता से फायदा उठाकर मान-प्रतिष्ठा प्राप्त उन शोषक शासकों के प्रतीक हैं, जो जुल्म की कलई खुल जाने के भय से जन-जागृति के होते-होते आत्महत्या कर लेते हैं। इस कोटि के साहसिक प्रतीक-प्रयोग प्रगतिशील काव्यधारा की अभिव्यंजना शैली के एकान्तिक वैशिष्ट्य को द्योतित करते हैं। पर दो भिन्न युगों की संवेदनाओं और उनकी सांस्कृतिक संरचनाओं (पैटर्नस्) की विसंगतियों को प्रस्तुत कर युगीन यथार्थ की विरूपता को अधिक प्रभावपूर्ण ढंग से उभारने वाले ऐसे विशिष्ट प्रतीक-प्रयोग प्रगतिशील काव्य में बहुत कम संख्या में मिलते हैं। रचनाकार की सफलता तो इस बात में है कि वह पौराणिक प्रतीक को नया अर्थ भी दे और प्रतीक एवं अर्थ में सामंजस्य भी बनाए रखे।

शुद्ध वैज्ञानिक प्रतीकों के प्रयोग प्रगतिशील काव्य में अत्यल्प हैं। रांगेय राघव का यह प्रयोग दृष्टव्य है–

दूर हैं वे झोंपड़ियाँ मौन
सो रहा है यह बंगला आज
जुड़ रहा है दोनों के बीच
स्वयं रहरह बिजली का तार।[3]

यहाँ 'बिजली का तार' वैज्ञानिक युग बोध से उत्पन्न वर्ग-संघर्ष की तीव्र चेतना के क्रमशः प्रसार को प्रतीकित करता है। वैज्ञानिक प्रतीकों के सबसे अधिक सफल प्रयोग शिवमंगल सिंह 'सुमन' की बाद की कविताओं में मिलते हैं। यथा–

1. तपते-तपते जब तापक्रम सीमा छू लेता है
अणु की शक्ति प्रकट होती है, जड़ चेतन होता है।[4]

1. 'सुमन' विश्वास बढ़ता ही गया, पृ. 67
2. युग की गंगा, पृष्ठ-26
3. डॉ. रांगेय राघव, (राह के दीपक) मार का अवसाद, कविता से
4. विन्ध्य-हिमालय, पृ. 52

2. त्रस्त सौर मण्डल के रंध्र-रंध्र प्रवहमान
खौलता लावा अजस्र।[1]

पहले उद्धारण में अणु की स्थैतिक ऊर्जा के गत्यात्मक ऊर्जा में रूपान्तरित हो जाने के वैयक्तिक तथ्य द्वारा सर्वहारा वर्ग की संघर्ष चेतना के अत्याचार सहते-सहते सहसा प्रज्ज्वलित हो उठने की प्रक्रिया को प्रतीकात्मक अभिव्यक्ति दी गई है। दूसरे उद्धरण में अणु-विस्फोट के दिगन्तव्यापी प्रभाव को प्रतीक बद्ध कर सर्वहारा क्रान्ति की विपुल शक्तिमत्ता और उसकी संहारक क्रियात्मकता को अभिव्यक्ति किया गया है।

छायावादी बिम्बों की प्रकृति का विश्लेषण करते हुए यह देखा गया है कि वहाँ रोमानी सौन्दर्य-दृष्टि के अनुरूप बिम्बाकन में व्यर्थ विषय की तात्त्विक वस्तुष्ठिता को पकड़ने में एक सहज संकोच या आन्तरिक झिझक-सी मिलती है। छायावादी कवि की सौन्दर्य-दृष्टि से अन्ततः सम्पृक्त रहस्यवादी वृत्ति उसे विषय वस्तु से कहीं पार जाने को प्रेरित करती है। वहाँ कवि दृश्य को इन्द्रियबद्ध रूप में अंकित नहीं करता बल्कि उसे अपनी कल्पना के स्पर्श से, जल पर छोड़े गए तेल रंगों की भाँति फैला देना चाहता है। जैसे–

1. जहाँ तक गई नील झंकार (पन्त)
2. चमकती ताराएँ दूर ज्यों कहीं पार (निराला)
3. तु नील तुहिन जलनिधि बन कर फैला है कितना आर-पार (प्रसाद)

इन उद्धरणों में रेखाएँ चित्र की समग्रता को रूपायित करते-करते अकस्मात् समानान्तर होकर अनन्त तक फैल जाती हैं। इसका कारण छायावादी कवि की स्वच्छन्द दृष्टि है जो आकार की स्थूल दृढ़ता में बँधना नहीं चाहती। छायावादी कवि मेघाच्छन्न आकाश को देखता है तो उसे लगता है, मानों उसके पीछे अनन्त समुद्र है। तीव्र रंगों का सम्मिश्रण उसे आनन्दित नहीं करता। "गोधूलि के म्लान आलोक में क्रमशः दूरवर्ती वृक्ष राशि का म्लान्तर होते हुए किसी अज्ञात अकथित दूरी पर मिल कर एक अनन्त लोक की सम्भावना को प्रस्तुत करने वाला दृश्य ही उसे लुभा सकता है। उसकी दृष्टि में 'जहाँ आलोक की तरलता अथवा रेखा की अंकिम भंगिमा में अनन्तता का संकेत मिलता है, वहीं गम्भीर सौन्दर्य प्रकट होता है।' छायावाद की इस 'कल्पना प्रवण अन्र्दृष्टि' की प्रतिक्रिया के रूप में ही प्रगतिशील कवियों ने वस्तु के प्रति 'सामाजिक यथार्थ-दृष्टि' को अपनाया और अपने काव्य के बिम्ब-विधान में उसे व्यावहारिक चरितार्थता दी। आचार्य विनयमोहन शर्मा के शब्दों में 'प्रगतिवाद', 'भीतर' से 'बाहर'

1. विन्ध्य-हिमालय, पृ. 52

'झाँकने' की चेष्टा है। प्रगतिवादी कवि अपने चारों ओर की वस्तु-स्थिति को खुली आँखों से देखना चाहता है, बुद्धि से समझना चाहता है और उसे आज के अनुकूल बनाने का हल खोजना चाहता है।''[1] पन्तजी ने 'ग्राम्या' में इसी बात को स्पष्ट शब्दों में प्रस्तुत करते हुए लिखा है–

देख रहा हूँ आज विश्व को मैं ग्रामीण नयन से
सोच रहा हूँ जटिल जगत् पर जीवन पर जन मन से।[2]

विषय-वस्तु के प्रति इसी वस्तुपरक सौन्दर्यदृष्टि को लेकर ही प्रगतिशील कवि काव्य-सृजन में प्रवृत्त हुआ। प्रगतिशील काव्य के बिम्ब-विधान को इस दृष्टि ने बड़े गहरे स्तर पर प्रभावित किया है। अतः इस काव्य-धारा के कवियों के बिम्बों का अध्ययन इसी परिप्रेक्ष्य में करना युक्तिसंगत होगा।

प्रगतिशील कविता के उद्भव सम्बन्धी कारणों पर विचार करते समय हमने कुछ स्थानीय सामाजिक एवं साहित्यिक परिस्थितियों के साथ मुख्य रूप में मार्क्सवादी दर्शन के प्रभाव की चर्चा की थी। मार्क्सवादी निकाय के कला-चिन्तन का प्रभाव प्रगतिशील काव्य पर सीधे रूप में पड़ा था। इस प्रभाव की सबसे अधिक स्पष्ट छाप प्रगतिशील कवियों के बिम्ब-विधान पर देखी जा सकती है। मार्क्सवादी कला-दर्शन मूलतः यथार्थवादी दृष्टिकोण पर बल देता है परन्तु यथार्थ की उसकी परिभाषा एक वैयक्तिक विशिष्टता रखती है। कार्ल मार्क्स के अनुसार वस्तुगत यथार्थ इन्द्रियजन्य अनुभव तथा वस्तुओं के प्रति एक दृष्टि ही नहीं दृष्टिकोण भी पेश करता है। यथार्थवाद यथार्थता का यथातथ्य चित्रण नहीं हैं; यह कला का एक 'झुकाव' (ट्रेण्ड) है जो चरित्र-स्थापना तथा वातावरण अंकन का सापेक्ष वर्णन करता है। अतः यह यथार्थता को वश करने के साथ-साथ अनुभव करने वाले वर्णनकर्ता के मस्तिष्क को भी उद्घाटित करता है। यह ऐसी 'मानवीय क्रिया है, जिसके अन्तर्गत सम्पूर्ण मनुष्य द्वारा अपने सर्वांगीण अस्तित्व का सर्वांगीण ढंग से ग्रहण है।'[3] यथार्थता की कलात्मक प्रकृति को वस्तुगत प्रकृति से भिन्न ठहराते हुए एंगेल्स ने अप्रैल, 1888 में मार्गरेट हार्कनेस को लिखे गए पत्र में यथार्थता का निम्नलिखित सूत्र स्थापित किया था, 'मेरी समझ में यथार्थवाद विस्तार से सत्य के अलावा प्रारूप परिस्थितियों में प्रारूप चरित्रों को सत्यतापूर्ण पुनकृति सूचित करता है।[4] एंगेल्स के इस सूत्र

1. प्रगतिवाद और प्रसाद, द्रष्टव्य, कवि प्रसाद, आँसु तथा अन्य कृतियाँ, चतुर्थ संस्करण पृ.36
2. ग्राम्या, पृ. 15
3. कार्लमार्क्स, 'इकॉनामिक एण्ड फिलासफिक मैनुस्क्रिप्ट्स आफ 1844, प. 158
4. वही, पृ. 46-47

का सारांश यह है कि यथार्थ वस्तुगत सत्य को प्रकट करने के साथ-साथ ऐतिहासिक प्रवाह और सामाजिक सम्बन्धों को भी स्पष्ट करता है। 'प्रारूपता (टाइपिकलनैस) समाज के परिवर्तनमान स्वरूप को आँक लेती है और अन्ततः अनुभव के साथ-साथ ज्ञान-मीमांसा का अवलम्ब भी लेती है। इस यथार्थ सत्य तटस्थ न होकर पक्षधर है जो प्रगति का समर्थन, वहन और निर्माण करता है। यथार्थ की वर्णन-द्विविधता पर मार्क्स का निम्नलिखित सूत्र एंगेल्स के सूत्र का उपसिद्धान्त हो सकात है। फरवरी 1848 की फ्रांसीसी क्रान्ति से सम्बन्धित दो पुस्तकों की आलोचना में मनुष्यों तथा घटनाओं के सत्यतापूर्वक चित्रण को मार्क्स ने स्पष्ट किया कि 'यथार्थ में राफेलवादी सौन्दर्य-दृष्टि का परित्याग तथा रेम्ब्रावादी सौन्दर्य-दृष्टि का ग्रहण किया जाए।[1]

इस प्रकार मार्क्सवादी कला-चिन्तन के अनुसार 'अनावश्यक अलंकृति का त्याग और सजीव गुणों से युक्त वास्तविकता का ग्रहण ही यथार्थवात की कलात्मक प्रवृत्ति को आलोकित करता है।'

प्रगतिशील काव्य के चाक्षुष बिम्बों में हमें यथार्थता की इसी कलात्मक प्रकृति के दर्शन होते हैं। यहाँ छायावादी कोमलता, सूक्षमता और अलस माधुर्य के स्थान पर सर्वत्र अनलंकृत वास्तविकता का ग्रहण ही मिलता है। पन्तजी ने इसी तथ्य को निम्न बिम्ब में रूपायित किया है—

ताक रहे हो गगन?
मृत्यु-नीलिमा गहन गगन?
अनिमेष, अचितवन, काल-नयन?
निस्पन्द, शून्य, निर्जन, निःस्वन?
देखो मू को,
जीव-प्रसू को,
हरित भरित,
पल्लवित, मर्मरित,
कुंजित, गुंजित,
कुसुमित,
भू को।[2]

यहाँ कवि प्रकृति से अनवद्य सौन्दर्य को खुली आँखों से देखता है। तन्द्रालस दृष्टि से नहीं। इसीलिए उसके प्रकृति-चित्रों में रेखाएँ बहुत स्पष्ट एवं

1. कार्लमार्क्स, 'इकॉनामिक एण्ड फिलासफिक मैनुस्क्रिप्ट्स आफ 1844, प. 158
2. वही, पृ. 97

गहरी हैं। यहाँ कथ्य, बहुत ही बेलाग एवं सहज रूप से बिम्बों में उतारा गया है, वहाँ न कोई 'छाया-माया' है और न ही कोई रहस्यमयी अभिव्यक्तिवक्रता। इस धारा के कवियों ने अपनी पैनी दृष्टि एवं प्रशस्त संवेदना द्वारा आज के संघर्षरहत मानव की विविध छवियों तथा ग्रामीण परिवेश में धरती की सोंधी गंन्ध को शब्दों के माध्यम से उभार क नए सामाजिक यथार्थ को सामने लाने की कोशिश की है।' दृष्टि की इस नूतनता ने ही इन कवियों को एक नया आत्मविश्वास तथा धरती और जनजीवन से सम्पृक्ति के आयाम दिए हैं। इन्होंने यथार्थ के कुछ विरूप कोनों को ही नहीं, उसकी सम्पूर्णता मैं उसे देखा तथा परखा है।...आत्मरति अथवा खण्डित यथार्थ की भूमिकाओं से प्रतिशील कविता का कोई सम्बन्ध नहीं है। वह व्यक्ति की होते हुए भी जन-जन की कविता है—निराला के शब्दों में जनता की सरस्वती, जनता के दुःख-दर्दों, हर्ष-उल्लास, उसकी प्रकृति, ऋतुओं तथा लोकगीतों के सारे सौन्दर्य, उसके कठोर श्रम की साक्षात् प्रतिमूर्ति तेजोदीप्त प्रतिभा, जैसे सुलगती हुई यथार्थ की ज्वाला के बीच से चमकती-दमकती अभी-अभी निकाली गई हो। यह सामाजिक यथार्थ-दृष्टि ही है, जिसने प्रगतिशील कविता को गंवई-गाँव की प्रकृति की सरल-सादी सुषमा की ओर मोड़ा है, लोक जीवन की गहराइयों में उतर कर अपनी संवेदनाओं को सार्थक करने की प्रेरणा दी है। सौन्दर्य-बोध का यह नया ही धरातल है, जो प्रगतिशील कविता के इस अंश में पहली बार उद्घाटित होता है।[1] पन्तजी के जो कुट ग्राम्य-प्रकृति-चित्र सायास अलंकृति से बच सकते हैं, उनमें इस तथ्य को सफल चरितार्थता मिली है। जैसे—

माली की मड़ई से उठ नभ के नीचे नम-सी धूमाली,
मन्द पवन में तिरती नीली रेशम की-सी हलकी जाली,
बत्ती जड़ा दुकानों में बैठे सुब कस्बे के व्यापारी,
मौन मन्द आभा में हिम की ऊंध रही लम्बी अन्धियारी
धुआँ अधिक देती है, हिन की ढ़िबरी, कम करती उजियाला
मन के कढ़ अवसाद भ्रान्ति आँखों के आगे बुनती जाला।[2]

यहाँ कवि ने ग्राम में रात्रि के इस दृश्य में 'लालटेन के तथ्य धुएँ' को विशेषरूप से वर्ण्य-विषय के रूप में रेखांकित कर या इस दृश्य-बिम्ब में इस रेखा को अधिक गहरा करके ग्रामीण जीवन के मौन के प्रभाव को पूरी संवदेनीयता के उभारने का सफल प्रयास किया है। इसी प्रकार के कुछ सुन्दर

1. डॉ. शिवकुमार मिश्र, आलोचना, 33 पृ. 75-76
2. ग्राम्या, पृ. 64-65

प्रकृति-बिम्ब निराला ने भी प्रस्तुत किए हैं। 'देवी-सरस्वती' में ग्राम्य-प्रकृति का यह सहज रूप दृष्टव्य है–

तुम्हीं हरित नभ पर भू के, हो श्वेत मंजरी,
मन्द-गन्ध-सच्चरिता शीता कृता किन्नरी,
बाग-बाग, वन-वन, रन की सुगन्ध मद पीकर
झूम रही हो हिमसीकर पल्लव-पल्लव पर
स्निगध पवन में, शस्य-शीर्ष से उठी हुई तुम,
सरसों के पीले फूलों की साड़ी पहने
अलसी के नीले फूलों की रेखा जिसमें।[1]

निराला के इस बिम्ब में एक सहज रूपात्मक अन्विति मिलती है। प्रत्येक शब्द पंक्ति कोमल रेखाओं में ढलकर अर्थ की वलयाकार गति में एक रूप को निर्माण की ओर उन्मुख प्रतीत होती है। इसके विपरीत पन्त के निम्न निम्नलिखित बिम्ब में वस्तु परिगणन की प्रवृत्ति के प्रबल हो उठने के कारण बिम्ब में सौन्दर्य के प्रभाव की समग्रता खण्डित हो गई है–

अब रजत-स्वर्ण मंजरियों से लद गई आम्र-तरु की डाली,
झर रहे ढ़ाक, पीपल के दल, हो उठी कोकिला मतवाली,
महके कटहल, मुकुलित जामुन, जंगल में झरबेरी फूली,
फुले आइ, नीम्बू दाड़िम, आलू-गोभी, बैंगन मूली,
पीले मीठे अमरूदों में अब लाल लाल चित्तियाँ पड़ीं
पक गए सुनहले मधुर बेर अंवली के तरु की डाल जड़ी
लह लह पालक, मह मह धनिया, लौकी औ सेम फली फैलीं,
मखमली टमाटर हुए लाल, मिरचों की बड़ी हरी थैली।[2]

यह बिम्ब कवि में वस्तुचयन या डिटेल्स के उपयुक्त संयोजन की क्षमता के अभाव को सूचित करता है। सफल बिम्ब में दृश्य की सूक्ष्म बारीकियों को गिनाना नहीं बल्कि उनके सम्पूर्ण प्रभाव को सम्प्रेषित कर देना ही कवि का लक्ष्य होता है। केदार के निम्नोद्धृत दो प्रकृति के चित्रों बिम्ब-विधान की यह सफलता परिलक्षित होती है–

1. **रवि मोर सुनहला निकला,**
   पर खोल सवेरा नाचा,

---

1. अपरा, पृ. 161
2. ग्राम्या, पृ. 36

भू भार कनक-गिरी पिघला,
भूगोल मही का बदला,
नव जात उजाला दौड़ा
कन-कन बन गया रुपहला।[1]

2. धीरे से पाँव धरा धरती पर किरनों ने,
मिट्टी पर दौड़ गया लाल रंग तलुओं का
छोटा सा गाँव हुआ केसर की क्यारी-सा
कच्चे घर डूब गए कंचन के पानी में।[2]

इन दो बिम्बों में कवि ने प्रातःकाल में प्रकाश के आगमन के दृश्य को उसके संवेदक प्रभाव के साथ अंकित किया है। यहाँ प्रत्येक पंक्ति दृश्य की क्रमशः विकास-स्थितियों को उनके प्रभाव की क्रमिक सापेक्षता में रूपायित करती है। 'रवि-मोर' के निकलने में नीले आकाश में स्वर्णिम किरणों युक्त बाल सूर्य के उदय का चित्र है तथा पर खोल कर नाचने में किरणों के मुक्त प्रसार की सूचना है। मही के भूगोल बदलने का चित्र जगत् की अन्धकारमय स्थिति के अकस्मात् स्वर्णिम आलोकमय रूप में बदल जाने के तथ्य का मार्मिक प्रभाव पाठक के मन पर छोड़ता है। 'नव जात उजाला के दौड़ने' तथा कन-कन के रूपहले होने के बिम्ब स्पर्श-सुखद, कोमल, कच्ची धूप के फैलने एवं उसके प्रभाव स्वरूप प्रसन्न परिवेश को व्यंजित करते हैं। दूसरे बिम्ब में लाल, केसर तथा कंचन इन तीन रंग-स्थितियों के द्वारा ऊषा की रक्ताभ कान्ति, उसके बाद सूर्य किरणों के पीताभ प्रसार तथा फिर उज्ज्वल धूप के मुक्त प्रसार की क्रमागत दृश्यावलियों को पूरी मार्मिकता से उभारा है। कुछ स्थलों पर केदारनाथ अग्रवाल ने प्रकृति बिम्बों के माध्यम से राजनैतिक आग्रहों को भी कलात्मक अभिव्यक्ति दी है। निम्न बिम्ब में दृश्य की वास्तविकता कवि की सर्वहारा क्रान्ति-भावना से सम्पृक्त होकर अत्यन्त प्रभावशील हो उठी है—

आर-पार चौड़े खेतों में
चारों ओर दिशाएँ घेरे
लाखों की अगणित संख्या में
ऊँचा गेहूँ डटा खड़ा है।
ताकत से मुट्ठी बाँधे हैं,

---

1. फूल नहीं रंग बोलते हैं। पृ. 30
2. वही, पृ. 33

नोकीले भाले ताने हैं;
हिम्मत वाली लाल फौज-सा
मर मिटने को झूम रहा है।[1]

बिम्ब में कवि की मनोरचना का अध्ययन सबसे अधिक उसके सादृश्य-विधान के माध्यम से हो सकता है। सादृश्य-योजना के लिए अप्रस्तुतों की खोज में कवि की जीवन-दृष्टि अत्यन्त सक्रिय रहती है। वह उन्हीं क्षेत्रों से अप्रस्तुतों का चयन करता है, जो उसके मनःस्थिति के अनुकूल पड़ते हैं। यहाँ कवि ने क्रान्ति विशेष के भाव को सम्प्रेषित करने के लिए 'नौकीले भाले' तथा 'लाल फौज' को प्रस्तुत किया है। पन्तजी की इन पंक्तियों में भी सादृश्य-विधान के आधार पर सुन्दर बिम्ब की रचना हुई है–

पानी-सी प्रिय स्वच्छ आग-सी निर्मल क्रान्ति पर्व-सी पावन,
हँसती हुई कृषक-बाला-सी, उगते खेतों-सी मन भावन,
खिलती हुई कली-सी पुलकित, उड़ते हुए भ्रमर-से चंचल,
नई दृष्टि के पृष्ठ खोल कर, लाई नई जिन्दगी हलचल।[2]

त्रिलोचन के कुछ बिम्बों में कलात्मक-संयम का विशिष्ट स्तर परिलक्षित होता है। उदाहरण के लिए उनके इस बिम्ब में दृश्य-ग्रहण के लिए अपेक्षित, वैयक्तिक तटस्थता का तिरोभाव मिलता है–

सघन पीली उर्मियों में
बोर हरियाली सलोनी,
झूमती सरसों
प्रकम्पित वात से
अपरूप सुन्दर
धूप सुन्दर
धूप में,
जग रूप सुन्दर
सहज सुन्दर।[3]

दृश्य केन्द्रभाव को 'सुन्दर' शब्द की आवृत्तियों द्वारा प्रेषित करने का यह प्रयास इस बिम्ब के पूर्वार्द्ध के कोमल प्रभाव को आवेगसम्पन्न कर देता है।

---

1. युग की गंगा, पृ. 16
2. युगपथ, पृ.8
3. आधुनिक साहित्य का प्रवृत्तियाँ, डॉ. नामवरसिंह द्वारा उद्धत, पृ. 66

केदार का यह बिम्ब कितना कोमल, अछूता, एवं संवेदन सिक्त है। बिना किसी अलंकृति के, कवि ने विषय-वस्तु को सहज संवेदनीयता के स्पर्श से प्राणवान् बना दिया है–

आज नदी बिल्कुल उदास थी,
सोयी थी अपने पानी में,
उसके दर्पण पर
बादल का वस्त्र पड़ा था,
मैंने उसको नहीं जगाया,
दबे पाँव घर वापस आया।[1]

नागार्जुन के चाक्षुष-बिम्बों में वस्तुपरिगणन एवं अभिधाश्रित वर्णन की प्रवृत्ति प्रधान हो जाने के बावजूद दृश्य-प्रभाव सरस एवं प्रभावी हो उठा है–

याद आता मुझे अपना वह 'तरउनी' ग्राम
याद आती लीचियाँ, वे आम,
याद आते मुझे मिथिला के रुचिर भू-भाग
याद आते घान,
याद आते कमल, कुमुदिनी और तामलखान
याद आते शस्य श्यामल जन पदों के
रूप-गुण-अनुसार ही रक्खे गए वेनाम
याद आते वेणुवन वे, नीलिमा के निलय अति अभिराम।[2]

प्रगतिशील काव्यधारा के ऐसे अधिकांश बिम्ब स्मृति प्रेरित हैं, अतः कल्पना एवं राग के स्पर्श के प्रभाव की स्थिति में ये भाव एवं लावण्य पूरित होकर रागात्मक प्रभाव ही छोड़ते हैं। कल्पना-प्रेरित बिम्बों में वस्तु को अनुभूति एवं राग का जो आन्तरिक स्पर्श मिलता है, वह यहाँ सुलभ ही है।

चाक्षुष बिम्बों के कुछ सहज एवं सफल प्रयोग डॉ. शिवमंगलसिंह 'सुमन' के काव्य-संग्रह 'विन्ध्य-हिमालय' की कविताओं में मिल जाते हैं। 'वातायन से हिमालय-दर्शन' नामक कविता में 'पर्सपेविटव' को बहुत सफल रूप में उभारा गया है–

कि प्रातः नित्य खिड़की से
तुम्हारा रूप पीता हूँ
अलौकिक लोक के उन्मान का

---

1. फूल नहीं रंग बोलते हैं, पृ. 47
2. सतरंगे पंखों वाली, पृ. 47

क्षण एक जीता हूँ
तुम्हारे खेत निर्मल, शुभ्र,
कर्पूरी कपोलों पर
फिसलती आँख की पुतली,
किसी स्निग्ध सुधि की राशि सम
तुम जम गए कैसे?
क्षितिज के छोर सी उमड़ी हँसी
कब से समेटी है?
... ...
मगर मैं,
नव स्फटिक की स्निग्ध सिरहन में
चमकते उर्ध्व कलशों को
निहारा नित्य करता हूँ
यही आशा लिए मन में
कि शायद तुम कभी बोलो।[1]

यहाँ कवि ने कमरे की खिड़की से देखे गए हिमालय के भव्य रूप को रूपभेद और प्रमाण की अन्वित सापेक्षता में बिम्बायित किया है। यही नहीं स्थिति के अनकूल इस दृश्य के कवि-मन पर प्रभाव को भी सफल रूप में आँका है। कमरे के भौतिक परिवेश से हिमालय की नैसर्गिक सुषमा को निहारने पर कवि की चेतना किसी अलौकिक विश्व में पहुँच जाने का अनुभव तथा प्रकृति की उस असीम शुभ्र विराटता के प्रति कौतूहल का भाव स्वाभाविक है। उस क्षण विशेष के प्रति कवि की मानसी प्रत्यर्थता 'कर्पूरी कपोलों' पर फिसलती आँख की पुतली तथा 'सुधि की राशि सम' जमने की सम्भावनाओं के बिम्बों के माध्यम से बड़े सजीव रूप में व्यक्त हुई है। दर्शक एवं दृश्य़ वस्तु की स्थितियों के अनुरूप, पर्वत के हिमकोरों के सहारे दृष्टि का फिसलना, ऊँची चोटियों का सूर्य के प्रकाश में चमकते ऊर्ध्व कलशों के समान दीख पड़ना तथा परिवेश की एकान्त चुप्पी में हिमालय के चौन की कल्पना ये सभी डिटेल्स इस बिम्ब को एक कलात्मक पूर्णता देते हैं तथा दृश्य के प्रभाव बहुत मार्मिक ढंग से सम्प्रेषित करते हैं। प्रगतिशील कवियों ने मानवीय सौन्दर्य का चित्रण भी इसी यथार्थपरक दृष्टि से किया है। विभिन्न संवेदनाओं के अनुरूप इन चित्रों

---

1. विन्ध्य-हिमालय, पृ. 89-91

में इन कवियों ने मांसलता को विशेष आग्रह के साथ उभारा है–

1. **शरमाती झट**
   वह नमित दृष्टि से देख उरोजों के युग घट।[1]
2. **सर से आँचल खिसका है, धूर भरा जूड़ा**
   अधखुला वक्ष, ढ़ोती तुम सिर पर घर कूड़ा,
   यौवन का स्वास्थ्य झलकता आतप-सा तन से।
3. **श्वेत प्रस्तर खण्ड में भी**
   नग्न नारी देह सुन्दर
   माँस की मृदुता भरे थी
   ... ...
   बन्द होंगे फिर न जैसे, रभ भरे दोनों अधर,
   होकर कड़े अति सट गए थे
   और कन्धों से तनिक नीचे उतर कर
   वासना के हाथ से अब तक अछूते और अदोलित,
   दो मृदुल दलदार वृत्ताकार कुच थे
   ... ...
   पीन जाँघें
   चल नहीं सकते चरण थे।[3]

ये बिम्ब ऐन्द्रिय संवेदनों को तीव्रता से जगाने में सक्षम हैं। इस प्रकार के यौन-चित्रों को उतारने में प्रगतिशील कवियों को बड़ा कमाल हासिल रहा है। नारी देह को उसी यथार्थवादी दृष्टि से देखने के कारण एक नैतिक उन्मोचन का भाव इन कवियों में आ गया था। इसीलिए वे इस प्रकार के माँसल बिम्बों की सृष्टि बड़े निर्कुण्ठ भाव से करने में समर्थ हो सके थे।

प्रगतिशील कवियों ने वर्ग-चेतना को उभारने के लिए सर्वहारा जन के बड़े कारुणिक चित्र यथार्थ की गहरी रेखाओं से खींचे हैं। इन बिम्बों में दृश्य की तात्विक वस्तुनिष्ठता को उभारने में कवियों की विशिष्ट सफलता मिली है।

निराला की 'तोड़ती पत्थर' कविता में बहुत ही सफल वस्तुप्रधान बिम्बों की योजना हुई है। यह कविता प्रगतिशील काव्य की श्रेष्ठतम कलात्मक उपलब्धियों

---

1. ग्राम्या, पृ. 18
2. वही,
3. केदारनाथ अग्रवाल, युग की गंगा, पृ. 2

में से एक है–

वह तोड़ती पत्थर
देखा मैंने इलाहाबाद के पथ पर
वह तोड़ती पत्थर

यहाँ 'वह तोड़ती पत्थर' का पुनर्कथन साभिप्राय है। इससे लक्षित होता है कि कवि का लक्ष्य विषय के प्रति सहवेदना को उभारना है। विषय की लक्ष्य-योजना को पहले से ही ध्वनित करके कवि ने अपने मन की करुणामयी दृष्टि का पूर्व परिचय दिया है। इसके बाद कवि एक-एक लघु बिम्बों की रेखाओं के माध्यम से संवेदना के अनुरूप परिवेश को निर्मित करता है–

1. **नहीं छायादार**
   पेड़ वह जिसके तले बैठी हुई स्वीकार;
2. **श्याम तन, भर बँधा यौवन**
   नतनयन, प्रिय कर्म-रत मन,
3. **गुरु हथौड़ा हाथ,**
   करती बार-बार प्रहार
4. **चढ़ रही थी धूप**
   गर्मियों के दिन
5. **उठी झुलसाती हुई लू**
   रूई ज्यों जलती हुई भू
   ... वह तोड़ती पत्थर।[1]

अनुकूल परिवेश की यह निर्मिति कथ्य के प्रभाव को असाधारण रूप में बढ़ा देती है। इस वृद्धिगत प्रभाव की भूमिका पर कवि अत्यन्त सधी हुई कोमल रेखाओं से विषय के क्रिया-व्यापार के चित्रण तथा सादृश्य-विधान द्वारा दृश्य को और अधिक मार्मिक बनाता है। मूल संवेदना की व्यंजक भूलम्भ रेखा के चारों ओर लघु बिम्ब रेखाओं का जाल बुन कर चित्र को पूर्णता देता है–

देखते देखा, मुझे तो एक बार
उस भवन की ओर देखा, छिन्न-तार
... ...
देखा मुझे उस दृष्टि से
जो मार खा रोई नहीं
... ...

---

1. अनामिका (तृतीय सं.) पृ. 76

एक क्षण के बाद वह काँपी सुघर
ढुलक माथे से गिरे सीकर,
लीन होते कर्म में फिर ज्यों कहा
'मैं तोड़ती पत्थर।'[1]

यह सम्पूर्ण कविता का सफल समाकलित बिम्ब है। यहाँ कथ्य एवं अभिव्यक्ति वस्तु एवं शिल्प एकतान हो गए हैं। इस बिम्ब में कवि का कलात्मक शब्द-संयम, एवं सम्पूर्ण यथार्थता के गठन को प्रभावशील रूप में प्रस्तुत करने वाला अन्वयन कौशल दर्शनीय है।

पन्तजी की निम्नलिखित पंक्तियों में भी क्रूर यथार्थ का मार्मिक अंकन हुआ है—

वह बुड्ढा
खड़ा द्वार पर लाठी टेके
वह जीवन का बूढ़ा पंजर
चिमटी उसकी सिकुड़ी चमड़ी
हिलते हड्डी के ढाँचे पर
उमर ढ़ीली नसें जाल सीं
सूखी ठठरी से लिपटीं
पतझर के टूटे तरु से ज्यों
सूनी अमर बेल हो चिपटी
... ...
बैठी छाती की हड्डी अब
झुकी रीढ़ कमठा-सी टेढ़ी
पिचका पेट, गढ़े कन्धों पर,
फटी बिवाई से ही डेड़ी।[2]

यहाँ एक-एक रेखा को उभार कर कवि ने मानों केनवास पर वृद्ध व्यक्ति का पोट्रेट ही उतार दिया है। उसकी तीक्ष्ण दृष्टि ने बिम्ब की केन्द्रीय संवेदना को उभारने के लिए कवि ने दृश्य की उन्हीं रेखाओं को पकड़ने का प्रयास किया है जो कथ्य की प्रकृति के अनुकूल है तथा उसके प्रभाव को बढ़ाती है। प्रत्यक्ष को यथातथ्य उभारने के लिए प्रगतिशील कविता में कुछ स्थलों पर घनवादी चित्रशैली (क्यूबिज्म) के प्रभाव को भी ग्रहण किया गया है।

---

1. अनामिका (तृतीय सं.) पृ. 76
2. ग्राम्या, पृ. 19

यहाँ वर्त्तुल रेखाओं की अपेक्षा सीधी रेखाओं का प्रयोग अधिक है। घनवादी कला शैली के अनुरूप कुछ प्रगतिशील बिम्बों में चित्रात्मक संगठन (डायग्रैमेटिक आर्गनाइजेशन) को विशेष महत्त्व दिया गया है। स्थल-व्यंजना (स्पेस सजेशन) के विधान तथा सरलीकृत आकार अथवा रूप में संवेग-जनन की प्रवृत्ति यहाँ सफल रूप में चरितार्थता पा सकी है। उदाहरण के लिए भगवतीचरण वर्मा के इस बिम्ब को देखिए—

उस ओर क्षितिज के कुछ आगे
कुछ पाँच कोस की दूरी पर
भू की छाती पर फो ड़ेसे
हैं उठे हुए कुछ कच्चे घर।[1]

यहाँ केन्द्रीय संवेदना के अनुरूप बिम्ब की घनता (इण्टेसिटी) दर्शनीय है। पुनर्प्रत्यक्षण के किसी सायास अलंकृत आयोजन के बिना ही कवि ने सादृश्य के बहुत सीधे, सहज एवं सरल विधान द्वारा सहृदय में संवेग को उद्बुद्ध करने की सफल कोशिश की है।

प्रगतिशील बिम्बों की इन रेखाओं की छायावादी बिम्बों की रेखाओं से तुलना करने पर हम सहज ही इस निष्कर्ष पर पहुँच सकते हैं कि इन रेखाओं में दृश्य की तात्त्विक वस्तुनिष्ठता को पकड़ने की, कथ्य को यथार्थ रूप में बाँधने की क्षमता है। दृढ़ता एवं गहराई के अभाव में छायावादी रेखाएँ ऐसा नहीं कर पातीं। यदि छायावादी बिंम्बों की रेखाएँ समुद्र के वक्ष पर खिंची क्षणिक अस्तित्वशील रेखाएँ हैं तो प्रगतिशील काव्य-बिम्बों की रेखाएँ हलकी नोक से बंजर धरती को चीरती हुई गहरी लकीरें हैं।

यथार्थवादी शैली के अनुरूप प्रगतिशील बिम्बों में मुख्यतः सूचक एवं शुद्ध रंग-स्थितियों के प्रयोग मिलते हैं। रेम्ब्रां के चित्रों की भाँति चटकीले रंगों पर यहाँ बहुत जोर दिया गया है। प्राकृतिक रंगों के सजीव प्रयोग इस काव्य में विपुल मात्रा में मिलते हैं। पन्त की इन पंक्तियों में विविध प्राकृतिक रंगों का सहज संयोजन दृष्टव्य है—

रोमांचित-सी लगती वसुधा आई जौ, गेहूँ में बाली,
अरहर सनई की सोने की, किंकणियाँ हैं सोने वाली
... फूली सरसों पीली-पीली

---

1. दृष्टव्य—आज के लोकप्रिय कवि माला, भगवतीचरण वर्मा, सम्पादक, अमृतलाल नागर, पृ. 94
2. ग्राम्या, पृ. 35

लो हरित घरा से झाँक रही नीलम की कलि तीसी नीली।[2]

रंगों के उचित सम्मिश्रण, यथोचित फैलाव एवं वर्णिका भंग की चेतना पन्त में बहुत विकसित है। इस प्राकृतिक दृश्य में रंगों की संयोजन-स्थिति के लिए—

अभी गिरा रवि, ताम्र कलश-सा गंगा के उस पार
क्लांत पांथ, जिह्वा विलोल, जल में रक्ताभ पसार
भूरे जलदों से धूमिल नम, विहग-छदों से बिखरे
धेनुत्वचा-से सिहर रहे, जल में रोओं से छितरे।[1]

मनःस्थिति के वैशिष्ट्य के अनुकूल रंगों एवं रंगतों के विविध संयोजनों द्वारा दृश्य प्रभाव को उभारने में निरालाजी बहुत सफल रहे हैं। निराला की सौन्दर्य-दृष्टि कहीं-कहीं विराट् का स्पर्श पाकर रंगों की गहरी आच्छायाओं को उभार कर बिम्ब में नए संवेदनागतअर्थ भरती है—

यह सांध्य समय
प्रलय का दृश्य भरता अम्बर
पीताभ अग्निमय, ज्यों दुर्जय
निर्धूम, निरभ्र दिगन्त प्रसार
कर भस्मीभूत समस्त विश्व को एक शेष
उड़ रही धूल नीचे अदृश्य हो रहा देश।[2]

प्रगतिशील कविता के अधिकांश बिम्बों में स्वीकृत रंगों के ही प्रयोग मिलते हैं। उष्ण प्रकृति वाले रंगों को इस धारा के कवियों ने विशेष रूप से अपनाया है। जहाँ शीतल प्रकृति के रंग आए भी हैं, वहाँ उन्हें उष्ण रंगों के स्पर्श से उष्ण प्रभाव में ढ़ाला गया है—

चुनरी लाल, नीला लहंगा, बिखरे कुन्तल, सहमे उरोज।[2]

यहाँ यौन उत्तेजना के प्रभाव की तीव्रता को बढ़ाने के लिए कवि ने उष्ण प्रकृति के लाल तथा शीतल प्रकृति के नीले रंगों का विषम संयोजन किया है। उष्ण प्रकृति के लाल रंग के स्पर्श से शीत नीला रंग भी उष्ण एवं उत्तेजक हो उठा है। परन्तु अनेक स्थलों पर रंगों के बेमेल संयोजन भी मिलते हैं, जो इन कवियों की अविकसित रंग-चेतना का परिचय देते हैं—

काला मुख करने वालों से रार है,
होली तो बस लाली का त्यौहार है,

---

1. युगवाणी, पृ. 31
2. शिवमंगलसिंह 'सुमन', प्रलय-सृजन, पृ.25

कोई मुख नीला-पीला रह जाएगा
तो फिर पर्व तुम्हारा सब ढह जाएगा।[1]

उपरिउद्धृत बिम्ब में रंगों का मिश्रण बहुत स्थूल आधार लिए हुए है। यहाँ रंगों का संयोजन, उनकी प्रकृति एवं वैशिष्ट्य के परिज्ञान के अभाव में, बहुत फूहड़ प्रभाव उत्पन्न करता है। प्रगतिशील कवियों में शिवमंगलसिंह 'सुमन' का रंगों सम्बन्धी परिज्ञान बहुत सीमित एवं अविकसित है। उनके अधिकांश बिम्बों में रंगों का भदेस फैलाव मिलता है। इस धारा के कवियों में केदारनाथ अग्रवाल के रंग बहुत ताजे एवं संवेद्य हैं। वे 'सुमन' की तरह रंगों को कह देने या उनके नाम गिनाने में विश्वास नहीं करते बल्कि प्राकृतिक वस्तु-स्थितियों से उन्हें व्यंजित करते हैं–

धूप चमकती है चाँदी की साड़ी पहने
फूली सरसों की छाती से लिपट गई है।[2]

रंगों की प्रकृति एवं उनके मनोवैज्ञानिक प्रभाव का सूक्ष्म परिज्ञान केदार के बिम्बों में सर्वत्र झलकता है। रंगों की सूक्ष्म आच्छायाओं को परिवैशकी पूरी समझदारी के साथ कथ्य के अनुकूल उतारने में उन्हें बड़ा कमाल हासिल है। पीछे हम निम्नलिखित बिम्ब की चाक्षुष बिम्बों के प्रसंग में विवेचना कर चुके हैं। कोमल रंगों का ऐसा सार्थक एवं राग वलयित संयोजन प्रगतिशील कविता में अन्यत्र दुर्लभ है–

छोटा-सा गाँव हुआ केसर की क्यारी-सा,
कच्चे घर डूब गए कंचन के पानी में।[3]

नागार्जुन के कुछ रंग-बिम्ब भी ताजे एवं संवेदन सिक्त हैं। निम्नोद्धृत बिम्ब में सादृश्य-विधान के आधार पर केन्द्रीय संवेदना के सन्दर्भ में रंग की वास्तविकता को उभारा गया है–

पूस-मास की धूप सुहावन,
घिसे हुए पीतल-सी पाण्डुर
पूस-मास की धूप सुहावन,
स्तनपायी नीरोग गौर छवि
शिशु के गालों जैसी मनहर
... ...

---

1. विन्ध्य हिमालय, पृ. 20-21
2. फूल नहीं रंग बोलते हैं, पृ. 38
3. वही, पृ. 33

राशन के चावल से कंकड़ बीन रही पत्नी बेचारी
गर्भ-भार से अलस शिथिल है अंग-अंग
मुँह पर उसके मटमैली आभा।[1]

रंगों के ये यथार्थ-प्रयोग इस कविता में अधिक नहीं है। यहाँ छाया-प्रकाश की पद्धति के सूक्ष्म प्रयोगों के स्थान पर रंगो के सीधे प्रयोग ही मिलते हैं। छायावादी काव्य में बिम्बों की संवेदक रेखाएँ रंगों से ही खींची गई हैं, जबकि यहाँ रेखाओं से आकार निर्मित कर फिर उनमें रंग भरे गए हैं और रेखाएँ इतनी गहरी हैं कि 'सुमन' के शब्दों में–

जो चित्र बनाए हैं, तुमने जनजन के मन में,
रंग धुल जाएँ पर रेखाएँ रह जाएँगी।[2]

प्रगतिशील कवियों ने सैद्धान्तिक रूप से कलावाद को आभिजात्य 'पलायन' मानकर त्याज्य ही समझा था। वक्तृतावादी आग्रह के कारण इन कवियों ने कविता के आन्तरिक संगीत या नादतत्व पर ध्यान नहीं दिया। इन्होंने मात्र शाब्दिक ओज को ही काव्य-गुण मानकर नाद वैशिष्ट्य जुटाया है–

कहीं मुर्गी, कहीं अण्डें
धूप खाते हुए कण्डे
हवा बदबू से मिली
... ...
खानसामा, बावर्ची और चौबदार
सिपाही, साईस, भिश्ती, घुड़सवार,
नाम जान वाले कुछ देशी कहार
नाई, धोबी, तेली, तम्बोली, कुम्हार।[3]

2. घृणित, लुटेरे, शोषक, समझा पर-धन-हरण बपौती
तिनका तिनका खड़ा दे रहा तुझको खुली चुनौती।[4]

3. लहलह पालक, महमह धनिया।[5]

4. पत्तों के पर फड़-फड़ फड़के
उलटे उखड़े, टूटे।[6]

---

1. नागार्जुन, जयति जयति सर्व मंगला, हँस (शा.सं.अ.), पृ. 128
2. विन्ध्या-हिमालय, पृ. 102
3. निराला, कुकुरमुत्ता, पृ. 13
4. 'सुमन', विश्वास बढ़ता ही गया, पृ. 42
5. पन्त, ग्राम्या, पृ. 36
6. केदार, लोक और आलोक, पृ. 42

उपर्युक्त उद्धरणों में नाद-योजना के लिए मात्र ध्वन्यात्मक शब्दों (सौनिकवर्ड्स) को सायास जुटाया गया है। यहाँ अर्थ और संगीत की संश्लिष्ट स्थिति का अभाव होने के कारण नाद तत्त्व आरोपित हो उठा है। पन्तजी के अधिकांश बिम्बों में नाद्गत् प्रयोग अर्थ के आन्तरिक स्पर्श के अभाव में असफल प्रतीत होते हैं–

लो, छन छन, छन, छन
छन, छन, छन, छन, छन
नाच गुजरिया हरती मन।
ठुमुक गुजरिया हरती
उड़ रहा ढ़ोल धा धिन धा धिन,
औ हुड़क घुमड़ता ढ़िम-ढ़िम-ढ़िम
मंजीर खनकते खिन-खिन-खिन।[1]

यहाँ कवि ने अनुप्रास एवं व्यंजन-प्रधान शब्द संगीत के सहारे नाद-बिम्ब प्रस्तुत करने का प्रयास किया है परन्तु सार्थक स्वर ध्वनियों के समानुपातिक संयोग के अभाव में वह असफल रहा है। 'ता' और 'न' की ध्वनियाँ नृत्य की गति को दर्शाने के लिए लाई गई हैं तथा 'न' की आवृत्ति घुंघरूओं की झनकार, वाषों की किनक और चूड़ियों की खनक की खनक को व्यक्त करने के लिए प्रस्तुत हुई हैं। परन्तु यहाँ 'छन', 'ढ़िम' तथा 'खिन' शब्दों की आवृत्तियों से ऐसा लगता है कि मानों नर्तकी धरती पर लगातार पैर पटक रही है। नृत्य के लिए उपयुक्त स्थिति यह हो सकती थी कि 'छन' की दो-तीन आवृत्तियों से प्रारम्भिक विराम, उतार की सम स्थिति को सूचित कर फिर 'छन न न न-छन' इस प्रकार ध्वनि के गत्यात्मक परिवर्तन को व्यक्त किया जाता है। परन्तु यहाँ 'नाच' 'ठुमुकना' इन दो क्रियाओं को घुंघरुओं की एकल्प ध्वनि के माध्यम से व्यंजित किया गया है। एकाधिक स्थलों पर निराला ने वर्णनात्मक बिम्बों में भी व्यंजन एवं स्वरों के सहयोग पर आधृत सुन्दर नाद-बिम्बों की सृष्टि की है–

आमों की मंजरी पर
उतर चुका है वसन्त,
मंजु-गूंज भौरों की
बौरों से आती हुई,
शीत वायु ढो रही है,

---

1. ग्राम्या, पृ. 31-32

मन्द गन्ध रह-रह कर
नारियल फले हुए,
पुष्करिणी के किनारे
दोहरी कतारों में
श्रेणीबद्ध लगे हुए।[1]

प्रगतिशील काव्य धारा के कवियों में नागार्जुन और केदार ने लोकभाषा के शब्दों के सहारे बड़े सफल नाद-बिम्ब दिए हैं। सहजानुभूति के स्तर पर उदित एवं लोक जीवन की गन्ध युक्त होने के कारण ये बिम्ब आन्तरिक लय सम्पन्न एवं सजीव हो उठे हैं। नागार्जुन का यह बिम्ब दृष्टव्य है–

कर आई चाक, तिमिर का सीना
जोत की फांक, यह तुम थीं।
सिकुड़ गई राग-राग, झुलस गया अंग-अंग
बना कर ठूंठ छोड़ गया पतझार
उलंग असगुन-सा खड़ा रहा कचनार।[2]

केदार की 'धीरे उठाजो मेरी पालकी' 'मांझी न बनाओ वंशी मेरा मन डोलता' आदि कविताओं में सुन्दर नाद-बिम्बों को प्रस्तुत किया गया है। उनकी निम्नोद्धृत पंक्तियों में स्वर ध्वनियों का मुख्य आधार लेकर बहुत सफल नाद-बिम्ब उभारा गया है–

सैंकड़ों हजार गिद्ध
व्योम के प्रसार में उघार क्षुब्ध क्रुद्ध पंख
माँस की पुकार मार
अन्धकार की अपार आर-पार नोचते
देश के करोड़ पुत्र
छोड़ सिन्धु गंग ब्रह्म विन्ध्य के महा प्रदेश
क्षीण वृत्ति हीन त्रस्त
खा पछाड़ यत्र तत्र पेट को मरोड़ते।[3]

यहाँ 'आ' तथा 'ओ' इन दो स्वर ध्वनियों की आवृत्तियाँ दृश्य के विस्तार, प्रसरण अन्तराल (स्पेस) तथा विराट्ता, घनत्व, एवं परिमाण को व्यक्त करने के लिए प्रयुक्त हुई हैं। ये ध्वनियाँ वृहत्तर परिवेश में व्याप्त अर्न्द्वन्द्व,

1. अणिमा, पृ. 68
2. सतरंगे पंस्कों वाली, 'यह तुम थीं। कविता।
3. 'युग की गंगा' देश की आसाएँ।

भावोद्वेग, विप्लव या विद्रोह को बड़े सूक्ष्म रूप में उभार देती हैं।

प्रगतिशील कवियों ने स्पर्श की स्थूल एवं सूक्ष्म छवियों को बड़ी सफाई से अंकित किया है। यहाँ स्पर्श की कठोर प्रकृति के बिम्ब कुछ अधिक है। जड़ और जड़ के बीच के कठोर स्पर्श को व्यक्त करने वाला यह बिम्ब दृष्टव्य है–

तेज धारा का कर्मठ पानी
चट्टानों के ऊपर चढ़ कर,
मार रहा है,
घूँसे कस कर
तोड़ रहा है तट चट्टानी।[1]

जड़ और जड़ के बीच कोमलस्पर्श का बिम्ब–

माती थाप हवा की पड़ती
पेड़ों की बज रही
ढुलकिया।[2]

चेतन स्पर्शों की सूक्ष्म चेतना इन बिम्बों में उभरी है–

1. **कैसी बही बयार सखी, सीली-सीली**
   दइमारे। कर दी अंगिया गीली-गीली।[3]
2. **मृग मिथुन श्रृंग से अंगों को कर मृदु मर्दित।[4]**
3. **तप रहे हो जिस तरह**
   न तप सका निदाघ भी।[5]
4. **पूस-मास की धूप सुहावन**
   नरम-नरम ऊनी लिबास-सी।[6]

प्रगतिशील कविता में स्पर्श की अधिक सूक्ष्म एवं विकसित चेतना केदारनाथ अग्रवाल के बिम्बों में व्यक्त हुई है। स्पर्श के कोमल प्रभाव को पूरी सफलता से प्रेषणीय बनाने में वे बहुत दक्ष हैं। उनके दो स्पर्श-बिम्ब प्रस्तुत हैं–

1. **धूप नहीं, यह**
   बैठा है खरगोश पलंग पर

1. फूल नहीं रंग बोलते हैं, पृ. 70
2. वही, पृ. 67
3. विन्ध्य-हिमालय, पृ. 22-23
4. पन्त, ग्राम्या, पृ. 86
5. शिवमंगल सिंह सुमन, विश्वास बढ़ता ही गया, 'कहीं समाप्त साधनों से'
6. हँस (शा.सं.अंक) पृ. 128

उजला, रोएँदार मुलायम।[1]

2. हवा आई
खूबसूरत वल्लरी के वेश में
और मेरी देह से लिपटी रही
वह प्रिया है, पेड़ हूँ मैं नीम का
प्रमुदित हुआ।
हवा आई
गुदगुदाती हँसिनी के वेश में
और मेरे नीर में तिरती रही,
वह प्रिया है, अंक हूँ मैं झील का,
पुलकित हुआ।[2]

यहाँ प्रत्येक बिम्ब में स्पर्श के आन्तरिक प्रभाव को बड़े सहज एवं कोमल रूप में शब्दों में बाँधने का सफल प्रयास किया गया है। केदार ने निश्चय ही बड़े सफल एवं समृद्ध स्पर्श बिम्ब प्रगतिशील कविता को दिए हैं। इस स्पर्श बिम्बों में एक सहज स्पर्श-लालसा है जो जीवन की यथार्थ-दृष्टि से उपजी है। छायावादी कवियों की स्पर्श-झिझक एवं संकोच भावना यहाँ बिल्कुल नहीं है।

गन्ध-बिम्बों के प्रयोग प्रगतिशील कविता में बहुत अधिक नहीं हैं परन्तु जो थोड़े से हैं, वे बहुत ताजे और सफल हैं। व्यापक जन-जीवन एवं लोक संस्पर्श के कारण धरती की मिट्टी की सहज गन्ध प्रगतिशील काव्य के बिम्बों में बहुत कोमलता से उतरी है–

1. सौंधी सौंधी मिट्टी महकी गमक उठा उपवन।[3]
2. चम्पे की मीनी सुगन्ध का क्या कहना?[4]
3. कनक-कसैली गन्ध गमकती
   वन-वन, बीथी-बीथी।[5]
4. उड़ती भीनी लैलावत गन्ध
   फूली सरसों पीली-पीली।[6]

---

1. फूल नहीं रंग बोलते हैं, पृ. 50
2. वही, पृ. 102
3. सुमन, पर आँखें नहीं मरी। पृ. 38
4. विन्ध्य-हिमालय, पृ. 23
5. वही, पृ. 24
6. ग्राम्या, पृ. 35

यथार्थवादी जीवन-दृष्टि से प्रेरित होकर प्रगतिशील कवियों ने गन्ध के मादक रूपों को ही नहीं बल्कि उसे अच्छे-बुरे या दुर्गन्ध-सुगन्ध आदि रूपों की विविधता को उभारा है–

1. **आ रही असह दुर्गन्ध पसीने और चीथड़ों से झरझर।**[1]

2. **सड़े धूर के गोबर की बदबू से दब कर।**[2]

इस प्रकार प्रगतिशील काव्य में गन्ध बिम्बों में पर्याप्त वैविध्य मिलता है। इन कवियों की गन्ध-चेतना में छायावादी सूक्ष्मता तो नहीं है परन्तु यहाँ गन्ध-बोध भी समग्रता का अहसास अवश्य मिलता है।

प्रगतिशील कविता में वेगोद्भेदक बिम्बों के कुछ सफल प्रयोग भी मिलते हैं। प्रगतिशील कविता में इस कोटि के बिम्ब मूलतः आवेशजनित ही हैं, अन्तःस्फूर्त नहीं। निराला तथा पन्त के कुछ वेगोद्भेदक बिम्बों में ओज एवं गति का आन्तरिक स्पर्श मिलता है। यथा–

भारत ही जीवन घन, ज्योतिर्मय परम-रमण
सर-सरिता वन-उपवन।
तपःपुंज गिरि-कन्दर, निर्झर के स्वर पुष्कर
दिक्प्रान्तर मर्म मुखर, मानव मानव-जीवन,
धौत-धवल मृतु के पल, संचारण चरण-चपल,
कारण-सवारण, वत्कल, धार, सुकृतोच्चारण,
नहीं कहीं जाड़-जघन्य, नहीं-कहीं अहमन्य,
नहीं कहीं स्तन्य-वन्य, चिन्मय केवल चिन्तन।[3]

पन्तजी की निम्नोद्धृत पंक्तियों में वेग, गति, त्वरा और स्फोट मूर्तिमान् हो उठे हैं। द्वितीय महायुद्ध के महाविनाशकारी दृश्य एवं प्रभाव को कवि ने कैसे ओजस्वी शब्दों में बाँधा है–

इधर अड़ा साम्राज्यवाद, शत शत विनाश के ले आयोजन
उधर प्रतिक्रिया रद्ध शक्तियाँ क्रुद्ध दे रही युद्ध-निमन्त्रण
सत्य न्याय के बाने पहने, सत्य लुब्ध लड़ रहे राष्ट्रगण
सिन्धु-तरंगों पर क्रय-विक्रय स्पर्धा उठ गिर करती नर्तन
धू-धू करती वाष्प-शक्ति, विद्युत-ध्वनि करती दीर्ण दिगन्तर,
ध्वंस-प्रंश करते विस्फोटक धनिक सभ्यता के गढ़ जर्जर।[4]

1. शिवदान सिंह चौहान द्वारा उद्धृत, साहित्य की समस्याएँ, पृ. 93
2. केदार, युग की गंगा, पृ. 50
3. निराला, बेला, पृ. 53
4. ग्राम्या, पृ. 87

केदारनाथ अग्रवाल ने बहुत कम शब्दों या अर्थ रेखाओं के संयोजन द्वारा सफल वेगोद्भेदक बिम्बों की योजना की है। यहाँ दो बिम्ब दृष्टव्य हैं–

1. **मैंने उसको**
जब-जब देखा,
लोहा देखा,
लोहा जैसा,
तपते देखा,
गलते देखा,
ढ़लते देखा
मैंने उसको
गोली जैसा
चलते देखा।[1]

2. **मैं घोड़ों की दौड़**
बनों के सिर पर तड़-तड़ दौड़ा,
पेड़ बड़े से बड़ा
चिरौटे-सा चिल्लाया चौंका,
पत्तों के पर फड़-फड़ फड़के–
उल्टे, उखड़े, टूटे
मौन अन्धेरे की ढालों पर
सांड पठारी छूटे।[2]

प्रथम बिम्ब में तपने, गलने और ढलने की तीनों क्रियाएँ सहज सीधी रेखाओं में अंकित की गई हैं। 'अन्तिम दो पंक्तियों में एक विस्फोट जैसा है। स्थिति जो क्रम से परिवर्तित होती आगे बढ़ रही है, सहजा अपने निशाने पर आकर बिजली की तरह स्पष्ट हो उठती है।"[3] इस स्थिति पर रेखा की आकस्मिक वर्तुलता (कर्वेचर) चित्र को एक सार्थक पूर्णता दे देती है। दूसरे बिम्ब में अन्धड़ की दुर्दम शक्ति का उसके वेग, स्फोट एवं तिग्मध्वान का एक सशक्त चित्र आँधी की आवाज में प्रस्तुत किया गया है। बहुत कम शब्द रेखाओं के प्रयोग से ही दृश्य के सम्पूर्ण वेगोद्भेदक प्रभाव की बड़ी सूक्ष्मता से उभारा गया है।

---

1. फूल नहीं रंग बोलते हैं, पृ. 53
2. केदार, लोक और आलोक, पृ. 42
3. शमशेर बहादुर सिंह, आलोचना, पूर्णांक 39, पृ. 137

स्थूल वस्तुनिष्ठ यथार्थवादी सौन्दर्य-दृष्टि के कारण प्रगतिशील कवि सहज सम्वदेनात्मक बिम्ब सीमित संख्या में ही प्रस्तुत कर सके हैं। पन्त जी के इस दिशा में कुछ प्रयोग दृष्टव्य हैं–

1. **फैली खेतों में दूर तलक**
 मखमल की कोमल हरियाली।[1]
2. **मखमली टमाटर हुए लाल।**[2]
3. **मलमली पेटियाँ-सी लटकी**
 छीमियाँ छिपाए बीज लड़ी।[3]

इन तीन उद्धरणों में दृश्य तथा स्पर्श की संश्लिष्ट संवेदना को बिम्बायित् किया गया है। प्रथम बिम्ब सफल रहा है। हरियाली को कोमल मखमली स्पर्श से संयुक्त करना स्वाभाविक हो सकता है परन्तु शेष दो बिम्बों में टमाटर और छीमियों का मखमली होना कुछ खटकता है। यह इस तथ्य की ओर संकेत करता है कि कवि की स्पर्श-संवेदना का क्षेत्र बहुत सीमित है इसीलिए वह एक ही स्पर्श-चेतना को सभी वस्तुओं पर अस्वाभाविक रूप में आरोपित करता है।

इसी ढंग के कुछ प्रयोग अन्य कवियों ने भी किए हैं, जैसे (1) चन्दन की रूपहली ज्योति रस से भीगी (गन्ध-स्पर्श-दृश्य-रस)[4], कपूरी धूप (गन्ध-दृश्य)[5], जलन की ज्योति (स्पर्श-दृश्य)[6], स्निग्ध हरियाली (स्पर्श-दृश्य)[7], आदि। प्रगतिशील कवियों में सबसे अधिक सूक्ष्म सौन्दर्य-चेतना केदारनाथ अग्रवाल के काव्य में दृष्टिगत होती है। उन्होंने अनेक सफल सह संवेदनात्मक बिम्बों की सृष्टि की है। उनके काव्य-संग्रह 'फूल नहीं रंग बोलते हैं' का नाम ही इस कोटि के बिम्ब का सुन्दर उदाहरण है। इस संग्रह में विविध ऐन्द्रिय संवेदनों को संश्लिष्ट रूप में उपस्थित करनेवाले अनेक सफल बिम्ब मिलते हैं। कवि की सौन्दर्य-चेतना संवेदना की इन्हीं संश्लिष्ट स्थितियों में अटकी हुई है–

ओस के संवेद्य मौनाकाश में हो
या सुगन्धों की सुखावह साँस में हो
हो न हो यह जिन्दगी मेरी

---

1. ग्राम्या, पृ. 35
2. वही,
3. वही, पृ. 36
4. रांगेय राघव, रूपाम्बरा, पृ. 314
5. नागार्जुन, सतरंगे पंखों वाली, पृ. 33
6. सुमन, विन्ध्य-हिमालय, पृ. 30
7. वही, पृ. 85

कहीं अटकी हुई है।[1]

3. इसीलिए कवि की दृष्टि में–

फूल अखण्ड मौन हैं
रंग अमन्द नाद हैं।[2]

सौन्दर्य की इसी सूक्ष्म एवं संश्लिष्ट दृष्टि से 'केदार ने सुन्दर छवियों को अनुभूति के पट पर उकेरा है। शमशेर के शब्दों में 'केदार' आँखों से पान किए हुए सौन्दर्य के कवि और कलाकार हैं। ध्वनियों को भी जब किसी विशेष प्रभाव के लिए इन्होंने बाँधा है तो अच्छा बाँधा है। मगर उनके लिए वास्तव में रंग ही बोलते हैं–प्रायः ही पाया जाएगा कि रंगों के साथ सदैव कोई-न-कोई क्रिया सम्बद्ध है। ऐन्द्रिय अनुभूतियों को पैना धारदार करना; रूप को चटक रेखांकित करना; रोमानी भावना के विशेष तारकीय क्षण को स्पष्ट आकारों में मूर्त करने का आग्रह होना, यह ढंग और अन्दाज केदार में बार-बार मिलता। इसमें 'रहेटरिक को अक्सर दखल होता है; और अक्सर बेजा दखल भी नहीं।'[3] शमशेर का यह कथन केदार के निम्नोद्धृत सहसंवेदनात्मक बिम्बों पर सही उतरता है–

1. जल रहा है
जवान होकर गुलाब
खोलकर होंठ
जैसे आग
गा रही है फाग
खिला है अग्निम प्रकाश
सन्ध्या के प्रकाश में।[4]

2. रंगीन फूलों के
सान्ध्य मगन में।
ध्वज स्वप्नों के।
वह नाचते हैं रंगीन छन्दों के।[5]
सान्ध्य गगन में।

---

1. फूल नहीं रंग बोलते हैं। पृ. 134
2. वही, पृष्ठ. 107
3. आलोचना, पूर्णांक 36, पृ. 131
4. फूल नहीं रंग बोलते हैं, पृ. 171
5. वही, पृ. 152

पहले बिम्ब में दृश्य रंग तथा स्पर्श का तथा दूसरे में रंग तथा नाद की ऐन्द्रिय संवेदनाओं का केन्द्रीय अनुभूति के सापेक्षिक सन्दर्भ में संश्लिष्ट संयोजन हुआ है। इस संयोजन द्वारा कवि ने अपनी सौन्दर्यानुभूति को नया संस्कार देकर उसे और समृद्ध बनाया है। प्रगतिशील काव्यधारा में ऐसे सफल बिम्ब प्रभूत मात्रा में मिलते हैं। इस काव्यधारा के कवियों की सूक्ष्म दृष्टि आन्तरिक सौन्दर्य की संश्लिष्टता के इस सूक्ष्म यथार्थ को सहज ही पकड़ पाती है।

(1967)

□

छायावादोत्तर स्वच्छन्द तथा गीत-प्रवृत्तियों का लालित्य-विधान

किसी भी श्रेष्ठ साहित्य की मूल्य-चेता परम्परा और प्रयोग के उभय सीमान्तों से सम्बद्ध रहती है। परम्परा से अविच्छिन्न रहते हुए भी प्रत्येक साहित्यिक वाद अपने स्वतन्त्र वैशिष्ट्य की घोषणा के साथ अवतरित होता है। उसकी चेतना युग-विशेष के सांस्कृतिक परिवेश की सापेक्षता में, विगत युग की साहित्यिक रूढ़ियों, मूल्य-दृष्टियों और मर्यादाओं के बन्धनों को शिथिल कर यथार्थ के नए आयामों और अभिव्यक्तिशैलियों का अन्वेषण करती है। नई परिस्थितियों के सन्दर्भ में चिरन्तन मूल्यों की अभिनव व्याख्या प्रस्तुत करती है। समूचे साहित्यिक कृतित्व को नए परिप्रेक्ष्य और नई मर्यादाएँ देती है। बदले हुए परिवेश के सन्दर्भ में आत्मनिरीक्षण और आत्मसंस्कार करने की यह प्रक्रिया सहज-स्वाभाविक है जो साहित्य की विकासोन्मुखता की परिचायक दृष्टि है। वस्तुतः यह दृष्टि ही प्रत्येक युग के साहित्य में एक प्रकार के नयेपन का बोध कराती है।

द्विवेदीकासीन बाह्यकेन्द्रिकता, अथवा दूसरे शब्दों में सहित्यिक भौतिकता की प्रतिक्रिया स्वरूप छायावादी नवरहस्यवाद का जन्म हुआ। छायावाद मूलतः स्थूल के प्रति सूक्ष्म, साकार के प्रति निराकार, भौतिक के प्रति अभौतिक एवं वाह्य के प्रति आभ्यन्तर के विद्रोह के रूप में प्रकट हुआ था। परन्तु इसके लिए आध्यात्म ज्ञान एवं अपरोक्षानुभूति की जो पृष्ठभूमि अपेक्षित है उसका छायावादियों में प्रायः अभाव ही रहा। फलतः छायावाद के आदर्श और व्यवहार के बीच एक खाई उत्पन्न हो गई।

वस्तुस्थिति यह थी कि छायावादी कवियों ने रवीन्द्र की तरह ऐसी विशिष्ट अनुभूतियों को काव्यबद्ध करना चाहा जिनके लिए उनका हृदय पर्याप्त उर्वर नहीं था। फलतः उनकी गति लौकिक प्रेम सम्बन्धी उच्छ्वास एवं प्रकृति निरूपण तक ही परिमित रही। कुछ उपवादों को छोड़ कर छायावादी कवि प्रायः

अपनी अनुभूतियों का जीवन के साथ सामंजस्य नहीं कर सके। उनकी काव्य कल्पनाएँ कृष्टकल्पनाएँ जान पड़ने लगी। काव्य का सम्बन्ध जीवन से पूर्णतः विच्छिन्न हो गया। तेजी से बदलते हुए समाज में नई-नई समस्याओं के उठने से कवि की भावनाओं में जो उथल-पुथल स्वाभाविक थी उससे काव्य को कोई भी प्रयोजन नहीं रह गया। छायावादी कविता के आन्दोलन के साथ जो स्थापना बहुत स्फीत होकर हमारे सम्मुख आई, वह यह थी कि उस युग में कवि की, और समग्र रूप में काव्य की, आत्म-चेतना के विकास के आधार पर छायावाद को आधुनिक कविता का प्रथम उत्थान स्वीकार किया और उसे प्राचीन से पृथक् माना। काव्यात्मक उत्थानों को उसकी आत्म-चेतना और परिप्रेक्ष्य के आधार पर बाँटने की पाश्चात्य विधि का अपना महत्त्व है और सीमाएँ हैं, उसे निर्विकल्प रूप से यत्र-तत्र कार्यान्वित नहीं किया जा सकता। छायावाद की काव्य-चेतना कहाँ तक भाव-प्रदर्शनात्मक थी और कहाँ तक विभाव-विधेयन की सामर्थ्य से संवलित थी, इसकी खोजबीन हमने नहीं की। पन्त जी ने 'मैं और मेरी कला' शीर्षक अपने निबन्ध में लिखा है—''जब मैंने लिखना प्रारम्भ किया था, तब मेरे चारों ओर केवल प्राकृतिक परिस्थितियाँ तथा प्राकृतिक सौन्दर्य का वातावरण ही सजीव वस्तु थी, जिससे मुझे प्रेरणा मिली।...मेरे चारों ओर की सामाजिक परिस्थितियाँ तब एक प्रकार से निश्चल और निष्क्रिय थीं।...'' स्पष्ट है कि छायावादी कवि की रचना-प्रक्रिया में वातावरण के नाम पर मात्र प्राकृतिक परिस्थितियाँ चलती थीं, और इसी प्राकृतिक वातावरण से वह अपने काव्य की पोषण-सामग्री संचित करता था। व्यय करने को उसके पास अपनी कोई निधि नहीं थी। यह कवि कर्म का आहत पक्ष था। भारत 1916-18 के पश्चात् 'बुर्जुवा' क्रान्ति के युग में प्रवेश कर चुका था और, वैसे कोलाहलपूर्ण वातावरण में छायावादी कवि के लिए, 'सामाजिक परिस्थितियाँ एक प्रकार से निश्चल और निष्क्रिय थीं।' दादा भाई नोरौजी के हाइड पार्क में दिए गए अभिभाषण इस बात के संकेत हैं कि उस युग में (1900-1918) में सामाजिक परिस्थितियाँ निश्चल नहीं थीं। समूचा पंजाब उसी युग में क्रान्ति की आन्धी के बीच से गुजर रहा था और मध्य देश के किसान उसी युग में अंग्रेजी उपनिवेशवाद के विरुद्ध सुलग रहे थे। बात यह थी कि भारतीय मध्यवर्ग इस युग-विशेष में अपने ही जीवन-प्रवाह से कट गया था, इसलिए उसे युग के कुछ संघर्ष का ज्ञान नहीं था।

इस काव्य की रचना-प्रक्रिया और उसकी प्रकृति का एकांगी व्यक्तित्व वस्तुतः इस बात के साक्षी हैं कि कवि-कर्म युग-निरपेक्षता को, जीवन-निरपेक्षता

को, ग्राह्य और जीवन-दृष्टि को अग्राह्य मानकर चला है।

कल्पनाजीवी, गगनचारी छायावादी कवि धीरे-धीरे अतिवाद की ओर जाने लगे। डॉ. देवराज ने 'छायावाद' के पतन में इस अतिवादी प्रवृत्ति का अच्छा विश्लेषण किया है। स्वयं छायावादी कवि के अनुसार, 'छायावाद ने कोई रूढ़िगत, आध्यात्मगत या वर्गगत् सिद्धान्तों का संचय न देकर हमें केवल समष्टिगत चेतना और सूक्ष्मगत् सौन्दर्यता की ओर जागरूक कर दिया था, इसी से उसे यथार्थ रूप में ग्रहण करना हमारे लिए कठिन हो गया।''[1]

'रूपाभ' में पन्त जी का उद्‌बोध था—''इस युग की वास्तविकता ने जैसा उग्र आधार ग्रहण कर लिया है, उससे प्राचीन विश्वासों में प्रतिष्ठित हमारे भाव और कल्पना के मूल हिल गए हैं। श्रद्धा के अवकाश में पलने वाली संस्कृति का वातावरण आन्दोलित हो उठा है और काव्य की स्वप्नजड़ित आत्मा जीवन की कठोर आवश्यकता के उस नग्न रूप से सहम गई है। अतएव इस युग की कविता स्वप्नों में नहीं पल सकती। उसकी जड़ों को अपनी पोषण सामग्री धारण करने के लिए कठोर धरती का आश्रय लेना पड़ रहा है।''[2]

तात्पर्य यह है कि छायावादी चेतना से विलग हो कविगत कल्पनालोक से उतर कर यथार्थ की ओर झुके और उन्हें दिखाई पड़ा—''आज ढाई करोड़ दरिद्र किसान और खेतों में काम करने वाले श्रमिकों का वर्ग है भिक्षुक, आजीविका है भिक्षाटन, विनोद है व्याधि और लक्ष्य है मृत्यु।''[3]

छायावादोत्तर हिन्दी-काव्य का प्रारम्भ यथार्थ की नई माँग, नए मानवतावादी दृष्टिकोण के रचनात्मक आग्रह तथा मनुष्य के मूल अधिकारों की वैज्ञानिक चेतना से प्रारम्भ होता है। छायावादोत्तर काव्य का आरम्भ-सूत्र विश्वव्यापी प्रगतिवादी आन्दोलन के प्रभावस्वरूप प्रगतिशील लेखक संघ की स्थापना है। 'प्राग्रेसिवराइटर्स एसोसिएशन' मार्क्सवादी विचारों से प्रभावित अन्तर्राष्ट्रीय संस्था है। इसकी स्थापना सन् 1935 के नवम्बर मास में ई.एम. फार्स्टर की अध्यक्षता में लन्दन की गावरस्ट्रीट के नानकिंग रेस्त्रां में हुई थी। इसकी प्रथम बैठक में भारतीय लेखक मुल्कराज आनन्द और सज्जाद जहीर भी सम्मिलित हुए थे। प्रगतिशील लेखक संघ का प्रथम अधिवेशन सन् 1936 में लखनऊ में मुंशी प्रेमचन्द के सभापतित्व में हुआ। अपने अध्यक्षीय भाषण में प्रेमचन्द ने कहा था, 'हमारी कसौटी पर वही साहित्य खरा उतरेगा जिसमें उच्च चिन्तन हो,

---

1. सुमित्रानन्दन पन्त, 'पल्लव' भूमिका, पृ. 26
2. रूपाभ, प्रथम अंक, 1938
3. बंगदर्शन, 'अपनी बात', पृ. 1

स्वाधीनता का भाव हो, सौन्दर्य का सार हो, जीवन की सच्चाइयों का प्रकाश हो, जो हम में गति, संघर्ष और बेचैनी पैदा करे, सुलाए नहीं, क्योंकि अब और ज्यादा सोना मृत्यु का लक्षण है।''[1] प्रेमचन्द का यह भाषण भारतीय बुद्धिजीवी-मंच से 'नवचेतना' की उद्घोषणा के रूप में तत्कालीन साहित्य-दृष्टि को नई करवट देने में बहुत प्रभावशील सिद्ध हुआ। प्रगतिशील आन्दोलन की सक्रिय भूमिका के मध्य हम सन् 1931 में होनेवाले करांची के कांग्रेस अधिवेशन में राजनीतिक स्वाधीनता के साथ-साथ करोड़ों भूखे मरने वालों की आर्थिक स्वाधीनता के प्रस्ताव; सन् 1936 में लखनऊ के कांग्रेस-अधिवेशन में राष्ट्रीय आन्दोलन के समाजवादी पक्ष पर विस्तार से प्रकाश डालने वाले पण्डित जवाहरलाल नेहरू के अध्यक्षीय भाषण; समाजवादी तथा साम्यवादी दलों के उदय; किसान मजदूरों के आन्दोलनों के प्रारम्भ पूंजीवादी देशों द्वारा शोषण के प्रति 'जन चेतना' की जागृति तथा औपनिवेशिक स्वतन्त्रता की माँग की पुनरावृत्ति के महत्त्वपूर्ण रोल की उपेक्षा नहीं कर सकते।

''हिन्दी कविता में जो प्रगतिशील तत्त्व आए उनकी सामाजिक भूमिका में राष्ट्रीय जीवन की नई दिशा है। सन् 30-35 के आस-पास राष्ट्रीय स्वतन्त्रता-संग्राम इस बिन्दु पर पहुँच चला था, जहाँ से उसे स्वतन्त्रता का आशा-आलोक दिखाई देने लगा था। और इसी कारण राजनीतिक रंगमंच में स्वतन्त्रता के अतिरिक्त समानता आदि समाजवादी नारों का भी उदय हुआ। कहने की आवश्यकता नहीं कि इन प्रगतिशील तत्वों की प्रेरणा के मूल में साम्यवाद की वह विजय थी, जो समाजवाद के अन्तर्राष्ट्रीय धरातल पर परीक्षित करना चाहती थी। यद्यपि रूस की क्रान्ति सन् 1917 में हो चुकी थी, जो मार्क्सवादी भौतिक दर्शन का प्रथम प्रयोग था; किन्तु उसकी सफलता-असफलता का निर्णय रूस की भावी समृद्धि पर ही निर्भर था। सन् 30-35 के आस-पास ऐसी स्थिति आ गई थी जबकि कहा जा सकता था कि रूस का समाजवाद स्थिरता के बिन्दु पर पहुँच चुका है। समाजवादी व्यवस्था के कुछ शुभ परिणाम दिखाई देने लगे। भारत में यद्यपि औद्योगीकरण की गति अंग्रेजी नीति के कारण पर्याप्त मन्द थी; किन्तु क्रमशः एक पूँजीवादी वर्ग का उदय हो रहा था।''[2] देश की गिरी आर्थिक व्यवस्था इस युग में मूल्य-परिवर्तन की धुरी सिद्ध हुई। तत्कालीन परिवेश में आर्थिक वैषम्य की वृद्धि के चार महत्त्वपूर्ण कारण थे–

---

1. साहित्य-शिक्षा, सम्पादक, पदुमलाल पुन्नालाल बक्शी, पृ. 38
2. डॉ. प्रेमशंकर, आलोचना, पूर्णांक 35, पृ. 278

1. भारतीयों को उपनिवेशी अर्थ-तन्त्र मिला था जिसकी मूल प्रवृत्ति निर्माणात्मक और रचनात्मक नहीं थी तथा जो केवल 'लाभ' के लिए सक्रिय रहता था।

(ख) नौकरशाही जनता और उच्च वर्गों के बीच सदैव खाई की तरह बने रहने वाला वर्ग था। जो अपने को "सफेद पोशों का दूत" समझता था। उसके लिए जनता कुछ नहीं थी। नौकरशाही का वह संस्कार लोक-सेवक रूप को ग्रहण न कर अपनी सुख सुविधाओं को बढ़ाने के रूप में विस्तार पा रहा था।

(ग) भारतीय समाज स्थिर समाज के रूप में निष्क्रिय सा हो गया था। जितना वह आर्थिक रूप में चेतन था उतना ही वह "आर्थिक आघातों" से जड़ हो गया था।

(घ) युद्ध के कारण आर्थिक लाभ का बड़ा अंश हड़पने वाले जमींदार और पूँजीपति धीरे-धीरे अधिक समृद्ध होते जा रहे थे।

उपर्युक्त कारणों के आधार पर "भारत में प्रगतिशील आन्दोलन के जो प्रारम्भिक संकेत मिलते हैं उनकी भूमिका में एक और अंग्रेजों की शोषण नीति का विरोध है तो दूसरी ओर किसानों-मजदूरों की आर्थिक स्थिति के सुधार का विशेष आग्रह है। मध्यम वर्ग की प्रगतिशील आन्दोलन के साथ पहले तो मौलिक ही सहानुभूति थी परन्तु बाद में बढ़ती हुई मँहगाई ने धीरे-धीरे उन्हें इस ओर बढ़ने पर बाध्य किया।"[1] मूलतः मध्यवर्ग से सम्बन्धित होने के कारण यहाँ के कवि-लेखक मार्क्सदर्शन से प्रेरित समाजवादी यथार्थवाद को साहित्यिक अभिव्यक्ति देने में जुट गए।

प्रगतिशील काव्य में आदर्श रूप में प्रतिष्ठित समाजवादी यथार्थवाद की मुख्य प्रवृत्ति-दिशाएँ निम्नलिखित थीं–

1. वस्तुगत् यथार्थ का उसके क्रान्तिकारी विकास की भूमिका में समाजवादी दृष्टि के आधार पर चित्रण।

2. समाज-विकास की द्वन्द्वमूलक प्रक्रिया की भूमिका में प्रगतिशील तथा प्रतिगामी शक्तियों की परख।

3. ऐतिहासिक विकास की मूलभूत अन्तर्धाराओं का ज्ञान, नए को समर्थन देकर जर्जर प्राचीन का बहिष्कार, ऐतिहासिक समझ, जीवन के 'पाजिटिव' पक्ष पर अधिक बल।

4. समाज में व्याप्त वर्ग-संघर्ष तथा वर्गीय असंगतियों का गहरा और सूक्ष्म विश्लेषण तथा उद्घाटन।

---

1. डॉ. प्रेमशंकर, आलोचना, पूर्णांक 35, पृ. 279

5. मनुष्य के सम्पूर्ण व्यक्तित्व का अंकन, जीवित, सक्रिय तथा सामाजिक मनुष्य की प्रतिष्ठा, 'पाजिटिव हीरो' की सृष्टि।

6. भविष्य के एक क्रान्तिकारी, रचनात्मक तथा वैज्ञानिक दृष्टि से सम्पन्न तर्क सम्मत 'विजन' का मूर्तीकरण।[1]

प्रगतिवादी जीवन-दर्शन के अनुसार पूंजीवादी समाज के विनाश से लेकर अन्तिम साम्यवादी समाज की प्राण प्रतिष्ठा के पूर्व तक का मानव समाज, वर्ममूलक है। प्रत्येक ऐसे समाज में दो वर्ग होते हैं। एक शोषक तथा दूसरा शोषित। समाज का प्रत्येक व्यक्ति इन वर्गद्वय में से किसी न किसी का सदस्य अवश्य है। इतना ही नहीं, वह इन वर्गों से भिन्न कोई अपनी सत्ता नहीं रखता। अतः साहित्य में वर्ग और वर्ग-संघर्ष का ही चित्रण होना चाहिए। आर्थत् कैल्टरमार्शल ने कहा है—"इन सर्वसाधारण में से कभी एक को तो कभी अपर को, अन्यों से भेद दिखलाने के लिए नहीं, प्रत्युत उनके उदाहरण स्वरूप सुना करते हैं। किन्तु व्यक्ति को उड़ा कर वर्ग में ही व्यक्तित्व का आरोप अध्यारोप मात्र है। वस्तुतः व्यक्ति ही मौलिक सत्ता है। समाज व्यक्ति का ही प्रलम्बित रूप है। व्यक्तियों से अलग समाज का न तो कोई रूप है, न रुधिर-संस्थान, न मस्तिष्क और न हृदय।"[2]

वस्तुतः व्यक्ति का समष्टि-पक्ष ही सबकुछ नहीं है, उसका व्यष्टिपक्ष भी महत्त्वपूर्ण है। व्यक्ति की सारे अनुभवों के विरुद्ध अक्षरशः वर्ग विशेष का अंग मान कर उसकी आशाओं, आकांक्षाओं, भावनाओं की उपेक्षा करना तथा समूह को व्यक्ति मानकर उसमें आशाओं, आकांक्षाओं और भावनाओं की कल्पना करना प्रत्यक्ष एवं अनुभूत सत्य की उपेक्षा करके एक 'शब्दज्ञानानुपाती, वस्तुशून्य विकल्प' मात्र के पीछे दौड़ने के समान है।

प्रगतिवाद और नई कविता, छायावादोत्तर युग की विशिष्ट काव्य-धाराएँ है। इन दोनों धाराओं से सम्बद्ध कवियों की काव्य-चेतना दो विशिष्ट दिशाओं में बोधगत् समग्रता को उपलब्ध करने के लिए प्रयत्नशील रही है। इनके अतिरिक्त इस युग के कुछ कवि वाद मुक्त होकर, छायावाद-युग की ह्रासशील रोमानीवृत्ति, राष्ट्रीय भावना तथा सांस्कृतिक दृष्टि को काव्यात्मक अभिव्यक्ति देते रहे हैं। प्रगतिवाद और नई कविता से इतर काव्य-प्रयत्नों को आलोचकों ने मुख्यतः तीन वर्गों में रखने का प्रयत्न किया है—1. राष्ट्रीय-सांस्कृतिक कविता

1. डॉ. शिव कुमार मिश्र 'आधुनिक कविता और युगदृष्टि' पृ. 15
2. (From the mass now one person, now another is picked out not in contr adiction from the others, but as their examples)
'Guide to the philosophy of Morals and Politics'

जिसमें 'दिनकर', माखन लाल चतुर्वेदी तथा बालकृष्ण शर्मा 'नवीन' आदि कवि आते हैं। 2. सियारामशरण गुप्त की कविता, जिसमें गाँधीवाद के दार्शनिक नैतिक पक्ष को अभिव्यक्त किया गया है, दूसरे वर्ग के अन्तर्गत आती है। 3. वैयक्तिक कविता, जो आदर्शवाद और भौतिकवाद के बीच का सेतु-मार्ग है। बच्चन, वीरेन्द्रकुमार जैन, अंचल, नरेन्द्र शर्मा, जानकीवल्लभ शास्त्री आदि इसी तीसरी धारा के कवि है।[1]

इन तीन धाराओं से मिली-जुली अन्तर्धारा है स्वच्छन्द गीति-काव्य की, जिसमें उपर्युक्त कवियों के अतिरिक्त केदारनाथ मिश्र 'प्रभात' नीरज, वीरेन्द्र मिश्र, आदि कवियों का योगदान रहा है।

छायावादोत्तर युग के 'कवि ने अपने रचना-कर्म को दो खण्डों में बाँट दिया। यह विभाजन कवि के अनिश्चय अथवा विभाजित मानस का ही प्रतिबिम्ब था, और प्रायः कवि की स्वयं अपनी स्थिति का बोध भी रहता था। वह दो प्रकार की रचना करता; एक को वह स्वयं 'क्षयग्रस्त' या 'रोमानी' कह कर उसके प्रति अवहेलना दिखाता, तो दूसरी की वही 'सामयिक प्रवृत्ति के अनुकृत' अथवा 'बाद को पुष्ट करने के लिए लिखी गई' बता कर अवमान्य ठहरा देता।'[2] इस युग के स्वच्छन्द वादमुक्त कवियों की काव्य-रचना इसी संघर्ष की पृष्ठिका पर हुई है। इस तथ्य को दृष्टिगत, करते हुए ही हम यहाँ इस काव्य-प्रवृत्ति के लालित्य-विधान का अध्ययन करेंगे।

छायावादोत्तर युग की स्वच्छन्द प्रवृत्तियों में बौद्धिक प्रतीक-प्रयोग बहुत कम हैं। वहाँ भावात्मक प्रतीक ही अधिक मिलते हैं। प्रतीकों की क्लिष्टता का विरोध यहाँ सर्वत्र व्यक्त हुआ है। नरेन्द्र शर्मा ने लिखा है–

हो न सके पहचान सत्य की जिनके कारण
ऐसे व्यर्थ प्रतीक बनाओ नहीं अकारण।[3]

सहज प्रकृत प्रतीकों के प्रयोग इस काव्यधारा की विशिष्टता हैं। यहाँ प्रतीक किसी विशिष्ट भाव के अमूर्त-सम्प्रेषण की अपेक्षा स्थूल व्यंजनाएँ ही अधिक देते हैं। दो प्राकृतिक उपादानों के विरोधाभास के बीच प्रतीकार्थ को उभारने की चेष्टा नरेन्द्र शर्मा की निम्नोद्धृत पंक्तियों में देखिए।

दो फूलों के बीच खिंची है
पत्थर की दीवारें रानी

---

1. दृष्टव्य–आधुनिक हिन्दी-कविता की मुख्य प्रवृत्तियाँ, पृ. 19
2. अज्ञेय, हिन्दी साहित्य, एक आधुनिक परिदृश्य, पृ. 69
3. कदलीवन, पृ. 61

सहनी पड़ती है प्राणी को
बधिर विधि की मनमानी।[1]

यहाँ 'दो फूल' तथा 'पत्थर की दीवारें' क्रमशः कोमल प्रेमी-हृदयों तथा सामाजिक बन्धनों को प्रतीकित करते हैं। वैयक्तिक अनुभव स्थितियों की प्रकृत प्रतीकों के माध्यम से अभिव्यक्ति के प्रयास बच्चन में भी काफी मात्रा में मिलते हैं–

अन्तरिक्ष में आकुल अन्तर
कभी इधर उड़ कभी उधर उड़
पंथ नीड़ का खोज रहा है पिछड़ा पंछी एक अकेला।
बीत चली सन्ध्या की बेला।[2]

मन के भटकाव की आकुल-स्थिति को यहाँ 'पंछी' के प्रतीक द्वारा प्रस्तुत किया गया है। कुछ स्थूल प्रकृत प्रतीकात्मक अभिव्यक्तियाँ बच्चन जी के 'दो चट्टाने' संग्रह की जवाहरलाल नेहरू से सम्बन्धित 'गुलाब की प्रकार', 'द्वीप लोप', 'गुलाब कबूतर और बच्चा', 'दो फूल' तथा 'कील काँटों' में 'फूस' में नेहरू की सहज भावुकतामय रोमानी दृष्टि, शासन-तन्त्र की जटिलताओं तथा नौकरशाही के शिकंजे को क्रमशः 'फूल' 'कील काँटे' तथा 'मरी छुई मशीन' के द्वारा प्रतीकित किया गया है–

जादूगर एक था
बीच कील काँटों के
फूल खिला देता था
मरी इस मशीन को
जरा जिला देता था।[3]

पुराने प्राकृतिक प्रतीकों को नए अर्थों से मण्डित करने की स्वल्प प्रवृत्ति नए गीतकारों में मिलती है। रमानाथ अवस्थी का निम्नलिखित

प्रयोग देखिए–

चाँदनी चढ़ाता हूँ उन लोगों पर
जो अपनी राहें आप बनाते हैं।[4]

यहाँ निष्कलुष भाव के अर्थ में चाँदनी का प्रयोग बिल्कुल नया है। नीरज के अधिकांश प्रतीक वैयक्तिक अनुभवों की सामाजिक परिधि तक लाने

1. नरेन्द्र शर्मा, 'प्रवासी के गीत', गीत 12
2. निशा निमन्त्रण, द्रष्टव्य, अभिनव सोपान, पृ. 126
3. दो चट्टाने, पृ. 41
4. रात और शहनाई, पृ. 10

की चेष्टा से उद्भूत हैं—

यूँ चलती थी हाट कि बिकते,
फूल दाम पाते थे माली,
दीपों से ज्यादा अमीर थी
उंगली दीप बुझाने वाली
और यही तक नहीं, आड़
लेकर सोने के सिंहासन की
पूनम को बदचलन बताती
थी भावस की रजनी काली।[1]

यहाँ हाट, फूल, माली, दीप, उंगली, पूनम, सोने का सिंहासन रजनी, सभी प्रतीक हैं जो आज की विकृत सामाजिक व्यवस्था, विधान-नियम आदि की विडम्बना को प्रस्तुत कर कवि की आहत सामाजिक भावना की तीव्रता से व्यक्त करते हैं।

स्वच्छन्द काव्य-धारा में यौन प्रतीकों के सर्वाधिक प्रयोग मिलते है। शुद्ध यौन प्रतीक 'दिनकर' तथा 'अंचल' के काव्य में अत्यन्त सफल रूप में प्रयुक्त हुए है। 'अंचल' में नितान्त वैयक्तिक सन्दर्भों में यौन प्रतीकों के प्रयोग उपस्थित किए है—

आज स्वर्ण मंजरियां झरतीं
नयनों की अमराई में
रजत मेघ घिर आते पगली
तेरी मधु अंगड़ाई में।[2]

यहाँ 'स्वर्ण मंजरियाँ' और 'रजत मेघ' प्रियतमा की वासनाक्रान्त स्थिति को नितान्त वैयक्तिक अर्थ-सन्दर्भ में व्यक्त कर रहे हैं। यौन प्रतीकों के शुद्धतम प्रयोग 'दिनकर' की 'उर्वशी' में बहुतायत में मिलते हैं। यौन भावना को दिनकर ने 'रुधिर की बहिन[3]' 'रुधिर का राग'[4] 'वह्निी की लहर'[5], 'शोणित की तीव्र क्षुधा'[6], 'शोणित की मधुमय आग'[7], 'रक्त की उत्तप्त लहर'[1],

---

1. आज के लोकप्रिय हिन्दी कवि, नीरज, सम्पादक क्षेमचन्द्र 'सुमन' पृ. 31
2. मधुलिका, सखी
3. उर्वशी, पृ. 48
4. वही, पृ. 50
5. वही, पृ. 56
6. वही, पृ. 63
7. वही, पृ. 13

आदि के द्वारा प्रतीकित करने की सफल चेष्टा की है। 'साँप' तथा 'चिनगारी' के परम्परागत पाश्चात्य प्रतीकों का सफल काव्यात्मक उपयोग भी यहाँ यत्र-तत्र मिलता है–

1. रेंगने लगते सहस्रों साँप सोने के रुधिर में।[2]
2. शणित का वह ज्वलन, अस्थियों में वह चिनगारी-सी।
   स्वयं विभासित हो उठना पुलकित सम्पूर्ण त्वचा का।[3]

दिनकर के ये प्रयोग हिन्दी काव्य के शुद्धतम यौन प्रतीकों के रूप में परिगणित हो सकते हैं। प्रतीक-योजना की दृष्टि से ये प्रयोग हिन्दी कविता को इस काव्यधारा के विशिष्टतम योगदान के रूप में स्वीकार किए जा सकते हैं।

बहुत से प्रतीक अत्यधिक प्रयोग से विशिष्ट युग अथवा कवि के काव्य में रूढता की ओर झुकने लगते हैं। इसके परिणाम दो प्रकार के होते हैं—एक तो यह कि यदि प्रतीक अ-भावमय एवं दुर्बल हुआ तो थोड़े ही काल में अपनी स्मरणीय संकेतशीलता को छोड़ कर निष्प्राण-सा होने लगता है, दूसरे, यह कि यदि उस प्रतीक में पर्याप्त जीवन-शक्ति और व्यापक अर्थवत्ता है, तो वह अपने चतुर्दिक एक सबल भाव-मण्डल अथवा संवेदनात्मक विद्युत-केन्द्र बना लेता है और जीवन-जगत की विविध स्थितियों में अपनी व्यापक अभिव्यक्ति के विद्युत संचरण से अर्थ की गहराई, भाव की तीव्रता और संवेदन की सहजता को कई गुना बढ़ा देता है।[4] छायावादोत्तर स्वच्छन्द काव्य-धारा के अधिकांश प्रतीक रूढ़ बिम्ब हैं अतः उनमें सहज भावभयता की विद्युत-स्पर्श बहुत कम मिलता है। 'दिनकर', 'बच्चन' तथा नरेन्द्र शर्मा के काव्य में प्रयुक्त कुछ प्रतीक इसके अपवाद है। इनके प्रतीक अपनी सहज भावमयता के कारण अत्यन्त प्राणवान हैं।

वैचारिक वर्ग के प्रतीक-प्रयोग इस काव्य-धारा में बहुत अधिक नहीं मिलते। छायावादोत्तर स्वच्छन्द गीति-प्रवृत्तियों के सन्दर्भ में एक तथ्य विशेष रूप से ध्यातव्य है। ह्रासोन्मुखी छायावादी प्रवृत्तियों के अनुरूप इस कविता का मूल आधार रोमांटिक है। यह कविता कवि की निजी अनुभूति पर बल देती है। गेब्रिएल पियर्सन के अनुसार, 'संरचना की दृष्टि से रोमांटिक कविता कवि की चेतना द्वारा अपने आपके ही अनुचिन्तन की गति का रूप ग्रहण करती है।

1. उर्वशी, पृ. 46
2. वही, पृ. 52
3. वही, पृ. 127
4. प्रो. क्षेम, छायावाद के गौरव चिह्न, पृ. 242

इस प्रकार उसका रूपाकार वर्तुल होता है। यहाँ 'स्व चेतनता' पर बल दिया जाता है। इसमें अनुभूति अथवा अनुभूत वस्तु की अभिव्यक्ति नहीं की जाती, बल्कि स्व-चेतना स्थिति में अनुभूति-प्रक्रिया का ही अंकन होता है।...जिसके केन्द्र में कवि के स्वर की वैयक्तिकता सक्रिय रहती है।[1] 'स्व' के आन्तरिक 'अन्वेषण' और वैयक्तिक सृजनशीलता की इसी प्रक्रिया के विविध स्तरों से इस काव्य-धारा का वैचारिक प्रतीक-विधान उद्भूत हुआ है।

दार्शनिक प्रतीक इस काव्य-धारा में विरल नहीं हैं। दिनकर और नरेन्द्र शर्मा की परवर्ती रचनाओं में इस कोटि के प्रतीकों का बाहुल्य है। 'प्यासा निर्झर' की भूमिका में नरेन्द्र शर्मा ने अपनी काव्य-चेतना के मूल में ईश्वरीय प्रेरणा को स्वीकार किया है। 'भूमिका' में उनका कथन है कि 'इस प्रकार कविता अविभक्त, अद्वेत, और परिपूर्ण का प्रसाद है, जिसे विभक्त, द्वैत-दग्ध और अपूर्ण व्यक्ति, व्यक्ति सदैव सिर माथे लेता है। इस प्रसंग में 'युगल किशोर', 'ज्यों ही खिड़की खोली' 'आकाश पुरुष' तथा 'हंसावर प्राणों' के आदि कविताएँ द्रष्टव्य हैं। जिन स्थलों पर कवि की आध्यात्मिक अनुभूति विश्वास का रूप ग्रहण नहीं कर पाई है वहाँ प्रतीक निर्जीव एवं असफल हो गए हैं। पर कहीं-कहीं विश्वास के पुष्ट आधार को ग्रहण कर उनमें अर्थगत् भास्वरता आ गई है।

केन्द्र-परिधि सम्बन्ध हमारा अन्तरंग-बहिरंग यथा;
आदि-अन्त वह, मैं तो केवल मध्य भाग की खण्ड कथा।

....

नहीं, नहीं, निरपेक्ष नित्य वह निर्विकल्प परिपूर्ण स्वयम्।[2]

अनेक स्थलों पर वेदान्त-दर्शन के प्रभाव को आत्मसात करता हुआ कवि अपने व्यक्तिगत आध्यात्मिक अनुभव को प्रतीकों की भाषा में बाँधता है। 'माया के चक्र से विमुक्ति' तथा 'अंश-अंशी' के वेदान्ती अनुभव की सक्रियता इन पंक्तियों में व्यंजित हुई है–

उड़ चल अब दूर कहीं, हंसावर प्राणों के।

....

धरती का सदय हृदय अन्तरिक्ष वासी है,
जिसका तू अंश, धरा उसकी ही दासी है।

---

1. रोमांटिसिज़्म, समकालीन कविता और समाजवाद, द्रष्टव्य, आलोचना, पूर्णांक 40, पृ. 20
2. प्यासा निर्झर, पृ. 45

मिट्टी की माया तज, यायावर प्राणों के।[1]

'द्रौपदी' तथा 'उत्तरजय' में नरेन्द्र शर्मा ने पौराणिक पात्रों को अभिनव दार्शनिक प्रतीकार्थों से मण्डित करने की सफल चेष्टा की है। 'उत्तरजय' की भूमिका में नए प्रतीकार्थों को स्पष्ट करते हुए उन्होंने स्वयं लिखा है, 'पाँचों पाण्डवों को मैंने पाँच तत्वों का प्रतीक-रूप माना है। और उन्हें होमजा जीवनीशक्ति द्रौपदी द्वारा एक ही व्यक्तित्व में संश्लिष्ट जाना है। धर्मराज युधिष्ठिर मूर्धन्य आकाश तत्त्व है और भीम अर्जुन, नकुल, सहदेव क्रमशः पवन, अग्नि, जल और स्थल तत्त्व हैं। देव वाहिनी, पृथा ही पृथिवी माता है। पृथ्वी माता सतत् देववाहिनी है।[2]

दिनकर की 'उर्वशी' में भी दार्शनिक प्रतीकों के प्रचुर उपयोग की प्रवृत्ति मिलती है। प्रो. विजेन्द्र नाराण सिंह ने 'उर्वशी' के दार्शनिक चिन्तन पर शाक्त दृष्टि के प्रभाव की चर्चा की है।[3] शाक्त दृष्टि के अनुसार, 'शरीर के वाम भाग से शक्ति बसती है और दक्षिण भाग में शिव। एक ही शरीर में शिव और शक्ति का एकत्र निवास, यही अर्धनारीश्वर की कल्पना है। योग-दर्शन के अनुसार दक्षिणश्वास का नाम पिंगला है। जिसमें शिव का निवास है और वाम श्वास का नाम इड़ा जिसमें शक्ति निवास करती है। साधक का कर्तव्य है कि वह पिंगला और इंगला की एक स्थान पर लाकर उन्हें एकाकार कर दे। श्वासों के इस पारिभाषिक एकीकरण का नाम सुषुम्ना है। जब वे एक-दूसरे से बढ़ कर या घट कर नहीं चलते तब वे तटस्थ स्थिति में पहुँच कर समरसता को प्राप्त होते हैं। इसी प्रकार, शरीर और मन के द्वन्द्वों को भी तटस्थ बनाना उन्हें समरसता की अवस्था में ले जाना तन्त्र साधना का ध्येय है। योग के साथ काम का मिश्रण तन्त्रमार्गियों ने इस विचार से किया कि साधक और साधिका दोनों इस अनुभूति तक पहुँच सके कि, वास्तव में, वे नर-नारी नहीं, प्रत्युत्, उससे भिन्न कोई और तत्त्व है जिसमें लैंगिक मेदों का आरोप नहीं किया जा सकता, जो शुद्ध, बुद्ध और सभी लिंगवाची गुणों से स्वतन्त्र है।'[1] पुरुरवा के माध्यम से दिनकर ने इसी दार्शनिक उपपत्ति को प्रतीकात्मक अभिव्यक्ति दी है–

वह निरभ्र आकाश, जहाँ की निर्विकल्प सुषमा में,

---

1. वही, पृ. 21
2. उत्तरजय, पृ. 4-5
3. द्रष्टव्य, उर्वशी, उपलब्धि और सीमा, पृ. 34-41
4. दिनकर, संस्कृति के चार अध्याय, पृ. 226

न तो पुरुष में पुरुष, न तुम नारी केवल नारी हो;
दोनों है प्रतिमान किसी एक ही मूल सत्ता के,
देह-बुद्धि से परे, नहीं जो नर अथवा नारी है।[1]

'उर्वशी' की भूमिका में दिनकर ने लिखा है–'इन्द्रियों के मार्ग से अतीन्द्रिय धरातल का स्पर्श, यही प्रेम की आध्यात्मिक महिमा है। देश और काल की सीमा के बाहर निकलने का एक मार्ग योग है, किन्तु उसकी दूसरी राह नर-नारी प्रेम के भीतर से भी निकलती है। मनुष्य का यह अनुमान अत्यन्त प्राचीन है।' शाक्तमत इस दृष्टिकोण का समर्थन करता है। शाक्त धर्म में साधक का साधिका के साथ समागम अमुष्मिक समागम का प्रतीक है। योगी योग के द्वारा जिस मधुमती भूमिका में पहुँचते हैं, प्रणयी अलिंगन-पाश में आवद्ध होकर उसी भूमिका का साक्षात्कार करते हैं–

निशा योग-जागृति का क्षण है और उदग्र प्रणय की
ऐकायनिक समाधि; काल के इसी मरुत के नीचे
भूमा के रस-पथिक समय का अतिक्रमण करते हैं,
योगी बँधे अधार योग में, प्रणयी आलिंगन में।[2]

नए गीतकारों में दार्शनिक प्रतीकों की सृष्टि सबसे अधिक नीरज की रचनाओं में मिलती है। नीरज की दार्शनिक मान्यता के अनुसार सृष्टि का हर अपूर्ण तत्त्व पूर्णत्व की खोज में व्याकुल है। अपनी आत्मा के साथी की खोज सबको विकल बनाए हुए है। इसी लिए सर्वत्र गति है–खोज है, अतृप्ति है। सृष्टि के हर कण का एक पूरक तत्त्व मौजूद है वही उसकी सार्थकता है–

बाँसुरी में बिछड़ जो गया स्वर उसे,
भर लिया कण्ठ में शून्य आकाश ने।[3]

'प्राणगीत' की भूमिका में नीरज ने अपने दृष्टिकोण को इस प्रकार स्पष्ट किया है–'सारे धर्मग्रन्थों ने स्वीकार किया है कि इस विश्व का उद्भव एक तत्त्व से हुआ है। लेकिन यह किस प्रकार सम्भव है? प्रकृति और पुरुप के संयोग का नाम सृष्टि है। दो के विना जन्म कहाँ? तो मानना पड़ता है कि यह आदि तत्त्व जिससे इस विश्व की रचना हुई है। एक होकर दो था। हमारे यहाँ उसे अर्द्धनारीश्वर कहा गया है।...उस अर्द्धनारीश्वर (एक तत्व) ने प्रेम के लिए या कहिए सृष्टि-प्रसारण के लिए, केलि के लिए, क्रीड़ा के लिए अपने को दो

---

1. उर्वशी, पृ. 63
2. वही, पृ. 68
3. प्राणगीत, पृ. 21

भागों में विभाजित किया। (अद्वैत ने द्वैत को जन्म दिया)...परन्तु आदि तत्त्व के विभाजन (डिवीजन) से संसार में वहुत बड़ी ट्रेजिडी हो गई कि प्रत्येक चेतन तत्त्व एक अपूर्ण आत्मा हो गया। फलस्वरूप उसके हृदय में प्यास है, भूख है अपने इस आत्मा के साथी के लिए, जिसको प्राप्त करने के लिए उसे बार-बार मिट्टी के ये कपड़े बदलने पड़ते हैं।[1]

भेष भाये न जाने तुझे कौन सा,
इसलिए रोज कपड़े बदलता रहा,
किस तरह कब कहाँ हाथ तू थाम ले,
इसलिए रोज गिरता सँभलता रहा।[2]

छायावाद-युग की रहस्यवादी प्रवृत्ति का विकास इस काव्यधारा में भी मिलता है। नरेन्द्र शर्मा तथा 'बच्चन' के काव्य में यत्र-तत्र रहस्यात्मक प्रतीकों के प्रयोग मिल जाते हैं। 'प्रवासी के गीत' तथा 'प्यासा निर्झर' में नरेन्द्र शर्मा ने प्रकृति सौन्दर्य की रहस्यात्मक अनुभूति को प्रतीकों में बाँधा है—

परिक्रमा कर रहा किसी की
मन बन चाँद और सूरज,
सिन्धु किसी का हृदय-दोल है,
देह किसी की है भू-रज।
मन को खेल खिलाता कोई
निशि-दिन छाया-छल में।[3]

छायावादी परम्परा से विरासत में प्राप्त इस रहस्यवाद से कतई भिन्न, पर एक दूसरे स्तर का रहस्यवाद वच्चन को नई रचनाओं में मिलता है। विज्ञान की अपूर्णता से बलप्राप्त इस नवीन रहस्यवाद के अन्तर्गत कवि आधुनिक मनुष्य की इस रहस्योन्मुख वृत्ति को प्रतीति करता है जिससे वह (आज का मनुष्य) प्रयोगशाला के प्राचीर से वाहर सत्य का भी अनुभव करता है और उसे अपने ज्ञान का विषय बनाना चाहता है। इस नवीन रहस्य-चेतना की प्रतीकात्मक प्रवृत्ति को डॉ. कुमार विमल ने बच्चन के 'चार खेमे चौंसठ खूँटे' की कुछ रचनाओं में खोजने की सफल चेष्टा की है।[4]

'चार खूँटे गाड़ कर खेमा लगाया,

---

1. प्राणगीत, भूमिका से
2. गीत भी अगीत भी, पृ. 12
3. प्यासा निर्झर, पृ. 126
4. द्रष्टव्य, नई कविता, नई आलोचना और कला, पृ. 37-36

मिल गया जो
पिया-खाया, धुआं छोड़ा,
और जी मै आ गया तो
गीत कोई गुनगुनाया।

....

पीठ सीधी की,
उठा सामान बाँधा,
चल पड़ा कहता हुआ श्रीराम
दंडकवन बिहारी।
अहो खेमे राम
आये बड़े मेरे काम।[1]

ये खेमे-खूँटे आध्यात्मिक अनुभूतियों के नूतन प्रतीक हैं। 'चार और चौंसठ' की संख्या कवि की दृष्टि में एक अनवद्य रहस्यात्मक सन्दर्भ-संकेत मिलती है, जिससे काम और अध्यात्म के बीच की दुनिया के अनेक पटलों का ध्वनन होता है। सच पूछिए तो ये खेमे-खूँटे अनासक्ति के द्योतक हैं, क्योंकि गजर के वजते ही खेमे का अधिकारी बंजारा बिस्तर गोल कर तुरन्त चल देगा। लेकिन खेमे के बदले मकान बना लेने पर जगह छोड़ने में ममता लगती है। अतः अनासक्ति पर आसक्त कवि अपना घर अपनी पीठ पर ही रखना चाहता है।

डॉ. विमल के अनुसार, 'आध्यात्मिक लोक के मानसिक संचरण के कारण इन कविताओं में एवलिन अण्डरहिल द्वारा निर्दिष्ट यात्रा-द्योतक प्रतीक अधिक मिलते हैं। सचमुच खेमे, खूँटे या बंजारे जैसे यात्रा-द्योतक प्रतीक कवि को एक आध्यात्मिक यायावर' सिद्ध करते हैं। इस यायावर वृत्ति के कारण ही कवि को किसी जगह का मोह नहीं है वह केवल चलता जाता है।[2]

चल बंजारे
तूझे निमन्त्रित करती घरती नई,
नया ही आसमान,
चल बंजारे।[3]

वंजारा यहाँ अन्तर्मन के आध्यात्मिक यायावर का, अविराम गति की चेतना

---

1. 'चार खेमे चौसठ खूँटे', पृ. 26
2. नई कविता, नई आलोचना और कला, पृ. 39
3. चार ऐसे खेमे चांसठ खूँटे, पृ. 33

का प्रतीक है।

पौराणक प्रतीकों और मिथकों को नए अर्थों से आवेष्टित करने की प्रवृत्ति, नरेन्द्र, दिनकर तथा बच्चन में सर्वाधिक दृष्टिगोचर होती है। नरेन्द्र शर्मा ने पौराणिक-ऐतिहासिक आख्यानों को नवीन विचारों की अभिव्यक्ति के साधन रूप में ग्रहण कर नवीन सन्दर्भों में सांस्कृतिक वातावरण को घनीभूत करने की सफल चेष्टा की है।

प्राणों का अभिमन्यु घिर गया, था प्रवेश का ज्ञान निपट।
यह काया ही चक्रव्यूह, आस्था प्राणों का अन्त निकट।[1]

दिनकर ने 'उर्वशी' में पुरुरवा को सनातन पुरुष और उर्वशी को सनातन नारी के प्रतीक-रूपी में प्रस्तुत किया है। उनके शब्दों में 'उर्वशी' शब्द का कोषगत् अर्थ होगा उत्कट अभिलाषा, अपरिमित वासना, इच्छा अथवा कामना। और पुरुरवा शब्द का अर्थ है वह व्यक्ति जो नाना प्रकार का रव करे, नाना ध्वनियों से आक्रान्त हो। उर्वशी चक्षु, रसना, घ्राण तथा श्रोत्र की कामनाओं का प्रतीक है, पुरुरवा रूप, रस, गन्ध, स्पर्श और शब्द से मिलने वाले सुखों से उद्वेलित मनुष्य।[2]

उर्वशी सनातन नारीत्व को प्रतीकित करती है। दिक् और काल की सीमा का अतिक्रमण कर वह निस्सीम प्रसार में जीती है—

मैं देश-काल से परे चिरन्तन नारी हूँ।
मैं आत्मतन्त्र यौवन की नित्य नवीन प्रभा।

....

मैं भूत, भविष्यत्, वर्तमान की कृत्रिम बाधा से विमुक्त;
मैं विश्वप्रिया।[3]

डॉ. हजारी प्रसाद द्विवेदी के अनुसार, 'उर्वशी समष्टि चित्त की उद्दाम चेतना' का प्रतीक है।...वह कल्पनारी का प्रतीक है। कल्पारम्भ में अनेक काव्य वस्तुओं की भाँति उर्वशी की भी उत्पत्ति चित्त का ही व्यष्टिगत् रूप है। किसी दिन हिरण्यगर्भ नारायण जो समष्टि चित्त के अधिदेवता माने गए हैं, समाधि में लीन थे। उन्हीं के समाहित चित्त से मनोजन्मा देवता की भाँति इस मनोजन्मा नारी की उत्पत्ति हुई थी। अर्थात् उर्वशी समष्टिचित्त की उपज है। व्यष्टि चित्त में वह बराबर उत्पन्न होती रहती है।...पुरुरवा, सीमाबद्ध जीव है जो इस उद्दाम

1. प्यासा निर्झर, पृ. 127
2. उर्वशी, भूमिका, पृ. 'श'
3. वही, पृ. 99-100

मानसंवेग का शिकार है।[1]

पुरुरवा, द्वन्द्व में है, क्योंकि द्वन्द्व में रहना मनुष्य का स्वभाव है। वह सनातन नारी की खोज में जन्म-जन्मान्तर से भटकते हुए सनातन पुरुष का प्रतीक है—

मैं मनुष्य, कामना-वायु मेरे भीतर बहती है
कभी मन्द गति से प्राणों में सिहरन-पुलक जगाकर,
कभी डालियों को मरोड़ झंझा की दारुण गति से
मन का दीपक बुझा, बनाकर तिमिराच्छन्न हृदय को
किन्तु पुरुष क्या कभी मानता है तन के शासन को?
फिर होता संघर्ष, तिमिर में दीपक फिर जलते हैं।[2]

उर्वशी के 'कौन पुरुष तुम' इस प्रश्न का उत्तर देता हुआ पुरुरवा कहता है—

जो अनेक कल्पों के अन्धियाले में
तुम्हें खोजता फिरा तैर कर बारम्बार मरण को।[3]

'गंधमादन' पर्वत यहाँ सनातन पुरुष और सनातन नारी के निर्बाध आनन्द की लीलाभूमि के प्रतीक रूप में प्रस्तुत हुआ है।

मिथक के प्रतीकात्मक अर्थ-विस्तार का सबसे सफल एवं समर्थ प्रयोग बच्चन की 'सिसिफस वरक्स हनुमान' नामक कविता से मिलता है। यद्यपि कथा में मुख्य दो ही प्रतीक-पात्र हैं सिसिफस और हनुमान तथापि यूनानी और भारतीय दोनों ही पुराण-गाथाओं के कितने ही पात्र लाए गए हैं। उदाहरण के लिए करबस, प्लूटो, एटलस, प्रोमोथियस, एपोलस, जीयस, हनुमान, भीमसेन, रावण, रामचन्द्र, भरत, अंजना, राहु, इन्द्र, ऐरावत, सुग्रीव, अक्षय आदि कितने ही चरित्रों का प्रतीकात्मक उल्लेख है।

इस सम्पूर्ण कविता में बच्चन ने पाश्चात्य एवं भारतीय पुराकथाओं में से दो मिथकों का चयन कर उन्हें समानान्तर क्रम में उपस्थित करते हुए—एक स्तर के दो भिन्न जातीय अनुभवों से सम्बद्ध प्रतीकों की तुलना के माध्यम से—संवेदना और दृष्टिकोण के अन्तर को उभारने की चेष्टा की है।

यहाँ कवि सिसिफस जैसे यूनानी प्रतीक और हनुमान जैसे भारतीय प्रतीक का अन्तर के स्पष्टीकरण की प्रक्रिया में यह भी सुझा देना चाहता है कि

---

1. दिनकर, सृष्टि और दृष्टि, पृ. 215
2. उर्वशी, पृ. 46
3. वही, पृ. 76

इनमें से कौन सा प्रतीक आज के जीवन को दिशा देने वाला है। 'दण्ड सिसिफस को भी और एक तरह से हनुमान को भी। लेकिन एक का दण्ड बाध्यता के कारण है जबकि दूसरे ने दण्ड स्वेच्छया स्वीकार किया है। हनुमान 'सब लोकहित जीवन दानी, जय दानी और अभयदानी' बने है और लोक के लाभार्थ ही तन से एक हाथ पर संजीवन पर्वत धारण किए हुए है। यहाँ हनुमान के प्रसंग में कामू की यह उक्ति कि 'सिसिफस इज द एब्सर्ड हीरो' पूर्णतया चरितार्थ है। लेकिन सिसिफस की व्यर्थता को यूरोप में उसके स्वरूप की एकांतिकता के कारण समझा गया जबकि हम भारतीयों के लिए व्यर्थ इसलिए है कि यहाँ उसकी तुलना में हनुमान जैसे चरित्र हैं।[1] जिनकी दृष्टि में–

माँगे दण्ड,
साधना चाहे साधे
एकाकी, तो
क्या समष्टि के मतलब का है?[2]

'छलना-मोहित इच्छा बल का दुरुपयोग' हनुमान को काम्य नहीं है उनकी इच्छा-शक्ति प्रभु की इच्छा तथा लोकहित की भावना से अनुशासित है।[3]

वैज्ञानिक प्रतीकों के प्रयोग इस आलोच्य काव्य-धारा में बहुत कम मिलते हैं परन्तु संख्या में सीमित होने पर भी वे प्रभावात्मकता की सिद्धि में बहुत समर्थ हो सके हैं। कुछ वैज्ञानिक प्रतीक-प्रयोगों से इस युग के एक-दो कवियों की वैज्ञानिक अन्तर्दृष्टि के लिए सबसे महत्त्वपूर्ण अवधारणा 'विश्लेषण' की भावना है। वैज्ञानिक चिन्तन में विश्लेषण वह पूर्ण-तत्व (होल) है। जो अंशों में (पार्ट्स) विभाजित हो सके अथवा 'अंशों' का सह-अस्तित्व 'पूर्ण का द्योतक हो सके। इसी तथ्य का स्पष्टीकरण करते हुए एडिंगटन ने एक स्थान पर कहा है–'संसार के सभी रूप-प्रकार जो दृष्टिगत है, उनका अस्तित्व विभिन्न अंशों के आपसी सम्बन्धों पर आधारित है।[4] दूसरे शब्दों में, आधुनिक भाव-बोध में 'अंश' का, क्षण का और प्रत्येक घटना का महत्त्व इसी दृष्टि में है कि वह कहाँ तक 'पूर्ण' की व्यंजना हो सकी है। माखन लाल चतुर्वेदी ने इसी वैज्ञानिक तथ्य

---

1. डॉ. श्याम सुन्दर घोष, बच्चन का परवर्ती काव्य, पृ. 85
2. दो चट्टाने, पृ. 203
3. द्रष्टव्य, वही, पृ. 213
4. डॉ. वीरेन्द्र सिंह द्वारा 'द फिलासफी आफ फिजिकल साइंस' पृ. 122 से उद्धृत। द्रष्टव्य, 'माध्यम, सितम्बर' 67, पृ. 7

को यहाँ प्रतीकात्मक अभिव्यक्ति दी है—

क्षणिक के आवर्त में
उलझे महान् विशाल।[1]

दिनकर ने 'उर्वशी' में विज्ञान की अनेक तथ्यात्मक उपलब्धियों को प्रतीकों के माध्यम से रसात्मक अनुभूति के धरातल उतारने का सफल प्रयास किए हैं। उर्वशी में दर्शन और विज्ञान के समीकरण पर दिक्, काल और गति की चिन्तना को पहली बार हिन्दी-काव्य में प्रस्तुत किया गया है। आइन्स्टीन के सापेक्षतावाद से प्रभावित दिनकर जी की धारणा यह है कि 'देश और काल दो स्वतन्त्र सत्ताएँ नहीं हैं। देश का परिवर्तन काल में और काल का परिवर्तन देश में होता है। देश के डायमेन्सन अथवा आयाम तीन हैं, अर्थात् लम्बाई, चौड़ाई और मोटाई। या घनत्व। इनके साथ यदि काल का आयाम भी सम्पृक्त कर दिया जाए तो वास्तविकता का असल रूप चार आयामों वाले देश-काल का सातत्य 'फोर डायर्मेसनल स्पेस-टाइम-कण्टीनुइम' हो जाता है और वास्तविकता का यही शुद्ध रूप है।[2] 'उर्वशी में पुरुरवा दिक्काल के अभेद को संकेतित करते हुए कहता है—

महाशून्य के अन्तर-गृह में, उस अद्वैत भवन में
जहाँ पहुँच दिक्काल एक है, कोई भेद नहीं है।

....

हम त्रिलोकवासी, त्रिकालचर, एकाकार समय से
भूत, भविष्यत्, वर्तमान, तीनों के एकार्णव में
तैर रहे संपृक्त सभी वीचियों, कणों, अणुओं से।[3]

दिक् और काल के अतिरिक्त कवि ने 'गति' (मोशन) को भी विज्ञानसम्मत रूप में उपस्थित किया है। आधुनिक विज्ञान के अनुसार हम 'मोशन' की गतिशीलता को तभी परख सकते हैं, जब हम उसे किसी सन्दर्भ (रेफरेन्स) में देखते है। फलस्वरूप, यदि हम किसी अत्यन्त गतिशील वस्तु हमें स्थिर ही दिखाई देगी। निम्नोद्धृत पंक्तियों में कवि 'एबसोल्यूट मोशन' की इसी वैज्ञानिक परिकल्पना को प्रतीकित किया है—

किस समाधि का शिखर चेतना जिस पर ठहर गई है?
उड़ता हुआ विशिख अम्बर में स्थिर-समान लगता है।[1]

---

1. माखन लाल चतुर्वेदी, वेशुंल मुंजे घरा
2. दिनकर, धर्म, नैतिकता और विज्ञान, पृ. 49-50
3. उर्वशी, पृ. 70

वैज्ञानिक प्रतीकों के ये शुद्ध एवं समर्थ प्रयोग छायावादोत्तर काव्य की विशिष्टतम उपलब्धियों में परिगणित किए जा सकते हैं।

छायावादोत्तर युग की वादमुक्त स्वच्छन्द तथा गीति काव्य-धारा में बिम्बात्मकता की प्रवृत्ति विशेष रूप से दृष्टिगोचर होती है। इन्द्रियबोधपरक संस्कृति (सेन्सेट कल्चर) की पीठिका पर उदित होने के कारण, शब्दों के माध्यम से रूप तथा मानसिक स्थितियों को यथातथ्य अंकित करने की आकुलता ही इस युग की कवि की रचना-प्रक्रिया की मूल प्रेरणा-शक्ति है। इस काव्य-धारा के सर्वाधिक समर्थ कवि दिनकर ने अपनी काव्य-बिम्ब सम्बन्धी अवधारणा को प्रस्तुत करते हुए लिखा है कि, 'चित्रकला द्वारा काव्य में शब्दों के संयोग से वस्तुओं और विचारों के मूर्तिमान रूप प्रस्तुत किए जाते हैं। चित्र-रचना की सामग्री, अक्सर अलंकारों की सामग्री होती है। किन्तु, चित्र अलंकार लाए बिना भी रचे जाते हैं।...चित्र और मूर्ति शब्द से दृश्य वस्तु का जो बोध होता है उससे यह नहीं समझना चाहिए कि काव्यगत् चित्र केवल नेत्रेन्द्रिय के लिए होते हैं। प्रसंगानुसार वे सभी वस्तुएँ और क्रियाएँ काव्य में मूर्त रूप ले सकती है जिनका सम्बन्ध नेत्र से न होकर जिह्वा, नासिका, श्रुति अथवा स्पर्श इन्द्रिय से है। ऐन्द्रिय क्रियाओं के ये स्मृति वाले रूप ही चित्र-विधान के आधार होते हैं।

'चित्र कविता का अत्यन्त महत्त्वपूर्ण गुण है, प्रत्युत् कहना चाहिए कि यह कविता का एकमात्र शाश्वत गुण है जो उससे कभी भी नहीं छूटता। कविता और कुछ चाहे करे या न करे, किन्तु चित्रों की रचना वह अवश्य करती है और जिस कविता के भीतर बनने वाले चित्र जितने ही स्वच्छ अर्थात् विभिन्न इन्द्रियों से स्पष्ट अनुभूत होने के योग्य होते हैं, वह कविता उतनी ही सफल और सुन्दर होती है। कविता में चित्र का एलबम अथवा स्वयं एक पूर्ण चित्र होता है।

'किन्तु चित्रों के प्रसंग में भी एक बात है जिसकी उपेक्षा नहीं की जा सकती है और वह यह कि चित्र भी कविता में साधन होते हैं साध्य नहीं। शक्तिशालिनी कविता केवल चित्र दिखलाकर सन्तुष्ट नहीं हो जाती वह चित्रों के भीतर से कुछ और दिखलाना चाहती है। केवल चित्र आतिशबाजी मात्र रह जाते हैं। जार्ज रसेल (ए.ई.)' ने लिखा है कि जब मेरे सामने कोई कविता अँधी है या पारदर्शी। अर्थात् कविता केवल ऊपर-ऊपर रंगीन है या रंगों के भीतर कुछ दिखाई भी पड़ता है; दूसरा यह कि यदि कविता पारदर्शी है तो

1. उर्वशी, 69

उसके भीतर कितनी दूर की चीजें दिखाई पड़ती हैं।[1]

उपर्युक्त अवधारणा के अनुरूप इस युग के काव्य में रंग, रस, रोमान तथा अन्तस्फूर्त आवेश को अनलंकृत बिम्बों में उतारने की सफल चेष्टा मिलती है। यहाँ दृश्य को उन्मुक्त करने की उपेक्षा उसे सूक्ष्म एवं कोमल रेखाओं में बाँधने का प्रयास अधिक दृष्टिगोचर होता है। एक ही अनुभव को विविध बिम्बों के सहारे विस्तार तथा गहराई देने का प्रयत्न 'बच्चन' में सबसे अधिक मिलता है। उनके आरम्भिक गीतों में भावनाओं की गहराई ने बिम्ब-प्रभाव को अत्यन्त घनीभूत कर दिया है। रेखाओं का भावनात्मक गठन इन गीतों के बिम्ब-विधान की महत्त्वपूर्ण-विशेषता है। यहाँ प्रायः केवल एक भावना व्यक्त की जाती है और जो अपनी प्रथम तीन रेखाओं में 'उत्तरोत्तर विकसित होकर अन्तिम रेखा में एकदम चमक उठती है। उदाहरणार्थ 'निशा निमन्त्रण' से एक बिम्ब गीत प्रस्तुत है–

बीत चली सन्ध्या की बेला
धुंधली प्रतिपल पड़ने वाली
एक रेख में सिमटी लाली
बहती है समाप्त होता है सतरंगे बादल का मेला,
बीत चली सन्ध्या की बेला।
नभ में कुछ द्युतिहीन सितारे।
माँग रहे हैं हाथ पसारे
रजनी आए, रविकिरणों से हमने है दिन भर दुःख झेला।
बीत चली सन्ध्या की बेला।
अन्तरिक्ष में आकुल-आतुर,
कभी इधर उड़, कभी उधर उड़।
पन्थ नीड़ का खोज रहा है बिछड़ा पन्छी एक अकेला।[2]

तकनीक की परिणति अच्छे बिम्ब-संयोजन में होने के कारण इस गीत में चित्रात्मकता पहले आती है। उसके माध्यम से अनुभूति का एक और ही रूप सामने आता है जो चिहून-अचीहून होने पर भी अपना अस्तित्व स्थापित कर लेता है। कोमल रेशमी रेखाएँ अपने संयम और शक्ति में जिस गतिशीलता के साथ पाठक के मन को खींच ले जाती है, वह निश्चिय ही विलक्षण है।

दिनकर की 'गीत अगीत' कविता में क्रिया विधायक बिम्बों के सह-संयोजन

---

1. काव्य की भूमिका, द्रष्टव्य, पृ. 13, 78, 80, 100, 101, तथा 102
2. अभिनव सोपान, पृ. 125

वहुत सुन्दर रूप को खड़ा करने की कोशिश की गई है। यहाँ शृंगार के अनुभव, अलग-अलग रेखाओं द्वारा व्यक्त होकर एक संश्लिष्ट स्थिति और परिणिति पर पहुँचते हैं–

दो प्रेमी हैं यहाँ, एक जब
बड़े सांझ आल्हा गाता है,
पहला स्वर उसकी राधा को
घर से यहाँ खींच लाता है
चोरी चोरी खड़ी नीम की
छाया में छिप कर सुनती है,
हुई न क्यों मैं कड़ी गीत की
बिधना, यो मन में गुनती है।
वह गाता पर किसी वेग से
फूल रहा इसका अन्तर है।[1]

चित्र विश्लेपणात्मक है परन्तु इसका प्रभाव संश्लिष्ट है। सम्पूर्ण चित्र में पाँच रेखाएँ, प्रथम रेखा, आल्हा गाकर प्रेमिका को अपनी उपस्थिति का संकेत देते हुए ग्रामीण प्रेमी का चित्र अंकित करती है। दूसरी रेखा प्रेमी का स्वर सुन कर उतावली प्रेमिका का चित्र खींचती है–चौथी रेखा में उसके मन के राग का रंग है, नीम की छाया में चुप-चाप चोरी-चोरी प्रेमी का स्वर सुनती हुई नायिका के भौतिक व्यक्तित्व के साथ ही उसके मन की आकांक्षा भी व्यक्त है, जहाँ अनुभूति की रमणीयता ने चित्र में प्राण डाल दिए है। पाँचवीं रेखा की अनुरागमयी भंगिमा सब रेखाओं को समन्वित कर प्रेमिका के रसमग्न हृदय का चित्रण करके एक-एक रेखा को अनुभूतिमयी बना देती है।[2]

ऐन्द्रिय अनुभूति के आवेश एवं संवेदन-तारल्य के कारण रामेश्वर शुक्ल 'अंचल' के बिम्बों में कहीं-कहीं अत्यन्त कोमल निखार आ गया है। इसका मूल कारण अंचल की आरम्भिक रचनाओं की पदसंहिति एवं गठनात्मक विशिष्टता है। 'मधूलिका' की भूमिका में आचार्य विनय मोहन शर्मा ने लिखा था कि अनुभूतियों की कंटक कसक कवि को जीयन के प्रति सदैव जागृत रखती है, कवि (अंचल) को प्रखर प्रतिभा और उद्दाम उन्मुक्त अनुभूति जैसी उसे मधुर, मादक और उच्छ्वास सुकोमल भाषा मिली है। अनुभूति एवं शिल्प का यह

---

1. रसवंती, पृ. 14
2. सावित्री सिन्हा, युगचारण दिनकर, पृ. 248

सहज एकात्म संयोग 'अंचल' के निम्नोद्धृत विम्बों में देखा जा सकता है–

1. **आज मैं कुछ अनमनी हूँ,**
शून्य में निर्जन खड़े ऊँचे महल-सी अनमनी हूँ।[1]

2. **देवसंगिनी! पीतरुग्णा शारदी संध्या**
जो शिथिल लैटी दिवा की मृत्यु-शैया पर
दूर सरि-तट पर कहीं गाई गई लोरी सदृश निस्तेज
फीकी प्राण-वंचित।[2]

3. **रोगिणी-सी क्लांत और विवर्ण**
जर्जरित कृश यह कुँआरी ऊसरी-संध्या।[3]

4. **संगमरमर के पहाड़ी स्रोत-जैसा शुभ्र फेनिल**
शरद् के मुख से थिरकती बंसरी ध्वनि-सा तरंगित
नववधू की लाज का लावण्य जिसमें
गीत का स्वर-भार परिणत लास जिसमें
यह तुम्हारा रूप सुख के संचरण-सा।[4]

ये विम्ब सहजानुभूति के स्तर से उदित हैं इसीलिए इनकी सभी रेखाएँ अपनी सहज कम्पमयता में अनुभूति के रंगों से निर्मित हैं। 'अंचल' के परवर्ती काव्य में ऐसे बिम्ब दुर्लभ हैं।

सियाराम शरण गुप्त के बिम्वों में रेखाएँ गहरी एवं सपाट हैं। अपनी दृढ़ता में वे दृश्य को तो वाँध लेती है परन्तु अनुभूति का कम्पन उनमें कहीं भी दृष्टिगोचर नहीं होता।

बाँया पैर नीचे लटकाये नील नीर पर,
दाँया पैर रखे हुए सीढ़ी के प्रतीर पर,
अपने नुकीले नेत्र नीचे दिए
पत्थर की वट्टी हाथ में लिए
एड़ी मलती थी वह बार-बार पानी डाल।[5]

नीरज के विम्वों में प्रत्ययों को संकेतित करने का व्यग्रता के कारण अमूर्त प्रभाव की ओर वढ़ने की प्रवृत्ति विशेष रूप से लक्षित होती है। यहाँ विविध विम्व किसी वैचारिक अन्विति की खोज में सक्रिय लगते हैं। इस

---

1. वर्णान्त के वाद, पृ. 35
2. वर्पान्त के वादल, पृ. 47
3. वही, पृ. 71
4. वही, पृ. 71
5. आर्द्रा, पृ. 97-98

प्रक्रिया में बिम्बों के रंग और रेखाएँ क्रमशः घुलने लगती हैं और अन्त में वे किसी भाव्यमान विचार या धारण में रूपान्तरित हो जाते हैं–

ले नयन में कामना का तृप्ति जल,
डाल मुख पर प्रीति का घूंघट नवल,
साज सपनों की सुहागिन चूनरी
रंग महावर से मुखर पायल चपल
जब पिया घर रूप की दुल्हिन
चली-मुस्कराई माँग रोई कंचुको।
आ गई थी याद तब किस शाप की।[1]

दिनकर ने 'उर्वशी' में फन्तासी पर आधृत ब्रह्माण्डीय (कास्मिक) बिम्बों की योजना की है। आध्यात्मिक तृषा के क्षण में पुरुरवा पार्थिव परिधि से बहुत दूर चला जाता है और अपने अनुभव को इस दिव्यता को अपार्थिव कास्मिक बिम्बों के माध्यम से व्यक्त करता है–

रक्त की उत्तप्त लहरों की परिधि के पार
कोई सत्य हो तो,
चाहता हूँ, भेद उसका जान लूँ।
पन्थ हो सौन्दर्य की आराधना का व्योम में यदि
शून्य की उस रेख को पहचान लूँ।[2]

यहाँ परिधि के पार, सत्य, व्योम, शून्य, रेख इनमें एक भी बिम्ब इस धरती का नहीं है। 'उर्वशी' 'ऊहात्मक कल्पना' (फैन्सी) का प्रयोग सर्वत्र दृष्टिगोचर होता है। संश्लिष्ट कल्पना का उपयोग यहाँ कम ही मिलता है। श्री कुबेरनाथ राय के अनुसार, दिनकर के इन बिम्बों की यही कमजोरी है कि वे एक पंक्ति में 'है' या 'रहा' या 'था' के साथ समाप्त हो जाते हैं। गरुड़ की तरह झपट्टा मारते हुए छह या आठ पंक्तियों तक नहीं जाते जैसा कि मिल्टन या होमर में पाया जाता है। और न वे 'कामायनी' या रवीन्द्रनाथ की उर्वशी की तरह एक-दूसरे से जैविक और सक्रिय रूप में गुंथ कर एक सजीव चित्र खड़ा करते हैं। दिनकर मूलतः 'फैन्सी' के कवि हैं और सहजता के कवि है। ऊहात्मक कल्पना या 'फैन्सी' में परस्पर समन्वयकारिणी शक्ति का अभाव रहता है। उर्वशी की काव्यानुभूति सीधी न होकर द्वन्द्वयुक्त है। अनुभूति का द्वन्द्व ही 'उर्वशी' का विषय है। यहाँ आत्मिक उलझन है और परत-पर-परत

1. नीरज, आसावरी, पृ. 42
2. उर्वशी, पृ. 46

अनुभूतियों के गुम्फित होने का अवसर है। इसकी पंक्तियों से कभी मन संवेगों की गहराई में डूब जाता है, तो कभी संवेग उसे उर्ध्व विन्दु पर आकाश में खींच ले जाते हैं। पर प्रक्रिया 'एक रैखिक' है।[1]

प्रकट हुई अब उर्वशी चांदनी में द्रुम की छाया से।
लगा सर्प के मुख में जैसे मणि बाहर निकली हो।
या कि स्वयं चाँदनी स्वर्ण-प्रतिमा में आन ढली हो।
उतरी हो घर देह स्वप्न की विभा प्रमद-उपवन से।[2]

ये सब विम्ब अकेले-अकेले असंयुक्त रूप से अगल-बगल सजे है। 'सर्प के मुँह से निकलती मणि', 'चाँदनी में सोने की प्रतिमा, या 'स्वप्न की देहधारी विभा' सब अलग-अलग कसीदे की तरह काढ़े गए है, पर उन्हें एक समन्वयकारी (इसेम्प्लस्टिक) शक्तिशाली कल्पना के द्वारा एक-दूसरे से जोड़ कर एक बिम्ब-विधान, एक सांग संश्लिष्ट रूप खड़ा करने का प्रयास नहीं है। स्पष्टतः इन विम्बों में न कही अर्थ की सांकेतिक समग्रता है और न रूप का व्यवस्थित एकीकरण। इसी कारण पाठक असंगठित बिम्वों की सघनता में भ्रमित होकर उदासीन हो जाता है।

छायाबादोत्तर स्वच्छन्द काव्य-प्रवृत्तियों की रंग-योजना में छायावादी युग की संयोजनात्मक रंग-शैली का बिखराव ही मिलता है। इस युग की रंग-योजना मुख्यतः संयोजक स्थिति से विशुद्ध स्थिति की ओर क्रमशः बढ़ने की प्रक्रिया को सूचित करती है। यहाँ रंगों के सर्वाधिक सफल प्रयोग दिनकर तथा नरेन्द्र शर्मा के काव्य में मिलते है। दिनकर को रंगों के आनुपातिक मिश्रण और उनके उचित तथा सन्तुलित प्रयोग का ज्ञान है। अनुरूप (मैचिंग) और प्रतिरूप (कंट्रास्टिंग) दोनों ही प्रकार की रंग-योजना उनकी कृतियों में मिलती है। रंगों के मिश्रण तथा रंग-परिवर्तन के भी सफल उदाहरण उनके बिम्बों में मिलते हैं। क्रान्ति के बिम्वों में नियोजित अग्नि और धुएँ के रंगों से निर्मित एक चित्र देखिए—

मेरे मस्तक के छत्र-मुकुट वसु-काल-सर्पिणी के शत फन;
मुझ चिर-कुमारिका के ललाट में नित्य नवीन रुधिर-चन्दन;
आँजा करती हूँ चित्र धूम का दृग में अन्ध तिमिर-अंजन
संहार-लपट का चीर पहन नाचा करती में छुम छनन।[1]

---

1. द्रष्टव्य, उर्वशी, विचार और विश्लेपण, (सम्पादक, डॉ. वचन देव कुमार), पृ. 149
2. उर्वशी, पृ. 24

प्रतिरूप रंगों के प्रयोग नरेन्द्र शर्मा की कविताओं में बहुत है। रंगों का वैविध्य उन्हें बहुत प्रिय है–

1. गरज रहे घिर मेघ साँवले, नाच रही गोरी बिजली।[2]
2. हरे-हरे दिन, नीली रातें
घुली घुलाई सुन्दर प्रातें।[3]

वच्चन के निम्नोद्धृत विम्व में समरंग-योजना द्रष्टव्य है–

दुग्ध-उज्जवल मोतियों से मुक्त चादर
जो बिछी नभ के पलंग पर आज उस पर
चाँद से लिपटी लजाती चाँदनी।[4]

'अंचल' के रंग-प्रयोग मुख्यतः संवेदक है। 'कपूरी गिरिशिखर', 'गोरी रात', 'संगमरमरी झरना'[5] 'सिंदूरी स्नेह'[6] तथा कनक-सी देह[7] आदि प्रयोग रंगों के माध्यम से ऐन्द्रिक संवेदनों की तीव्रता से जगाते हैं। इनके विपरीत सियारामशरण गुप्त, नवीन, सोहन लाल द्विवेदी के रंग अधिकांशतः सूचक कोटि के हैं। रामेश्वर लाल खण्डेलवाल 'तरुण' की कविताओं में रंगों के संवेदक एवं संयोजक प्रयोग बहुत ही सफल बन पड़े है। एक उदाहरण द्रष्टव्य है–

'देखो पूनो का चाँद नवल,
कितना शीतल कितना उज्ज्वल।
नीलम के आँगन में शोभित
जैसे चाँदी का थाल धवल।
....
यह धुनी हुई रुई-सा स्वच्छ विमल
यह दुग्ध-गोल गोरा झलमल,
ज्यों मधुबन में तमाल-तरु-तल
श्रीकृष्ण अंक से सटी खड़ी
राधा का सस्मित मुख-मण्डल।[1]

डॉ. रांगेय राघव के शब्दों में, 'कालिदास में जैसा रंगों का वैभव है, वैसा

---

1. हुंकार, पृ. 72
2. मिट्टी और फूल, पृ. 64
3. वही, पृ. 69
4. सोपान, पृ. 108
5. वर्षान्त के बादल, पृ. 21
6. वही, पृ. 88
7. लाल चूनर, पृ. 35

ही यहाँ भी है। उसने कहा है—ऐ मेघ। वहाँ नीलम की चोटी का क्रीड़ा शैल है, बगल में मरकत सा कदली-कुंज है, सोपान है मरकत शिलाओं के, नीलम जल में हरितसृर्णल-कमल-हे-हेमवर्णी। यहाँ नीलम के आँगन में चाँदी का चमकता हुआ धवल चन्द्रमा है।...ऐसा है यह जैसे मधुबन में राधा का, तमाल के नीचे खड़े कृष्ण के पास, मुस्कराता हुआ मुखड़ा।'[2] यहाँ रंगों का वैभव अपनी संयोजक-संवेदनीयता में अत्यन्त भास्कर एवं प्रभावशील हो उठा है।

संगीत-सिद्धान्त के अनुकूल इस युग के अधिकांश कवियों ने भी 'सूक्ष्म सम्प्रेपणीयता की दृष्टि से स्वरों को काव्य-संगीत का मूल तन्तु माना है और व्यंजनों की भावाभिव्यक्ति के लिए केवल गौण रूप से सहायक समझा है। यहाँ अधिकांश नाद-बिम्ब स्वर एवं व्यंजन ध्वनियों के ऐसे ही सहयोग पर आधृत हैं। 'बच्चन' के काव्य में नाद-बिम्ब का एक सफल प्रयोग देखिए—

प्राण, संध्या झुक गई गिरि, ग्राम, तरु पर
उठ रहा है क्षितिज के ऊपर सिंदूर चाँद

अथवा

शिथिल पड़ी है नभ की बाँहों में रजनी की काया।[3]

श्री सुमित्रानन्दन पन्त के शब्दों में 'गई गिरि ग्राम' में 'ग' के गूँगे गुरु-मौन अनुप्रास ने सन्ध्या को जैसे गगन गम्भीर बना दिया है। और 'झुक गई गिरि ग्राम तरु पर' में लघु मात्राओं के कारण जैसे साँझ के सिमटने का-सा भाव, और 'र' की फिर-फिर पुनरावृत्ति में सन्ध्या के केशों में उलझी अन्तिम किरणों की दमक साकार हो उठती है। इसी प्रकार दूसरी पंक्ति में दीर्घ मात्राओं की बाहों पर जैसे चाँद क्षितिज के ऊपर उठने लगता है। 'विहंग प्रात-गीत गा उठा अभय' में विहंग अकेले ही सारे आकाश को गुंजा देता है। 'गी' और 'गा' तो जैसे उड़ते पक्षी की तरह निश्चल लगते हैं।[4] इस प्रकार की सौन्दर्य-भावना को चित्रित करने वाली पंक्तियाँ 'बच्चन की' मिलन यामिनी' और 'प्रणय-पत्रिका' की अधिकांश रचनाओं में मिलती है, जो आँखों के सम्मुख ज्यों की ज्यों मूर्तिमान हो उठती हैं।

व्यंजन ध्वनियों के सह संयोजना द्वारा नाद-बिम्बों को प्रस्तुत करने वाले कुछ उदाहरण भी इस युग की कविताओं में मिल जाते हैं।

---

1. द्रष्टव्य, आधुनिक हिन्दी कविता में विषय और शैली, पृ. 115
2. वही,
3. अभिनव सोपान, पृ. 246, 252
4. कला और संस्कृति, पृ. 208-209

वर्षा-संगीत को ध्वनि कल्पना के सहारे प्रस्तुत करने का सफल प्रयास जानकी वल्लभ शास्त्री के 'मेघगीत' कविता में मिलता है–

मेघ-रन्ध्र में मन्द्र-सान्द्र ध्वनि
द्रिम-द्रिम-द्रिम उन्मद मृदंग की।
....
रिमझिम-रिमझिम, रुनझुन-रुनझुन,
छुनकिट तच्छुम रुनरुन-रुनरुन,
छम-छम छननन, झनझन-झुनझुन
मुक्तवेश सरका श्याभाम्बर।
हरित-शस्य-अंचल. अंचलतर।।
प्रति-पदगति नति शत-तरंग की।
तडिद् भंगिमा अंग-अंग की।

बालकृष्ण शर्मा 'नवीन' सियारा शरण गुप्त, सोहनलाल द्विवेदी आदि कवियों में नाद-बिम्बों के प्रयोग अधिक सफल नहीं रहे है। वहाँ संगीत आन्तरिक न होकर आरोपित है–

1. **आली री, यह छवि लख आए मन क्यों न उमंग?**
   किर-किर-किर, चिंव-चिंव-चिव बोल रहे शैल-विहग।[1]
2. **ऊपर से टूट-टूट,**
   प्रस्तर कठोर भुंजबन्धों से छूट-छूट,
   विषम धारा में सम नृत्य कर गाती हो।[2]

इस युग की काव्य-धारा में स्पार्शिक बिम्बों के प्रयोग सबसे अधिक मात्रा में मिलते हैं। यहाँ कोमल, कठोर तथा उष्ण-शीत चेतन स्पर्शों की संवेदनाओं को बड़ी सूक्ष्मता से अंकित किया गया है–

1. **अब सिरा गयी है शीत रात**
   डरते-डरते दिन रहा निकल
   प्राची के ठिठुरे कोने में।[3]
2. **वियोग की शिशिर रात**
   आँसू का हिमजल छोड़ गई।[1]

---

1. 'नवीन' क्वासि, पृ. 116
2. सियारामशरण गुप्त, मृण्मयी, पृ. 47
3. नरेन्द्र शर्मा, मिट्टी और फूल, पृ. 24

3. **गोरी रात रेशमी अंगों में ओढ़े चाँदी की जाली में।**[2]

4. **गोरी रात मदिर रसीली गोद तुम्हारी।**[3]

ये सभी स्पर्श बिम्ब ऐन्द्रिय संवेदनाओं को जागृत करते हैं। 'दिनकर' की 'उर्वशी' में बिम्बों के प्रयोग स्पर्श चेतना के सूक्ष्म स्तरों की अभिव्यक्ति के कारण अत्यन्त संवेदक हो गए है। स्पर्श को दिनकर, 'प्रेम' का प्रथम सोपान मानते हैं–

पहले प्रेम स्पर्श होता है
तदनन्तर चिन्तन भी;
प्रणय प्रथम मिट्टी कठोर है,
तब वायव्य गगन भी।[4]

अपनी इस अवधारणा के अनुरूप दिनकर ने 'त्वक्-चेतना के मनःसंवाद की संवेगात्मक प्रतिक्रियाओं को रसमय बिम्बों में उतारा है–

1. **श्रुति-पट पर उत्तप्त श्वास का स्पर्श और अधरों पर**
   रसना की गुदगुदी, अदीप्त निशि के अंधियाले में।[5]
2. **रसमाती, भटकती उंगलियों का संरचण त्वचा पर**
   किसी दूब की फुनगी से ओचक छू जाने पर भी।[6]
3. **वह विद्युन्मय स्पर्श तिमिर है पाकर जिसे त्वचा की**
   नींद टूट जाती, रोमों में दीपक बल उठते हैं।[7]

दिनकर के ये स्पर्श-बिम्ब हिन्दी-कविता की अभिव्यंजना-शक्ति के चरम निदर्शन हैं। कुल मिलाकर छायावादोत्तर स्वच्छन्द धारा स्पर्श-बिम्बों के सृजन में बहुत सफल रही है।

स्पर्श-चेतना की तरह इस युग के कवियों की गन्ध-चेतना भी बहुत सूक्ष्म है। यहाँ अनेक गन्धों को सफल अभिव्यक्ति मिली है। कुछ उदाहरण प्रस्तुत हैं–

1. **वन तुलसी की गन्ध लिए हल्की पुरवय्या आती है।**[1]
2. **मिट्टी की मृदु सौंधी सुवास।**[2]

---

1. प्रेम-संगीत, पृ. 132
2. वर्षान्त के बादल, पृ. 21
3. लाल चूनर, पृ. 9
4. उर्वशी, पृ. 62
5. दिनकर, उर्वशी, पृ. 60
6. वही,
7. वही, पृ. 51

3. **पीतकेशर सरसिजों से सुरभिवाही अंग मेरे।**[3]
4. **भीनी गन्ध लाल चन्दन की।**[4]
5. **उठता था सुरभित यज्ञ धूम।**[5]
6. **मधुगन्ध दिशाओं में गमकी।**[6]

उपर्युक्त उदाहरणों से यह स्पष्ट हो जाता है कि इस युग के कवि गन्ध के चेतन सूक्ष्म स्तरों को उभारने की चेष्टा की है जिसके फलस्वरूप उनके बिम्ब-प्रयोगों में गन्धों का वैविध्य उतर आया है।

इस काव्य में मधु, हाला, गरल आदि का उल्लेख बार-बार मिलता है। परन्तु शुद्ध रस-बिम्बों के उदाहरण यहाँ दुर्लभ ही हैं। 'दिनकर' के एक दो प्रयोग सुन्दर एवं सफल बन पड़े है–

1. **देती मुक्त उंड़ेल अधर-मधु तापतप्त अधरों में।**[7]
2. **किन्तु रस के पात्र पर ज्यों ही लगाता हूँ अधर को**
   घूँट या दो घूँट पीते ही
   न जाने किस अतल से नाद यह आता
   अभी तक भी न समझा।[8]

वीरेन्द्र मिश्र का स्वाद-बिम्ब का यह प्रयोग भी कुछ सफल माना जा सकता है–

इमली की खट्टी सुधियों में
वह जी भर कर रो चुका।[9]

यद्यपि कवि ने यहाँ अमूर्त प्रभाव की ओर बढ़ने की चेष्टा की है फिर भी पंक्तियों को पढ़ने के बाद पाठक के मन पर खट्टे स्वाद का प्रभाव मिटाए नहीं मिटता।

वेगोद्भेदक बिम्ब दिनकर, बच्चन, नवीन तथा माखनलालजी की रचनाओं में अधिक मिलते हैं। त्वरा एवं स्फोट से युक्त बिम्बों के सृजन में दिनकर की

---

1. रेणुका, पृ. 14
2. उर्वशी, पृ. 57
3. वर्षान्त के बादल, पृ. 23
4. मिट्टी और फूल, पृ. 97
5. सोहनलाल द्विवेदी, कुणाल, पृ. 37
6. बच्चन, मधुबाला, अभिनव सोपान, पृ. 70
7. उर्वशी, पृ. 15
8. वही, पृ. 49
9. वीरेन्द्र मिश्र, लेखनी बेला, गीत 48

प्रतिभा विशेष सक्रिय रही है। क्रान्ति का एक बिम्ब प्रस्तुत है–

झन-झनझन-झन-झन झनन-झनन
मेरी पायल झनकार रही तलवारों की झनकारों में,
अपनी आगमनी बजा रही मैं आप क्रुद्ध हुंकारों में
मैं अहंकार-सी कड़क ठठा हँसती विद्युत की धारों में
बन काल-हुताशन खेल रही पगल में फूट पहाड़ों में
अंगड़ाई में भूचाल, साँस में लंका के उनचास पवन।[1]

इसी प्रकार 'बच्चन' की 'सिसिफस बरक्स हनुमान' कविता में करबरस का वर्णन अत्यन्त प्रभावशील वेगोद्भेदक बिम्ब को प्रस्तुत करता है–

ताकता है एक ताकतवर महाकुकर
....
तीन मुख का
मुख भयंकर काल के-से
आँख से ज्वाला उगलता
नासिका से घूम काला,
दीर्घ, तीक्ष्ण, कराल, दंष्ट्री
पूंछ में फन काढ़कर नागिन झुकी-सी,
और पट्टे, की जगह पर
साँप काले, जहर वाले और लम्बे
गले से लिपटे हुए हैं;
भूंकता जैसे कि कम जल से भरे बादल गरजते
दौड़ में बिजली नहीं है पार पाती।[2]

इस बिम्ब में त्वरा, तिग्मध्वान और स्फोट सभी एक साथ मिलते हैं। ऐसे सफल वेगोद्भेदक बिम्ब छायावादोत्तर काव्य-धारा में अधिक नहीं हैं।

संश्लिष्ट अनुभव की प्रवृत्ति के कारण इस युग के काव्य में सहसंवेदनात्मक बिम्ब प्रचुरता में मिलते हैं। दिनकर के शब्दों में–

दृश्य श्रव्य बनकर अथवा श्रुतियों में समा रहा है।
बजती है रागिनी सुप्त सुन्दरता की साँसों में।[1]

---

1. हुंकार, पृ. 72
2. दो चट्टानें, पृ. 173
3. उर्वशी, पृ. 68

अनुभव के इस स्तर पर अनेक ऐन्द्रिय सम्वेदनों की संश्लिष्ट स्थिति को भोग कर अभिव्यक्ति देने वाले बिम्ब इस धारा के कवियों में बड़ी मार्मिकता से अंकित किए हैं। 'मोरपंखी किशमिशी मोती (दृश्य + स्पर्श)[2] 'ताज-रक्तिम-गान' (दृश्य + नाद)[3] 'ओढ़नी में कसमसाता जाफरानी प्यार' (दृश्य + स्पर्श)[4] 'चम्पई रेशमी पर्दा (दृश्य + स्पर्श)[5] 'मुस्कानों की गोरी प्याली (दृश्य + रस)[6] 'सुनील सुगन्ध (दृश्य + गन्ध)[7] 'फूल घण्टियों की नीरव पीली टुन-टुन'[8] आदि बिम्ब-प्रयोग ऐन्द्रिय सम्वेदनाओं के इसी संश्लिष्ट अनुभव को सफलता से उभारते हैं।

(1967)

□

---

1. उर्वशी, पृ. 68
2. लाल चूनर, पृ. 7
3. वर्षान्त के बादल, पृ. 11
4. वही, पृ. 88
5. वही
6. लाल चूनर, पृ. 7
7. वही, पृ. 33
8. वीरेंद्रकुमार जैन, अनागता की आँखें, पृ. 3

नई कविता और आधुनिक बोध

नई काव्य-दृष्टि का अध्ययन हम मुख्यतः दो दिशाओं में कर सकते हैं—जीवन-मूल्यों और कला-मूल्यों के सन्दर्भ में। जीवन-मूल्यों के प्रति नई कविता की दृष्टि से उसकी भावभूमि और मूल संवेदना का तथा कला-मूल्यों से उसकी शिल्प-दृष्टि का बोध एवं मूल्यांकन सही और समग्र रूप में सम्भव हो सकता है।

नई कविता की जीवन-मूल्यों सम्बन्धी सभी धारणाएँ आधुनिक बोध से विकसित हुई हैं। अतः उनके विवेचन के सन्दर्भ में आधुनिकता की प्रकृति और उसके स्वरूप पर विचार करना अनिवार्य हो जाता है।

नए काव्य-चिन्तन के सन्दर्भ में आधुनिकता पर काफी चर्चाएँ हुई हैं। आधुनिकता का बोध और उसकी अभिव्यक्ति का आग्रह नई कविता का केन्द्रीय तत्त्व माना गया है। सिद्धान्ततः आधुनिक होना नए कवि के लिए अनिवार्य शर्त समझी गई है। वैसे आधुनिकता के वास्तविक अर्थ के विषय में नए कवि अभी तक एकमत नहीं हो सके हैं। एक मत यह है कि आधुनिकता का सीधा अर्थ 'समसामयिकता' है, परन्तु दूसरा मत दोनों में भेद करता है और आधुनिकता को अधिक आन्तरिक और मूल्यगत अर्थ मानता है। उसके अनुसार, ''आधुनिकता युग विशेष का गुण है। समसामयिकता स्थिति विशेष का आयाम है। आधुनिकता एक ऐतिहासिक विश्लेषण है, जो हमें देश-काल का बोध देती है; समसामयिकता देश-काल के बोध के साथ सक्रियता की पुष्टि करती है। आधुनिकता काल-बोध, युग-बोध की द्योतक है। विचार में आधुनिक होते हुए भी हम समसामयिक नहीं हो सकते क्योंकि समसामयिकता का परिवेश इतना विस्तृत नहीं होता।'' (लक्ष्मीकान्त वर्मा) इस मत के समर्थकों की दृष्टि में समसामयिकता एक कालबद्ध योजना है और आधुनिकता एक विशिष्ट जीवन-दृष्टि। इनके अनुसार ''इतिहास-चक्र को द्रुततर करने का संकल्प

ही आधुनिकता है। "आज हम अपने पूरे युग को आधुनिक नहीं कह सकते। केवल कुछ अग्रणी (एडवांस्ड), संवेदना वाले व्यक्ति, ही आधुनिक कहे जा सकते हैं, जो वर्तमान की जीर्णता से असन्तुष्ट होकर वर्तमान में भविष्य को प्रतिष्ठित करना चाहते हैं। समसामयिक और आधुनिक का अन्तर इसी सन्दर्भ में समझा जा सकता है। एक अपने वर्तमान के प्रति उतना सजग नहीं है, अतः बिना उसकी जीर्णता का अनुभव किए यह उस वर्तमान से सन्तुष्ट है। पर आधुनिकता से इतिहास के आगामी चरण को रूपायित करने की और इस संचरण को द्रुततर करने की प्रक्रिया है।" (रामस्वरूप चतुर्वेदी)

समसामयिक और आधुनिक में उपर्युक्त अन्तर एक सीमा तक ठीक है। सभी समकालीन साहित्यकार आधुनिक नहीं होते। वास्तव में आधुनिकता एक प्रक्रिया है। वह देश-काल की एक स्वतन्त्र एवं पृथक् इकाई का बोधमात्र नहीं होती। वह तो ऐतिहासिक सन्दर्भ में, परम्परा की उत्कृष्टतम विशिष्टताओं से समन्वित मानव-चेतना का युग के अनुरूप परिवर्तित वस्तुस्थिति को स्वीकार करने का, अपने को उसके अनुरूप ढालने का एक विशिष्ट आयाम है। समकालीन परिवेश में जो व्यक्ति इस विशिष्ट जीवन-दृष्टि से युक्त होता है, जिसका कृतित्व आधुनिकता की इस प्रक्रिया से होकर गुजरता है, वही साहित्यकार आधुनिक है। परम्परा के जीवन्त अंश को स्वीकार करते हुए परिवर्तित परिस्थितियों के अनुरूप स्वयं को ढालते हुए, युगीन परिवर्तनों द्वारा ज्ञापित नए मूल्यों का आकलन कर उन्हें आत्मसात करते हुए नई दिशाओं की ओर बढ़ना ही आधुनिकता का लक्षण है। परम्परा को अनवरत सजग और विकासमान रखने की आधुनिकता की यह प्रक्रिया मुख्यतः दो दिशाओं में सक्रिय रहती है। एक ओर वह परम्परा के शोध में गलित एवं जर्जर मूल्यों को उतार फेंकती है, सड़ी-गली मान्यताओं और रूढ़ियों पर प्रहार कर उन्हें विघटित करती है, पुरानी विरूप जीर्ण-शीर्ण अर्द्धखण्डित प्रतिमाओं का भंजन करती है तो दूसरी ओर वह युग के मूल्यगत संकट, बिखराव एवं विघटन को दूर करने के लिए नई सन्तुलन-भूमियों की खोज करती है। परम्परा के विकास के लिए नई राह बनाती है। उसमें जीवन की सृजनात्मक एवं सम्वर्धन शक्ति का संचार करती है।

कुछ नए कवियों और चिन्तकों ने आधुनिकता को केवल वर्तमान के सन्दर्भ में नव्यता का पर्याय ही मान लिया है। वे उसे अतीत एवं परम्परा के विरोधी तत्त्व के रूप में प्रतिष्ठित करते हैं। परम्परा और अतीत सेअपने को निर्ममतापूर्वक काट लेने को ही उन्होंने आधुनिकता का आदर्श समझ लिया है। यह मत आधुनिकता की व्यापक चेतना को बड़ी संकरी गलियों में भटका देता

है। आधुनिकता अतीत की विरोधी नहीं है। उसकी विकासमयी दृष्टि और सार्थक उपलब्धियाँ आधुनिकता को आधार देती हैं। "अतीत से अपने को पूरी तरह काट कर देखने की प्रवृत्ति आदमी को खोखला और हल्का कर देती है। आधुनिकता का अर्थ–सारग्राहिणी तत्व-दृष्टि के साथ विगत सांस्कृतिक समृद्धि को आत्मसात करते हुए मानव की वर्तमान नियति एवं उसके भावी विकास के प्रति अपने दायित्व का विशिष्ट एवं सक्रिय अनुभव करना है। व्यक्ति के भीतर सजगता और संवेदनशीलता का परिविस्तार होने पर अतीत एक बिन्दु पर समसामयिक भी प्रतीत होने लगता है। इसके विरुद्ध विचार एवं चेतना में संकीर्णता आने पर बहुत सा समसामयिक भी अतीत की तरह दूरवर्ती, निरर्थक एवं निष्प्रेरक लगने लगता है।" (जगदीश गुप्त) प्रसिद्ध चिंतक सी. जी. जुंग ने वर्तमान की सजग आधुनिक दृष्टि और अतीत के अस्वीकार में स्पष्ट अन्तर निर्दिष्ट करते हुए लिखा है–"इट इज शीयर जगलिंग टु लुक अपान ए डिनायल आफ द पास्ट एज द सेम थिंग एज कान्शसनेस आफ द प्रेजेंट।" (माडर्न मैन इन सर्च आफ सोल)

आधुनिकता अतीत और परम्परा की नहीं बल्कि उनके गलत प्रयोग की विरोधी है। वह अतीत की जड़ता का विरोध करती है। "जड़ अतीत से बढ़कर प्रगति के मार्ग की कोई रुकावट नहीं, और आधुनिकता इस जड़ अतीत के भार से आक्रान्त न होने की चेष्टा है।" निस्सन्देह परम्परा का तिरस्कार कर, उसके जीवन्त विकासकारी तत्त्व को अस्वीकार करते हुए आधुनिकता को पाना असम्भव ही है। प्रसिद्ध यूरोपीय कवि, समीक्षक स्टीफेन स्पैण्डर ने अपने 'द माडर्निस्ट मूवमेंट इज डेड' नामक प्रसिद्ध लेख में इसी तथ्य परम्परा के अस्वीकार को पाश्चात्य आधुनिकतावादी आन्दोलन की दृष्टि का एक मुख्य दोष मानते हुए लिखा है, "द माडर्निस्ट्स थ्रियू आउट टू मच ट्रेडिशन एण्ड पुट टू मच स्ट्रेन अपान द सेन्सिबिलिटी आफ देयर आइसोलेटेड ह्यूमन इन्डिविजुएलिटी द रिजल्ट्स वर एट देअर बैस्ट प्योर एण्ड हिरोइक, इफ रादर एम्पटी।" (एनकाउण्टर, जून 51) नए काव्य-चिन्तकों को इस खतरे से पूर्वतः सावधान रहने की जरूरत है।

आधुनिकता की प्रकृति के इस सैद्धान्तिक विवेचन के पश्चात नई कविता में व्यक्त आधुनिक बोध के स्वरूप से भी परिचय हो जाना चाहिए।

आधुनिकता के विषय में नई कविता की धारणा एक हद तक एकांगी दृष्टि लेकर चली है। हम देख चुके हैं कि आधुनिकता देशकाल का बोध मात्र नहीं है अपितु देश और काल की पूर्वागत परम्पराओं की उत्कृष्टतम विशेषताओं

से समन्वित मानव-चेतना का वस्तुस्थिति को स्वीकार करने का एक आयाम है। वह देश और काल की एक स्वतन्त्र एवं पृथक् इकाई का बोध नहीं है। देश और काल का प्रत्येक बोध अपनी परम्परा की चेतना से युक्त होता है तथा विशिष्ट देश-काल जब अपनी पूर्वगत परिस्थितियों का परिणाम होते हैं तब कारण स्वरूप स्थितियों का तिरस्कार कैसे किया जा सकता है?

आज का नया कवि महसूस करता है कि आज के समस्त साहित्य की संवेदना या बोध में कोई ऐसा गहरा परिवर्तन आ गया है जो साहित्य के सभी रूपों और दिशाओं में परिलक्षित होता है। बोध के इस परिवर्तित रूप को नए कवियों ने आधुनिक युग का नया भावबोध कहा है। उनके अनुसार आधुनिकता से सम्पृक्त यह नया भावबोध भावगत स्तर की नवीनता है, नए स्वर और नई दृष्टि के साथ नए मूल्यों को विकसित करने की प्रवृत्ति है तथा कवि की चेतना को अन्वेषण के नए आयामों की ओर प्रेरित करने वाली अन्तर्दृष्टि है। आज के अधिकांश नए कवियों को यह विश्वास हो गया है कि आधुनिकता एवं नया भाव-बोध ही साहित्य का एकमात्र मानदण्ड है। वे हर लेखक यहाँ तक हर रचना को अपने आपमें एक स्वतन्त्र इकाई मानकर चलते हैं जिसकी मान्यताएँ, प्रेरणाएँ और बाह्यरूप सर्वथा अपने ही अलग नियमों से परिचालित होते हैं। उनके अनुसार रचना को किसी व्यापक कसौटी पर या मूल्यों के परिप्रेक्ष्य में रखकर देखना या समझना व्यर्थ है। वे नव्यता को ही काव्य का एकमात्र श्रेष्ठ गुण मानकर चलते हैं। हमारी राय में यह दृष्टिकोण एक विकृत साहित्य-चिन्तन का परिणाम है। नवीनता साहित्य का शाश्वत धर्म है। प्रत्येक महत्त्वपूर्ण रचना में एक ही शाश्वत अनुभूति का रंग और रूप अनन्य होता है, समस्त पूर्ववर्ती रचनाओं से भिन्न होता है। यह भिन्नता ही उसमें नएपन का बोध कराती है। ''अनुभूति और दृष्टि की व्यक्तिमत्ता और अभिव्यक्ति में रूप और शिल्पगत तत्वों की नवीनता श्रेष्ठ साहित्य का अनिवार्य लक्षण है, चाहे वह नवीनता साहित्य मात्र में होती है, किसी एक पीढ़ी का विशेषाधिकारी नहीं है, उसके लिए किसी विशेषाग्रह की आन्दोलन की या दावे की आवश्यकता नहीं है, वह तो साहित्य मात्र का धर्म है। इस तरह युगीन और परिवेशगत नवीनता को काव्य का सर्वथा आत्यन्तिक तत्त्व या मौलिक साहित्य-मूल्य नहीं माना जा सकता।

केवल भिन्नता और चौंका सकनेवाली नवीनता किसी भी प्रकार से उपादेय काव्य-कर्म नहीं है। इस संकीर्ण अर्थ में काव्य में नवीनता की कोई सार्थकता और मूल्यवत्ता नहीं है। जहाँ कोई नवीनता किसी विशिष्ट अनुभूतिगत

पार्थक्य से, जीवन के किसी नवीन प्रकार के दबाव से, व्यक्तिगत प्रतिभा के किसी नवीन उन्मेष से उत्पन्न होती है, वहीं वह साहित्य के मूल धर्म से सम्वद्ध होती है। ऐसी नवीनता परम्परा के अस्वीकार में नहीं, पूर्ववर्तियों के तिरस्कार और अवमूल्यन में नहीं बल्कि मूलतः वह परम्परा का नई कड़ी के रूप में, एक नए विकास के रूप में, पिछले समस्त साहित्य की एक नई चेतना और संश्लिष्टि के रूप में होती है। काव्य की मूल चेतना में उससे एक नई समन्विति, एक नया तारतम्य, एक प्रकार की निरन्तरता और प्रवहमानता स्थापित होती है। आचार्य हजारीप्रसाद द्विवेदी के शब्दों में "आधुनिकता (नवीनता) काव्य के प्रतीयमान रूप को स्पर्श करती है, मांजती है, खरोंचती है, उसके अन्तर्निहित स्थिर और विकासमान धर्म को नहीं।" (आधुनिक साहित्य-बोध : एक परिसंवाद, पृ. 5, प्रकाशक, शिक्षायतन कालेज कलकत्ता)

ऊपर हम देख चुके हैं कि आधुनिकता या नया भावबोध काव्य का सर्वदा आत्यतिक तत्त्व या साहित्य-मूल्य नहीं है। अतः उसे काव्य का मानदण्ड नहीं माना जा सकता। ऐसा करने में हमारे सामने दो स्पष्ट खतरे हैं :

1. नवमूल्यन या नव्यता के नाम पर अनर्गल वैचित्र्य-सृष्टि का मोह रचयिता के मन में उदित होता जाएगा।
2. उस काव्य में जिसमें नव्यता है, जीवन्त दृष्टि भी है परन्तु जिसकी कला निष्प्राण है—उसे क्या कहेंगे? इसी से एक और समस्या जन्म लेगी, जिस काव्य का बोध जितना नवीनतम होगा वह उतना ही उच्च कोटि का माना जाएगा। इस दृष्टि से तो शमशेर, श्रीकान्त वर्मा और कैलाश वाजपेयी आदि सूर, तुलसी, प्रसाद और निराला से बड़े कवि मान लिए जाएँगे।

नए कवि के अनुसार, "सामान्यतः आधुनिकता परिवर्तित भावबोध की वह स्थिति है जिसका प्रादुर्भाव यान्त्रिक एवं वैज्ञानिक विकास-क्रम के वर्तमान बिन्दु पर आकर हुआ है।" वह महसूस करता है कि इस बिन्दु पर समस्त मानवीय संवेदना या बोध में कोई ऐसा गहरा परिवर्तन आ गया है जो उसके सभी रचनात्मक पक्षों में परिलक्षित होता है। संवेदना का यह परिवर्तन विश्व की बदली हुई परिस्थितियों के जन-मानस पर दबाव के कारण ही है अतः कुछ नए कवियों ने इसका विवेचन विश्वव्यापी परिस्थितियों और संवेदनाओं के सन्दर्भ में किया है। आधुनिक संवेदना की प्रेरक परिस्थितियों के सम्बन्ध में नए कवि का कथन है, "विश्वव्यापी सन्दर्भ ने मानवीय भावबोध को गहरा आघात पहुँचाया है। समस्त परम्परागत मूल्य ढह रहे हैं, नए मूल्य उनके स्थान

पर प्रतिष्ठित नहीं हो पाए। अतः आज का मानव दिग्भ्रान्त है। वह अपने बाह्य जीवन में अजनबी तथा आन्तरिक जीवन में स्वयं को विस्थापित अनुभव करने लगा है। चीजों का स्वरूप आमूल बदल जाने के कारण दोनों ही ओर से उसकी सम्पृक्ति टूट गई है। क्रमशः उसकी जीवन-पद्धति तथा विचारों में अनोखा तनाव, उद्विग्नता, अशान्ति, विघटन तथा 'स्थायी क्रान्ति' का वातावरण समा गया है। इससे वृत्तियाँ अन्तर्मुखी होती चली गई हैं, आत्मनिष्ठ दृष्टियों का विकास हुआ है—बाह्य परिस्थितियों से सामंजस्य न होने के कारण एक प्रकार की असम्पृक्तता, महत्त्वहीनता और बौद्धिक निस्संगत की प्रवृत्ति विकसित हुई है। आस्थाहीनता के शून्य की परिणति समस्त चीजों को मिथ्या और सारहीन समझकर ग्रहण करने में हो रही है। (गिरिजाकुमार माथुर—हिन्दी वार्षिकी 61, पृ॰ 64)

वह महसूस करता है कि राजनीतिक दृष्टि से मानव-चेतना पर प्रथम और द्वितीय महायुद्ध के परिणामों का व्यापक प्रभाव पड़ा। द्वितीय महायुद्ध के अन्त में 'हिरोशिमा' पर एटमबम गिराया गया उससे एक नई अणु-सभ्यता का जन्म हुआ। इस विध्वंसक शक्ति ने मानवता की सम्पूर्ण चेतना को झकझोर दिया और उसे जीवन पर एक नए सिरे से विचार करने को बाध्य कर दिया। युद्ध के दौरान सभी नैतिक और मानवीय मूल्य ध्वस्त हो गए। धार्मिक स्थानों, हस्पतालों और निरीह नगरवासियों पर बम बरसाए गए। बलात्कार, आगजनी, लूट और नृशंस अत्याचारों का विश्वशान्ति के नाम पर ऐसा घोर आतंक देखकर सामान्य जन-विश्वास और मानवता की सभी उदात्त मूल्य-आस्थाएँ नष्ट हो गईं। इस सबके बाद अब भी बड़े राष्ट्रों को मुँह से विश्व-बन्धुत्व और मानवता के बड़े-बड़े नारों को उचारते हुए अणु-आयुधों की नित-नूतन परीक्षणों की होड़ में संलग्न देखकर सामान्य जन आसन्न विश्वयुद्ध की आशंका में अपने अस्तित्व-लोप की लोमहर्षक कल्पना से निरन्तर भयभीत रहते हुए एक अभिशप्त जीवन बिताने को बाध्य है। एक सर्वव्यापी विषाद और चरम निराशा ने हमारे जीवन को ग्रस लिया है। जीन फील्ड मैन और मैक्स गार्टेनबर्ग के अनुसार "हालाँकि जीवन की ऊपरी सतह पर इन सबका प्रभाव दिखाई नहीं देता। सड़क पर लड़के मौज़ में सीटी बजाते हुए घूमते हैं, भीड़ें निश्चितता से इधर-उधर जाती रहती है, हजारों-लाखों दफ्तरों में सदा की तरह नौ से पाँच बजे तक काम-धन्धा चलता रहता है, लेकिन आधुनिक जीवन की इस सामान्य और दुरुस्त-सी दिखाई देने वाली इमारत में ह्रास के चिह्न भी दृष्टिगोचर होने लगे हैं—प्रतिदिन इसका कोई-न-कोई हिस्सा टूटकर गिरता दिखाई देता है। यह

ठीक है कि मनुष्य अपने रोजमर्रा के कामों को करते समय निश्चिन्तता की नकाब चेहरे पर चढ़ाए रहता है, लेकिन साथ ही इस लगातार टूटते जीवन की ओर से वह पूर्णतः आँखें बन्द भी नहीं रख सकता, परिणाम यह है कि मनुष्य अपने भीतर धीरे-धीरे खण्डित होता जा रहा है। यह अपने चारों ओर फैलती अव्यवस्था और विशृंखलता के आसारों को देखता है और परिणामतः महसूस करता है अपनी निरर्थकता। वह अनुभव करता है कि समय अपने भीतर ही सिमटता जा रहा है, विगत की कोई सार्थकता नहीं और आगत उसके नियन्त्रण से दूर हटता जा रहा है। केवल वर्तमान क्षण ही ऐसा है जिस पर वह अधिकार रख सकता है।'' (प्रोटेस्ट की भूमिका)

संवेदनशील होने के कारण प्रत्येक देश का साहित्यकार आधुनिक युग के इस मूल्यगत संकट को तीव्रता के साथ अनुभव करता है। वैसे भी सोचने के स्तर पर दुनिया आज इतनी छोटी हो गई है कि विश्व के किसी भी कोने में हुई दुर्घटना हमें मानसिक रूप से अवश्य प्रभावित करती है। हम उसके प्रति निर्वैयक्तिक संगता का अनुभव करते हैं। समस्त मानतवा अंगी है और उसके किसी भी अंग का दुःख-दर्द सम्पूर्ण शरीर को प्रभावित करता है—अब ऐसा सोचा जाने लगा है। विश्वव्यापी स्तर पर आधुनिक युग की इस विशिष्ट संवेदना के आविर्भाव के साथ कुछ नए दृष्टिगत तथ्य सामने आए :

1. तीन मुख्य वैचारिक क्रान्तियों—डार्विन का विकासवाद, मार्क्स का द्वन्द्वात्मक भौतिकवाद एवं फ्रायड के अवचेतनवाद से मानव की सहज आस्थामयी अध्यात्म चेतना के तार झनझना उठे। इनसे मनुष्य की धर्म, काम, अर्थ और नैतिकता सम्बन्धी सभी पारम्परिक मूल्य-धारणाओं को जबर्दस्त धक्का पहुँचा और उसे इन सभी पर नई दृष्टि से सोचने के लिए मजबूर होना पड़ा।
2. वैज्ञानिक दृष्टि के विकास से बौद्धिकता प्रबल हुई है और भावना का स्थान सभी स्तरों पर तर्क लेने लगा है। अलौकिक और असामान्य के स्थान पर सामान्य और मानवीय धरातल की स्वीकृति।
3. सेक्स के सन्दर्भ में मुक्त जीवन-दृष्टि से नए नैतिक मूल्यों की स्थापना हुई है—'काम' को धर्म के शोषक सम्पर्क से मुक्त करने का प्रयास हुआ।
4. अन्तर्राष्ट्रीय दृष्टिकोण का विकास हुआ। ''विभिन्न देशों का युगबोध, सांस्कृतिक चैतन्य और कला-सृजन देशकाल के व्यवधानों पर वैज्ञानिक विजय के अनुपात में ही निकट से निकटतर आते जा रहे हैं।''

साहित्य, कला और जीवन की समस्याओं पर 'राष्ट्रीय दृष्टिकोण' से ऊपर उठकर अन्तर्राष्ट्रीय स्तर पर सोचा जाने लगा है।

5. औद्योगिक सभ्यता के विकास से नगरीय बोध (अर्बन सेन्सिबिलिटी) का प्रसार हुआ है। बड़े-बड़े शहर ही साहित्यिक, सामाजिक एवं राजनीतिक क्रान्तियों के उत्प्रेरक एवं संचालक केन्द्र बन गए हैं।
6. इन सभी के विकास के अनुपात में मनुष्य-जीवन के सभी पक्षों में जटिलताएँ उग्रतर हुई हैं, मूल्यों के क्षेत्र में अस्थिरता, अस्तव्यस्तता, बिखराव और अराजकता पनपने लगी है।

आधुनिक जगत् के इस नए विकसित बोध ने भारतीय समाज की मानसिक संरचना को भी झकझोरा है। इसके प्रभाव से भारतीयों की जीवन-दृष्टि एवं संवेदना में एक हद तक परिवर्तन आया है जो सभी भारतीय भाषाओं की नई साहित्य-प्रवृत्तियों में परिलक्षित हो रहा है। हिन्दी का नया काव्यान्दोलन भी इसी बोध से प्रेरित है। यह ठीक है कि आधुनिक युग की यह संवेदना अन्य साहित्यों की अपेक्षा हिन्दी में काफी देर से अभिव्यक्त हुई। इसका मूल कारण भारतीय समाज की राजनीतिक परिस्थितियाँ और सांस्कृतिक विवशताएँ थीं। इससे पूर्व भारतीय समाज समग्र एवं अखण्ड रूप से अदम्य उल्लास के साथ स्वराज्य-प्राप्ति के आन्दोलन में लगा हुआ था। जिसमें सामान्य जन की व्यक्तिगत सुख-दुःख की चेतना किसी स्तर तक तिरोहित हुई-सी लग रही थी। आधुनिक बोध की आग्रही यह नई संवेदना 'तार सप्तक' (1943) के स्वरों में पहली बार—चाहे अत्यन्त हल्के स्वरों में ही सही—फूटी। क्योंकि उस समय "राष्ट्रीय स्वतन्त्रता-संग्राम उस बिन्दु पर पहुँच चुका था, जहाँ से उसे स्वतन्त्रता का आशा-आलोक दिखाई देने लगा था।" इसके बाद उसका सबल उन्मेष स्वतन्त्रता-प्राप्ति के बाद हुआ। क्योंकि स्वाधीनता के बाद के भारतीय समाज की परिस्थितियाँ और मनःस्थितियाँ बदल गईं। भारतीय जनमानस ने स्वाधीन भारत में प्राप्य जिन सुख-सुविधाओं के स्वप्न संजोए थे वे सब एक-एक कर बिखरने लगे। "भारतीय राजनीति में समझौते, निराशा, गतिरोध, संघर्ष, दमन और समाज में द्वितीय महायुद्ध के परिणामस्वरूप तल में छिपी हुई आर्थिक अस्त-व्यस्तता, देश-विभाजन से उत्पन्न पीड़ाजन्य आक्रोश, नैतिक ह्रास, महँगाई, बेकारी एवं शोषण से जीवन अपनी सहज सरलता खोने लगा।" भारतीय जीवन की एकता खण्डित होकर बिखरने लगी। परिस्थितियों की इस विषमता ने सबसे अधिक शहरी मध्यवर्ग को प्रभावित किया। आदर्श एवं स्वप्नों के जगत् से उतारकर उन्हें यथार्थ की पथरीली धरती पर प्रतिष्ठित किया। दूसरी

ओर 1950 में संविधान के निर्माण और प्रजातन्त्र के अभ्युदय के साथ भारतीय जीवन में सभी आधुनिक मूल्यगत नवीनताओं को स्वीकृति मिली। औद्योगिक संस्कृति के प्रसार से घर-घर में वैज्ञानिक आविष्कार पहुँचने लगे। इनकी जानकारी के माध्यम से वैज्ञानिक व्याख्याएँ सामान्य जनता तक भी पहुँच गईं जिसने उसके परम्परागत आध्यात्मिक एवं धार्मिक विश्वासों को हिला दिया। इस प्रकार सभी वर्गों में जीवन और जगत् के प्रति एक बौद्धिक दृष्टि का विकास हुआ। शिक्षा के व्यापक प्रसार एवं विदेशी साहित्य के अध्ययन से अन्तर्राष्ट्रीय दृष्टिकोण का विकास हुआ। अनेक समस्याओं पर अन्तर्राष्ट्रीय दृष्टिकोण से सोचने की प्रेरणा मिली। मानवता की समंजस दृष्टि भी कुछ-कुछ उभरने लगी। इन सबके प्रभाव से भारतीय समाज की, विशेष रूप से यहाँ के साहित्यिक वर्ग की मानसिक संरचना में एक हद तक गुणात्मक परिवर्तन हुआ। उनका साहित्य-बोध आधुनिक सन्दर्भ में विकसित हुआ।

सामान्यतः आम भारतीय जनमानस की एक पारम्परिक विवशता रही है। वह किसी भी नवीन विचारधारा या प्रभाव को आत्मसात करने में पहले तो ननु-नच करती है पर बाद में पूरे अन्धभाव से उसका अनुकरण ही करना प्रारम्भ कर देती है। हिन्दी के नए काव्यान्दोलन में आधुनिकता के समर्थक कुछ कवियों की भी यही विवशता रही है। कुछ नए कवियों ने आधुनिक भाव-बोध को मानव-मूल्यों के विघटन से उत्पन्न मात्र संकट का बोध मानकर ही राहत पा ली है। उनकी एकांगी बौद्धिक दृष्टि ने महानगरों के मध्यवर्गीय व्यक्ति-जीवन की जड़ता, ठहराव, स्तब्धता, टूटन और कुंठा को ही आधुनिक बोध मान लिया है। अपने देश के व्यापक सामाजिक यथार्थ को भुलाकर यूरोपीय परिस्थितियों का भारतीय परिस्थितियों पर आरोपण करते हुए इन्होंने पाश्चात्य जीवन की यथार्थ संवेदनाओं को अपने ऊपर ओढ़ लिया है। आधुनिकता को उन्होंने जीकर या झेलकर नहीं अपितु पढ़कर लिखा है। ज्यापाल सार्त्र, कामू, टी॰ एस॰ इलियट और गीन्सबर्ग के पात्रों में रमकर ही इन्होंने आधुनिक युग के इस मूल्यगत संकट को मानसिक स्तर पर भोगा है। इसीलिए ये अपने-आपको आवश्यकता से अधिक क्षुब्ध, विघटित एवं बिखरा हुआ महसूस करने लगे हैं।

वस्तुतः आधुनिक युग के इस मूल्यगत संकट का प्रभाव और स्वरूप सब जगह एक-सा नहीं है। श्री कृष्णनाथ जैसे नई पीढ़ी के समर्थक आलोचक भी यह स्वीकार करते हैं कि इस मूल्यगत संकट के प्रभाव की प्रक्रिया देश-काल की परिस्थितियों के अनुसार भिन्न-भिन्न रूपों में प्रकट हुई है। पाश्चात्य

सभ्यता का आधुनिक बोध बहुत हद तक संकट का बोध है। पर भारत में आधुनिक बोध संकट का कम, संभावना का अधिक रहा है। इसका मूल कारण जीवनसंस्कारों और मूल्य-आस्थाओं की दृष्टि से पूर्व और पश्चिम का भेद ही है। वैज्ञानिक सभ्यता के प्रसार और युद्ध की प्रतिक्रिया भारत में दूसरी ही हुई है। पश्चिम में जो युद्ध विघटन का महत्त्वपूर्ण कारण रहा है वह भारत में (चाहे छोटे पैमाने पर ही सही) एक अभूतपूर्व एकता और संघटन का कारण सिद्ध हुआ है। उसकी आशंका मात्र से ही सम्पूर्ण देश में साहस और त्याग की भावना की जो अपूर्व लहर दौड़ी उसे अस्तित्व-लोप का भय या संकट का बोध कैसे माना जा सकता है? यही बात वैज्ञानिक सभ्यता के प्रसार के सम्बन्ध में भी कही जा सकती है। वैज्ञानिक सभ्यता का विकास यहाँ मानव की अदम्य शक्ति और साहस के प्रतीक के रूप में ही स्वीकृत हुआ है। वैज्ञानिक आविष्कारों को प्रकृति पर मानव की विजय के प्रतीक मानते हुए यहाँ की जन-चेतना ने इन वैज्ञानिक उपलब्धियों को आशा, आस्था एवं उल्लास की दृष्टि से ही देखा है। आज का भारतीय समाज़ औद्योगिक विकास के जिस आयोजन में लगा हुआ है, वह उसका महत्तम प्रमाण है। पर कितने नए कवि ऐसे हैं जिन्होंने अपने देश के इस जीवन्त यथार्थ से उगी रचनात्मक जीवन-दृष्टि को अपनाया है? एक-दो अपवादों को छोड़कर कितनो ने आधुनिक युग की इस आस्थामयी विज्ञान-चेतना को काव्यात्मक अभिव्यक्ति देने का प्रयास किया है? भारतीय मनुष्य को उसकी वैज्ञानिक उपलब्धियों के परिप्रेक्ष्य में रूपायित करने का प्रयत्न नई कविता में अभी बहुत कम हो पाया है।

इस प्रकार हम देखते हैं कि नई कविता अपने देश के सामाजिक यथार्थ के अनुरूप आधुनिक भावबोध का विकास नहीं कर पाई है। नई कविता के माध्यम से आज का नया भावबोध कोई निश्चित आकार नहीं ग्रहण कर पाया, उसकी कोई अन्विति या समग्रता रूपायित नहीं हो सकी है। नई कविता के 'राहों के अन्वेषी' पिछले दो दशकों से इस नए सत्य की, नए भावबोध की खोज कर रहे हैं, पर वे अभी तक किसी निर्णय पर नहीं पहुँचे—अस्तित्ववाद की दार्शनिक शब्दावली में अभी तक अनकमिटेड हैं। लेकिन यह एक विचारणीय विषय है कि "एक जागरूक राष्ट्र का साहित्य बहुत समय तक अनिर्णय की स्थिति में कैसे रह सकता है?"

"आधुनिकतावादी आन्दोलन में नई कविता की इस विफलता का कारण यह है कि अधिकांश नए कवि आधुनिकता की मूल प्रकृति को ही नहीं समझ सके हैं। वास्तव में आधुनिकता जीवन के विकास-क्रम की एक आवश्यक

स्थिति होती है। इसके दो रूप होते हैं—(1) विघटन, (2) संघटन। विघटन जीवन के जर्जर मूल्यों को तोड़ता है, संघटन जीवन के जीवित तन्तुओं को जोड़ता है। अदम्य शक्ति से जीवन-शक्ति को आगे बढ़ाता है।'' (केदारनाथ अग्रवाल—कल्पना, नवम्बर 1964) एक ओर वह युग के जर्जर मूल्यों एवं सड़ी-गली एवं रूढ़ियों पर प्रहार कर उन्हें विघटित करती है तो दूसरी युग के मूल्यगत बिखराव एवं विघटन को दूर करने के लिए नई सन्तुलन भूमियों की खोज करती है।

आज की नई कविता मानव-मूल्यों के विघटन का आकलन मात्र है। अधिकांश में वह जीवन की सृजनात्मक शक्ति से शून्य और संवर्धन शक्ति से रहित है। वह खण्डित मानव-मन की खण्डित मनोदशा की खण्डित अभिव्यक्ति मात्र है। उसने आधुनिकता के एक अंश और बहुत जीवंत अंश—नई सन्तुलन भूमि की खोज—का तिरस्कार किया है। इसीलिए आज की नई कविता विघटन के अमूर्त अवसादों की अनजानी-अनपहचानी, स्वयं-स्फूर्त या बलात प्रजनित कृति हो गई है। आधुनिकता के नाम पर नए कवि ने आज की बदली हुई परिस्थितियों के प्रति आत्मसजगता को आत्मसंकट मान लिया है। यही कारण है कि यह अत्यधिक विघटित हो गया है और सत्ता के लोप में बराबर अपनी मानसिक विकृतियों को ही अभिव्यक्त कर रहा है। आधुनिकता से प्रेरित कवि का विश्वास संघटन में होना चाहिए, संघर्ष में होना चाहिए। तभी वह परिस्थितियों की विषमता से जूझकर आत्मसंकट से निकलकर लोक चेतना से स्पंदित नए भावबोध को पा सकता है। 'एक साहित्यिक की डायरी' में मुक्तिबोध ने लिखा है, जो पुराना है, अब वह लौटकर नहीं आ सकता। लेकिन नए ने पुराने का स्थान नहीं लिया। धर्म-भावना गई लेकिन वैज्ञानिक बुद्धि नहीं आई। धर्म ने हमारे जीवन के प्रत्येक पक्ष को अनुशासित किया था। वैज्ञानिक मानवीय दृष्टि ने धर्म का स्थान नहीं लिया। इसलिए हम केवल अपनी अन्तःप्रवृत्तियों के यन्त्र से चालित हो उठे। उस व्यापक, उच्चतर, सर्वतोमुखी मानवीय अनुशासन की हार्दिक सिद्धि के बिना हम 'नया-नया' चिल्ला तो उठे लेकिन वह नया क्या है, हम नहीं जान सके। क्यों? नया जीवन, नए मानमूल्य, नया इन्सान परिभाषाहीन और निराकर हो गए। वे दृढ़ और व्यापक मानसिक सत्ता के अनुशासन का रूप धारण न कर सके। तत्त्व रूप में आकारहीन नए की सिर्फ डिजाइन की खोज हुई। नई कविता नई डिजाइन की कविता है। जीवन-मूल्य और कलात्मक साहित्यिक मूल्य में आवयविक सम्बन्ध है, यह न भूलना चाहिए। इन्हें विकसित करने के लिए केवल साहस ही नहीं, स्पष्ट दृष्टि, स्पष्ट लक्ष्य

और स्पष्ट विचारधारा के लिए कोशिश करना आवश्यक है।"

अधिकांश नए कवि आधुनिकता की प्रक्रिया एवं मूल प्रकृति को ठीक तरह से नहीं समझ पाए। इन्होंने आधुनिकता की प्रक्रिया को एक ही दिशा में अपने को आवश्यकता से अधिक सक्रिय रखा है। आधुनिकता की प्रक्रिया को इन्होंने आधुनिक महानगरीय जीवन की मध्यवर्गीय स्थितियों के चित्रण मात्र तक ही सीमित रखा है। संघर्षशील जनता के निरन्तर विकासमान यथार्थ से सम्वद्ध करके नहीं देखा। वही स्थिति से उबारती है। यह दूसरी प्रक्रिया-दिशा ही आधुनिकता का महत्त्वपूर्ण पक्ष है। जो नए कवि इस दूसरी दिशा में प्रवृत्त रहे हैं, जिनके रचनात्मक कृतित्व ने आधुनिकता के इस जीवन्त अंश को स्वीकारा है उन्होंने निस्सन्देह साहित्य को बहुत कुछ स्थायी दिया है और दे रहे हैं। इन समर्थ कवियों ने आधुनिक जीवन को उसकी समग्रता में देखा है। इनकी दृष्टि में, "सम्पूर्ण जीवन केवल व्यंग्य और विडम्बना ही नहीं है और न दुःख और अभाव ही उसकी समग्रता को व्यक्त करते हैं। नैसर्गिक सौन्दर्य के वहुविध आकर्षणों से उत्पन्न होने वाली आत्मीयतापरक विमुग्धता, सत्य की उपलब्धि के अनुभव से प्राप्त होनेवाला अकलुप परितोष तथा मनुष्य-मनुष्य के वीच मानवीयता से सिक्त सम्बन्धों का प्रतिफलन बनकर आनेवाली आस्था भी जीवन का अंग है।...आस्था, परितोप और विमुग्धता का यह पक्ष नष्ट हो जाए तो जीने का गहरा अर्थ ही समाप्त हो जाता है।" इन कवियों ने आधुनिकता की प्रक्रिया को अनुभूति के स्तर पर जिया और उससे भी आगे बढ़कर मानवीय मूल्यों और विचार-दृष्टियों के गहरे स्तर पर अपने को संकल्पित किया है। जीवन की विरूपताओं, विकृतियों और असंगतियों को एक अनिवार्य स्थिति के रूप में उभारकर मौन हो जाने को ही इन्होंने अपनी काव्य-रचना का लक्ष्य नहीं समझा। संक्रान्त क्षणों की चुनौती को स्वीकार कर, इन कवियों ने अपनी कविता के माध्यम से मानवात्मा की अपराजेयता को वाणी दी है। रह-रहकर मानव-मूल्यों की ध्वजा लेकर टूटते-हारते किन्तु निरन्तर जूझते सामान्य जनों के मंगलमय संकल्प को दुहराया है। वैज्ञानिक उपलब्धियों के धरातल पर विश्वासपूर्वक खड़े हुए आधुनिक मानव के जीवन को एक नया ताप और एक नई दीप्ति देने का पुनीत आह्वान किया है–

इन्सानी मूल्यों की डाल सोनतार नए
जीवन को फिर विराट गीत का अलाप दो
अग्नि दो, तपन दो, नया ताप दो।

(गिरिजा कुमार माथुर)

इनकी कविताओं में मानव की गरिमा को, उसकी स्वातन्त्र्य-धारणा और जीवन-आस्थाओं को मार्मिक अभिव्यक्ति मिली है। वहाँ एक रागस्फूर्त प्राण-शक्ति के सजीव स्पन्दनों का स्वर सुनाई पड़ता है जो मनुष्य की जिजीविषा को बल प्रदान करता है। उसकी काव्यानुभूति सामाजिक मांगलिकता के निश्छल आस्थामय संस्पर्शों से दीप्त है—

या कुछ नहीं तो
बहुत सम्भव है, किसी सागर
किनारे
दूर पर जाते हुए जलयान की
शुभकामना में
एक बुझती सांझ का रूमाल बन
कर हिल उठूँ।

(केदारनाथ सिंह)

ये कवि आज के नए सामाजिक और वैयक्तिक जीवन की जटिलताओं में जकड़े होकर भी इन जटिलताओं से ऊबकर पलायनवादी दृष्टिकोण नहीं अपनाते वरन् विद्रोही तन्तुओं से नया सृजनात्मक धरातल खोजते हैं। स्थिति से उबरना चाहते हैं—

यद्यपि मैं अपने ही
सितार के टूटे-बिखरे तारों में
उलझकर गिर पड़ा हूँ;
रास्ते सन्ध्या की ढहती मीनारों से रुन्ध गए हैं;
सितारे कील की तरह पलकों पर जड़े हुए हैं
और साथी सीली हुई दियासलाई की तीलियाँ-से
असहाय हैं;
हर क्षण—
मरी हुई मछली के मुख-सा खुला हुआ है,
हर स्थिति—
टूटी हुई सीढ़ियों-सी जल में डूबी हुई है।
फिर भी मैं आगे बढ़ने का
एक गीत गाना चाहता हूँ।

(सर्वेश्वर दयाल सक्सेना)

(1964)

□

नई कविता की प्रतीक–दृष्टि

डॉ. रघुवंश के अनुसार, "युग विशेष का श्रेष्ठ साहित्य मूल्यों का स्थिरीकरण नहीं होता है, वह मूल्यों का सर्जन करता है–जब यह मूल्य-दृष्टि सर्जनात्मक होने के बजाय परम्परित हो जाती है, वह लेखन की रचना-प्रक्रिया से भी असम्बद्ध हो जाती है। तब उसका विषय के रूप में इस्तेमाल भर हो सकता है। प्रत्येक युग का साहित्य अपनी सर्जनशीलता के इस चरण में रचना-कर्म के बजाय किसी सिद्धान्त, विचारधारा, सम्प्रदाय या दल का प्रचारक रह जाता है अथवा यदि इनसे मुक्त भी हुआ तो किसी साहित्य-रूढ़ि, परम्परा या रीति के अनुकरण में और उसमें तरह-तरह के चमत्कार उत्पन्न करने में अपनी सार्थकता खोजने लगता है।" पहली विकल्प दिशा को जिन प्रगतिवादी कवियों ने अपनाया था उनके काव्य में मूल्यों की स्थिरता मार्क्सवादी सिद्धान्तों के उद्घोषणात्मक प्रचार के रूप में ही प्रतिफलित हुई थी। कथ्य की स्थूलता के अनुरूप उसका शिल्प भी सीधा-सपाट हो गया। स्वयं एक प्रगतिशील चिन्तक के शब्दों में "यहाँ कवि जीवन के सहज सामान्य भावों को व्यापार-अविहित छोड़ देता है और उस पर प्रकाशकीय 'ब्लर्ब' की तरह टिप्पणी करने लगता है, इसीलिए उसका कवि-कर्म पराजित हो जाता है। इस उत्थान के जिन कवियों ने काव्य-व्यापारों के माध्यम से जीवन-सत्य को उद्घाटित करने की चेष्टा की, वे आत्यन्तिक रूप से सफल रहे, अन्यथा यह सम्पूर्ण उत्थान एक पूर्वभूमि बनकर रह गया। काव्य की रचनात्मक प्रक्रिया को एक जीवन-आयाम देने से यह उत्थान रह जाता है।" (सुरेन्द्र चौधरी–कल्पना, नवम्बर 61, पृ. 19)

नई कविता ने परिवर्तित सम्वेदना के अनुरूप एक नई अभिव्यक्ति-भंगिमा की खोज प्रारम्भ की। परिवर्तित युगीन परिस्थितियों के अनुरूप रूपान्तरित सम्वेदना की अभिव्यक्ति के लिए नए शिल्प की खोज ही नई कविता का विशिष्ट कलागत मूल्य है। इसके लिए वह अनवरत प्रयोगशीलता को ही

प्रक्रिया-माध्यम के रूप में स्वीकार करती है। विशिष्ट अनुभव को व्यक्त करने के लिए अभिव्यक्ति-माध्यमों में नए प्रयोगों की प्रवृत्ति नए कवि की रचना-प्रक्रिया की आन्तरिक विवशता समझी जाती है। नई कविता ने पूर्ववर्ती काव्य की शिल्प-योजना के विरोध में अपना यथार्थ जीवन-दृष्टि से प्रेरित एवं आधुनिक युग-जीवन की जटिलता, बिखराव एवं रिक्तता की अभिव्यक्ति में सक्षम शिल्प-विधान गढ़ने की कोशिश की है। स्टीफेन स्पेण्डर ने एक जगह लिखा है कि "पुराने शिल्प-विषयों का प्रयोग करने वाले कवि अब आँख पर पट्टा पड़े घोड़ों की तरह थे। गाँव की सड़कों (प्राकृतिक वातावरण) पर सैर करने के लिए ये ठीक थे, लेकिन आधुनिक जीवन के कुरूप और अनाध्यात्मिक रूपों में व्यक्त आधुनिक सभ्यता के आध्यात्मिक संकट की चर्चा करने के बिल्कुल अयोग्य थे। ये कवि अपने माध्यम की सीमाओं के कारण इस बात के लिए थे कि जीवन-सम्बन्धी अपने आनुभविक तीन-चौथाई अंश को, अपने वैचारिक और भावनात्मक अनुभवों को, कविता के लिए अनुपयुक्त कहकर छोड़ दे।" पूर्ववर्ती काव्य-शिल्प की इसी सीमा का अनुभव नए कवि ने किया था। नया कवि पुराने बिम्बों और प्रतीकों को छोड़ना चाहता था। उसकी दृष्टि में पुराने उपमान और प्रतीक, दीर्घकालीन प्रयोग से घिस-घिसकर अपनी अर्थवत्ता खो बैठे हैं। इनसे नए युग का जटिल यथार्थ व्यंजित नहीं हो सकता–

ये उपमान मैले हो गए हैं
देवता इन प्रतीकों के कर गए हैं कूच।

(अज्ञेय)

नई कवि ने प्रयोग को प्रतिभा सम्पन्न कलाकार की सहज प्रकृति के इसी व्यापक अर्थ में ग्रहण करने का दावा किया। उसने प्रयोग को रूप-शिल्प में निरुद्देश्य नवीनता थोपने के अर्थ में न लेकर उसे नए अनुभव क्षेत्रों को व्यक्त करने के लिए अभिव्यक्ति-माध्यमों की जर्जर रूढ़ियों से जूझने की प्रक्रिया का पर्याय माना।

प्रयोग के रूप को स्पष्ट करते हुए अज्ञेय ने 'तार सप्तक' की भूमिका में लिखा है–"इस संग्रह में आए हुए सभी ऐसे होंगे जो कविता को एक प्रयोग का विषय मानते हैं। जो यह दावा नहीं करते कि काव्य का सत्य उन्होंने पा लिया है। अन्वेषी ही अपने को बतलाते हैं।" प्रयोगों की प्रवृत्ति को स्पष्ट करते हुए उन्होंने आगे लिखा है–"प्रयोग सभी काल के कवियों ने किए हैं किन्तु कवि क्रमशः अनुभव करता आया है कि जिन क्षेत्रों में प्रयोग हुए हैं उनसे आगे बढ़कर नए क्षेत्रों में प्रयोग करने की आवश्यकता है।" परन्तु

अज्ञेय प्रयोग को साध्य नहीं साधन मानते हैं—"प्रयोग अपने आप में इष्ट नहीं, वह साधन है और दोहरा साधन। क्योंकि एक तो वह उस सत्य को जानने का साधन है जिसे कवि प्रेषित करता है, दूसरे वह उस प्रेषण की क्रिया को और उसके साधनों को भी जानने का साधन है।" (दूसरा सप्तक)

यहाँ अज्ञेय जी ने वस्तु के क्षेत्र में जीवन-सत्य के अन्वेषण और शिल्प के क्षेत्र में भाषा एवं छन्दगत प्रयोगों की बात कही है। एक-दूसरे नए कवि लक्ष्मीकान्त वर्मा ने प्रयोग का रूप स्पष्ट करते हुए कहा है—"प्रयोग प्रगति की दृष्टि से परिचालित होता है। प्रयोग विचारों की क्रियाशीलता की सजग अभिव्यक्ति है।—प्रयोग का आधार दृष्टि की नवीनता है। वह पूर्वाग्रहों से अधिक अनुभूति और रचनात्मक अनुभवों में विश्वास रखता है। प्रयोग केवल शिल्पमात्र चमत्कार की अनुभूति नहीं है; उसमें युग का ध्येय लक्षित होता है। इस प्रकार हम देखते हैं कि नई कविता ने प्रयोग को व्यापक अर्थ में लिया है। जिसमें प्रयोग प्रतिभासम्पन्न कलाकार की सहज प्रकृति है, नए अनुभव-क्षेत्रों को उद्घाटित करनेवाली शक्ति है, ऐसी व्यक्त प्रक्रिया जिससे कला के भाव एवं शिल्प पक्ष जर्जर रूढियों से मुक्त एवं वन्धनहीन हो जाते हैं। काव्य के क्षेत्र में जिस प्रयोगशीलता का आग्रह नई कविता लेकर चली है, सैद्धान्तिक दृष्टि से वह किसी सीमा तक ठीक है। चूँकि प्रयोग प्रगति का निरन्तर गतिमान चरण-चिह्न है, यह उस प्रवुद्ध चेतना का परिचायक है जिसके आधार पर नए मूल्यों, नए आयामों और नई प्रवृत्तियों का विकास होता है। "इसके द्वारा ही कवि अपने पूर्व की समस्त ग्राह्य परम्परा को स्वीकार करता हुआ भी अपनी कविता को पूर्ववर्ती कवियों की कविताओं से भिन्न रखता है, उसमें नवीनता का पुट देता है।" (डॉ. शम्भूनाथ सिंह : आलोचना, अप्रैल 1957, पृ. 9) काव्यगत प्रयोगों की प्रकृति एवं प्रयोजनीयता पर विचार करते हुए, पाश्चात्य साहित्य में प्रयोगवादी आन्दोलन के प्रवर्तक टी.एस. इलियट ने लिखा है—" 'प्रयोग' शब्द को उन कवियों की कृतियों के सन्दर्भ में प्रयुक्त किया जा सकता है जो विकसित होते हुए परिपक्वता प्राप्त करते हैं। मनुष्य ज्यों-ज्यों प्रौढ़ होता जाता है, वह नई विपय-वस्तु की ओर मुड़ता है या पुरानी विपय-वस्तु को ही नये शिल्प-माध्यम से उपस्थित करता है क्योंकि हमारे आदिम 'स्व' और युगीन 'स्व' दोनों एक ही विश्व में रहने लगते हैं अथवा उसी विश्व में भिन्न व्यक्ति होते हैं। ये परिवर्तन लयात्मक या विम्वगत या रूपगत किसी भी प्रकार के परिवर्तन के मार्ग से उपस्थित हो सकते हैं। सच्चा प्रयोक्ता क्षणिक कुतूहल अथवा नव्य-स्थापन की इच्छा या आश्चर्य में डालने की प्रवृत्ति मात्र से चालित नहीं होता, बल्कि

वह एक कवि के रूप में प्रत्येक नई कविता में अपनी पूर्व कविताओं की तरह ही उन सम्वेदनाओं के लिए, जिसके विकास पर उसका कोई नियन्त्रण नहीं है, उचित माध्यम की खोज की अनिवार्यता से बाध्य होता है।" (T.S. Eliot : Selected Prose. P. 81. Penguin Ed. 1963) इस प्रकार वस्तु और शिल्प के क्षेत्र में प्रयोगशीलता साहित्य के विकास की अनिवार्यता है। विश्व के सभी श्रेष्ठ साहित्यकारों ने अपने युग और जीवन के अनुसार अपने काव्य में इस प्रयोगात्मकता का आधार लिया है। वाल्मीकि और होमर से लेकर आज तक के सभी श्रेष्ठ साहित्यकारों ने सत्य का अन्वेषण किया है। भारतीय मनीषा ने भी साहित्यकार की प्रतिभा को नवनवोन्मेषशालिनी माना है। प्रत्येक युग का साहित्यकार जहाँ एक ही सार्वभौमिक तथा सार्वकालिक सत्य की अभिव्यक्ति करता है, वहीं वह अपने युग की आवश्यकताओं के प्रति भी उदासीन नहीं रह सकता। क्योंकि सच्चा कलाकार युग की सम्वेदना का प्रतिनिधित्व करता है, अतः उसे वस्तु में नवीन प्रयोग अनिवार्यतः करने पड़ते हैं। रही बात भाषागत प्रयोगों की, तो भाषा की प्रकृति गत्यात्मक होती है। कोई भी जीवन्त भाषा प्रयोग की ही वस्तु होती है। वह देश-काल, समाज की परिधि में सदा प्रभावित होती है और उसे प्रभावित करती है। "कई शताब्दियों के प्रयोग से जब भाषा की प्राण-शक्ति घटने लगती है और बदलते हुए नए युग के यथार्थ से जब वह अपने आपको सम्पृक्त करने में असमर्थ पाती है तो उसके विकास की मंजिल पूरी हो जाती है और उसका गत्यात्मक स्वरूप क्रमशः जड़ हो जाता है। (उदाहरणार्थ) प्रायः चार सौ वर्षों तक काव्य-माध्यम बने रहने के बाद ब्रजभाषा भारतेन्दु काल में इस स्थिति में आ जाती है कि पुनर्जागरण के इस युग में सारे परिवेश से कोई सम्पृक्ति नहीं रह जाती। (डॉ. रामस्वरूप चतुर्वेदी, भाषा और सम्वेदना, पृ. 10) इस तरह—युगीन चेतना के अनुरूप—भाषागत प्रयोग किसी भी जीवन्त भाषा के विकास के लिए अनिवार्य है। इससे उस भाषा की व्यंजना शक्ति के विकास का बोध होता है।

यही बात छन्द-लय-गति आदि के प्रयोगों के सम्बन्ध में भी कही जा सकती है। कलागत माध्यमों का सामाजिक स्थिति से गहरा सम्बन्ध होता है।

"कलागत माध्यम और शैलियाँ सामाजिक प्रक्रिया का अवशेष (Residue) होती हैं। सामाजिक स्थिति जैसे-जैसे परिवर्तित होती रहती है तथा चेतनाएँ बदलती हैं, उसी के साथ-साथ कलाओं के माध्यम, शैली-प्रकार, छन्द आदि भी सहगामी विचरण-प्रक्रिया (कान्कामीटैण्ट-वेरियेशन) के सिद्धान्त से बदलते और स्वरूप पाते जाते हैं। जब सामाजिक स्थिति और उसके निकाय परिवर्तन तथा

संक्रमण (फ्लक्स) से गुजरते हैं, तब कला के माध्यम भी टूटने लगते हैं; उनका स्वरूप बिखर जाता है। फिर जब समाज स्थिर हो जाते हैं, परिपाटियाँ सधबध जाती हैं और बहुत काल तक यथावत् (स्टेटस-क्वो); अवस्था में रहती है तब कला के प्रकार और माध्यमों में भी स्थैर्य आता है, अभिव्यक्ति लय या छन्द वापिस आने लगते हैं, शास्त्रीय (इपिकल) और क्लासिकल पैटर्न उभरते हैं।'' (गिरिजा कुमार माथुर, 'नई कविता', अंक 5-6, पृ. 41) कालिदास, शेक्सपीयर या तुलसीदास के युग में त्वरित माध्यमों वाली नई कविता नहीं लिखी जा सकती थी। पद्मावत, रामचरितमानस और रामचन्द्रिका की शैली का युग किस प्रकार सत्रहवीं और अठारहवीं शताब्दी की उथल-पुथल से टूटकर कविता सवैयों के छोटे खण्डों में विभक्त मुक्तक शैली बना—यह उपर्युक्त स्थापना से स्पष्ट हो जाता है। ''काव्य ही नहीं संगीत आदि अन्य कलाओं की शैलियाँ भी इसी प्रक्रिया से परिचालित ज्ञात होती हैं। मध्ययुगीन जीवन से उद्भूत कैथड्रल संगीत सिम्फनी, विलम्बित खयाल और पिछली ठुमरी वर्तमान लाइट म्यूजिक या जाज, 'फास्ट सिम्फोनिक्स', 'रोकिन रोल' और चा-चा-चा की गतिमयता और विभिन्नता इसका प्रमाण है। आज के तीव्र गतिवाले औद्योगिक युग की माँग 'त्वरित माध्यमों' की है।'' (गिरिजाकुमार माथुर—'नई कविता', अंक 5-6, पृ. 41) इसीलिए आज की नई कविता युग की चेतना, समस्या और निकायों के अनुरूप सम्वेदना की अभिव्यक्ति के लिए कलागत माध्यमों—प्रतीक, बिम्ब, लय, गति आदि प्रयोगों का आग्रह करती है।

नई प्रतीक-प्रयोगों की आवश्यकता पर विचार करते हुए 'अज्ञेय' ने लिखा है, ''कोई भी स्वस्थ काव्य-साहित्य प्रतीकों की, नई प्रतीकों की सृष्टि करता है, और जब वैसा करना बन्द कर देता है तब जड़ हो जाता है—या जब जड़ हो जाता है तब वैसा करना बन्द करके पुराने प्रतीकों पर ही निर्भर करने लगता है।'' प्रतीक सम्बन्धी इसी अवधारणा से प्रेरित होकर नए कवियों ने अभिनव प्रतीकों की सृष्टि की और अपनी प्रतीक-योजना को पूर्ववर्ती प्रतीकों से गुणात्मक वैशिष्ट्य के स्तर पर भिन्नता देने की चेष्टा की।

नए कवि ने प्रतीक-योजना को एक आधुनिक संस्पर्श देने की असफल कोशिश की है। आधुनिक दृष्टि के संस्कार के कारण उसके प्रतीकों में एक आन्तरिक वैशिष्ट्य भास्वर हो उठा है। नई काव्य-दृष्टि के अनुसार, मूल्य, तथ्य और संस्कार परस्पर एक-दूसरे को प्रभावित और संशोधित करते हैं। अध्ययन-मनन या आत्मचिन्तन के माध्यम से विशेष संस्कारों की पहचान और उनका अर्जन होता है, उन संस्कारों के प्रवाह के भीतर आकर कोई तथ्य, कोई

घटना आधुनिकता का रंग ग्रहण कर लेती है। उन संस्कारों के स्पर्श के कारण उनमें किसी गहरी सम्वेदना का समावेश हो जाता है। कुबेरनाथ राय ने एक प्रतीक के दो प्रयोग-उदाहरणों के माध्यम से पुरानी एवं आधुनिक प्रतीक-योजना के इस वैशिष्ट्य का अन्तर स्पष्ट करने की कोशिश की है। महादेवी वर्मा की प्रसिद्ध पंक्तियाँ हैं–

मधुर मधुर मेरे दीपक जल,
प्रियतम का पथ आलोकित कर।

....

यहाँ मूल्य है 'अहं की मुक्ति' और तथ्य है 'दीपक का समर्पण।' ठीक इसी मूल्य और इसी तथ्य पर आधारित 'अज्ञेय की भी एक कविता है–

यह दीप अकेला स्नेह भरा
है गर्व भरा मदमाता पर
इसको भी पंक्ति को दे दो।

....

उपर्युक्त दो कविताओं में मूल्य और तथ्य की एकता होते हुए भी आत्मिक प्रक्रिया रूमानी और आधुनिक संस्कारों की मौलिक स्वभावगत भिन्नता के कारण भिन्न हो गई है। अज्ञेय में आत्मिक प्रक्रिया का बोध गहरा हो उठा है जबकि महादेवी में यह भावात्मक स्तर पर समर्पण की बात कहकर समाप्त हो जाता है। यह 'अहं' अद्वितीय है पर साथ ही स्वयं विसर्जित, और यह तीन भूमिकाओं में आता है जो एक के बाद एक गम्भीर से गम्भीरतर बोध को छूती गई है। पहले यह 'जन' मात्र है जो अद्वितीय गायक है। फिर यह अद्वितीय गोताखोर है, जो अतल तक पैठ जाता है, दृढ़ समाधि के वायुबद्ध तह पर तह छेदता हुआ अतल से 'सही बोध' और 'सही शब्द' ढूँढ़ लाता है। फिर अन्त में यह 'अद्वितीय' समिधा है जो आत्ममेध के द्वारा अपने अस्तित्व को आग में बदल कर पूर्णतः 'मुक्त' अपने अस्तित्व से भी मुक्त हो जाता है। यह पूर्ण मुक्ति कलाकार की अनिवार्यता है। आत्म-समर्पण की प्रक्रिया के भीतर विकसित करने का प्रयत्न एक गहरी आत्मिक प्रक्रिया को जन्म देता है जो महादेवी की पंक्तियों में अनुपस्थित है। अतः तथ्य और मूल्य एक होते हुए भी आधुनिक संस्कारों के सन्दर्भों में पड़कर 'समर्पण' के तथ्य का पूरा बोध बदल गया है। संवेदनागत आधुनिक संस्कार के कारण अज्ञेय की अभिव्यक्ति में आधुनिकता है महादेवी में नहीं। अज्ञेय में 'आत्मिक संकेत' (स्पिरिचुअल सिग्निफिकेन्स) तथा संस्कारों के 'आत्मिक संघात' (स्पिरिचुअल इण्टरएक्शन) मौजूद हैं जबकि

महादेवी में इनका आत्यन्तिक अभाव है।" (ज्ञानोदय, अप्रैल 67) आधुनिक संस्कार का वैशिष्ट्य ही नई प्रतीक-योजना को समूची पूर्ववर्ती प्रतीक-परम्परा से पृथक करता है।

आधुनिकता का सम्वन्ध वर्तमान समाज की मानसिक संरचना के साथ है। नया कवि तात्त्विक दृष्टि से सत्य के प्रति वौद्धिक दृष्टिकोण को वरीयता देता है। परिणामस्वरूप नई कविता में अनुभूति (फीलिंग) के स्थान पर प्रज्ञात्मक अनुभूति (मैण्टलाइज्ड फीलिंग) मिलती है। इसीलिए यहाँ भावात्मक प्रतीकों में भी बौद्धिक प्रत्ययों की छाया मिलती है। शुद्ध भावात्मक प्रतीक यहाँ विरल हैं। प्रतीक-विधान की दृष्टि से अज्ञेय का काव्य सवसे अधिक समृद्ध है। शुद्ध प्रतीकों के प्रयोग उनकी कविताओं में सवसे अधिक संख्या में मिलते हैं। अज्ञेय की काव्य-प्रतिभा ने प्रकृति के जड़-चेतन आदि सभी क्षेत्रों से प्रतीकों का चयन किया है। कुछ प्रतीक-प्रयोग द्रष्टव्य हैं—'नदी के के द्वीप' अज्ञेय की प्रसिद्ध प्रतीकात्मक कविता है। इसके विपय में स्वयं उनका वक्तव्य है—"मैं कहना चाहता हूँ कि समाज जीवन की धारा में रहकर उससे मंजकर और रूप-संस्कार पाकर भी साहित्यकार का व्यक्तित्व धारा में मिट नहीं जाता, न मिट जाना चाहिए। उसे मिट जाने देना या मिटा देना चाहना कर्त्तव्यच्युति है और उससे सांस्कृतिक उन्नति या विकास नहीं हो सकता। सांस्कृतिक दृष्टि से वही समाज उन्नत है, जो अपने व्यक्ति-अंगों को नया संस्कार देकर उनके व्यक्तित्व को उर्वर बनाने में सहायक है। व्यक्तित्व को मिटा देने वाली धारा संस्कृति की धारा नहीं है, क्योंकि वह व्यक्ति की रचनात्मक सम्भावनाओं को अस्वीकार करती है।" (कल्पना, फरवरी, 1951, पृ. 21) इस कविता में कवि मानव की उस मनःस्थिति का अंकन करता है, जिसमें वह अपनी 'व्यक्तिगत' स्थिति की खोज करता है। उसकी समस्त अभिव्यंजना तथा मूल्यान्वेषणा की प्रक्रिया व्यक्ति-चेतना से परिचालित होती है। 'अस्तित्व चेतना' इस युग की केन्द्रीय समस्या है। नई चेतना ने व्यक्ति के 'स्वतन्त्र अस्तित्व' के बिन्दुओं का निर्माण किया है। पर ये अस्तित्व-बिन्दु असम्वद्ध एवं सर्वथा स्वतन्त्र इकाइयाँ नहीं हैं। ये एक सहअस्तित्व की भावना से वँधे हुए हैं। अज्ञेय के कवि ने अपनी व्यक्ति-चेतना का समाजीकरण करते हुए विराट अस्तित्व की अखण्डता की इन इकाइयों को सूत्रीकृत करने का प्रयास किया है—

हम नदी के द्वीप है
हम नहीं कहते कि हमको छोड़कर
स्रोतस्विनी बह जाए

वह हमें आकार देती है
.....
किन्तु हम हैं द्वीप, हम धारा नहीं हैं
स्थिर समर्पण है हमारा।
हम सदा से द्वीप हैं स्रोतस्विनी के
किन्तु हम बहते नहीं हैं
क्योंकि बहना रेत होना है।

प्रतीक की विशेषता है उसका स्वातन्त्र्य और अनेक विचारों और भावों से सम्बद्ध होना। शीर्षकों के रूप में रखे गए प्रतीकों की स्थिति परिधि के उस केन्द्र-बिन्दु की भाँति होती है जिसके चारों ओर विचारों या भावों का वृत्त घूमता है। कविता के भीतर पड़े हुए प्रतीक भी सर्वथा स्वतन्त्र और अनेक भावानुषंगों से संयुक्त होते हैं। अज्ञेय की इस 'नदी के द्वीप' कविता का शीर्षक स्वयं प्रतीक है। इस कविता में प्रयुक्त अनेक प्रतीक मिलकर एक सम्पूर्ण प्रभावान्विति की सर्जना करते हैं। 'नदी के द्वीप' ऐसा प्रतीक नहीं है कि नाम लेने मात्र से अनेक मूल्य और विचार जागरित होने लगें। इसका प्रतीकत्व पूरी कविता पढ़ लेने पर ही स्पष्ट होगा। इस प्रतीक से कवि की वह विचारधारा भी सामने आती है जिसके अधीन वह समाज के वर्गीय अन्तर्विरोधों को आँखों से ओझल करने के लिए व्यक्ति और समाज के बीच अन्तर्विरोध ढूँढ़ता है। अज्ञेय की 'हरी घास पर क्षणभर' तथा 'बावरा अहेरी' में प्राकृतिक प्रतीकों के प्रचुर प्रयोग मिलते हैं। 'हरी घास' मौन स्वीकार और व्यापक जीवन की प्रतीक है। 'बावरा अहेरी' सूर्य का प्रतीक है जिसे सत्य और ज्ञान के प्रतिष्ठित प्रतीक के रूप में स्वीकार किया जा रहा है। अज्ञेय का प्रिय प्रतीक मछली है–

अभी-अभी जो
उजली मछली
भेद गई है
सेतु पर खड़े मेरी छाया–
(चली गई है कहाँ)
वही तो
वही-वही तो
.....पर जो
बोध गया है सत्य मुझे यह

वह उजली मछली है
भेद गई जो मेरी
बहुत-बहुत पहचानी
बहुत-बहुत अपनी
बहुत पुरानी छाया
.....
उस दूसरी अनन्त प्रगाढ़ नीलिमा की ओर
विद्युल्लता की कौंध की तरह
अपनी इयत्ता की सारी आकुल तड़प के साथ उछली हुई
एक अकेली मछली।

(आँगन के पार द्वार)

प्रकाश और जल की दो नीलिमाओं के बीच सत्यान्वेषण की प्रतीक मछली अज्ञेय को विशेष प्रिय है। आकाश सत्य का उच्चलोक और लक्ष्य है तथा उसकी ओर उछली मछली को कवि ने ऊर्ध्वगमन की कामना या 'उदीपा' कहा है। एक अन्य स्थल पर मछली 'जिजीविषा' की प्रतीक भी है—

हम निहारते रूप,
काँच के पीछे
हाँफ रही है मछली।
रूप-तृषा भी
(और काँच के पीछे)
है जिजीविषा।

(अरी ओ करुणा प्रभामय)

इस प्रतीक के सम्बन्ध में अज्ञेय ने स्वयं लिखा है, ''मछली का प्रतीक कोई नया नहीं है। प्रतीकार्थ अलग-अलग होते रहें, वह दूसरी बात है। कवि के लिए 'मछली' जिजीविषा की प्रतीक है। कवि मछली की दौड़ से सागर की गहराई भाँपता है—यह दूसरे प्रकार का ज्ञान है। वह प्रतीक द्वारा सत्य को जानता है—सत्य के अथाह सागर में वह प्रतीक रूपी कंकड़ फेंक कर उसकी थाह का अनुमान करता है। यदि हम सागर को अपने न जानते हुए सब कुछ का प्रतीक मान लें, तो मछली उस प्रतीक का प्रतीक हो जाती है जिसके द्वारा कवि अज्ञात सत्य का अन्वेषण करता है। यहाँ से अन्वेषण की पद्धति का अन्वेषण करें तो और भी कई प्रतीक हमें मिलते हैं—सागर और मछली, नदी,

सेतु, जल पर पड़ता प्रकाश, परछाई को भेदने वाली किरण, और अन्त में वह प्रकाशमान मछली जो परछाईं को भेद जाती है। वह प्रतीक, जिसके द्वारा अन्वेषी स्वयं अपने अहंकार से उत्पन्न पूर्वग्रहों की छाया के पार देख लेता है। वह निस्संग साक्षात्कार बड़े महत्त्व की बात है। यद्यपि इस बात को भी अभिधा में कहना उसे हल्का बना देता है। अगर प्रतीकों द्वारा अन्वेषण को बिना प्रतीक-योजना के बखाना जा सकता तो फिर वैसे अन्वेषण की ही क्या आवश्यकता होती?''

अज्ञेय के ये प्रकृत प्रतीक एकार्थवाची नहीं हैं। इनमें केवल साधारण अर्थ में अर्थ-परिवर्तन नहीं होता। प्रत्युत कवि के व्यक्तित्व-विकास के साथ उनका भी सजीव विकास होता है। यह समन्विति केवल विविध तत्त्वों का संयोग नहीं है। वह कवि के समस्त जीवनाशय, उसके समस्त व्यक्तित्व के एकत्व की परिचायक है।

विपिन कुमार अग्रवाल का निम्नोद्धृत प्रतीक-प्रयोग द्रष्टव्य है—

जब हवा चली
हरी घास ने सिर उठा देखा
एक पेड़ बलिष्ठ भुजाओं में
अपना सिर उठाए खड़ा था
उसे हंसी आ गई।
पेड़ ने सुना तो क्रोध में आ
अपनी भुजाओं में सिर को घुमा
फेंक देने को आतुर हो गया
हरी घास हंसी से
दोहरी हो गई।

यहाँ घास और पेड़ का प्रयोग 'अहं' और उसके प्रति जन सामान्य की प्रतिक्रिया के प्रतीक रूप में किया गया है। तीक्ष्ण संवेदन का सहारा पाकर ये प्राकृतिक उपादान सशक्त प्रतीक बन गए हैं। नई कविता के कुछ प्राकृतिक प्रतीक तो बहुत लोकप्रिय हुए हैं। 'फसल' अथवा 'नई फसल' प्रतीकों से विचारों या भौतिक सुख-समृद्धि की नवीन उपलब्धि का भाव ध्वनित होता है। 'चाँदनी' सुख-समृद्धि एवं मिलन की परिस्थिति का प्रतीक है। 'दीप' मनुष्य की अस्मिता का प्रतीक है। 'सागर' और 'सीप' भी प्रतीक हैं जिनसे क्रमशः रूढ़ि-जर्जर समाज तथा उसके बन्धनों में छटपटाने वाली नवीन प्रतिभाओं का भाव व्यंजित होता है।

कुछ स्थलों पर प्राकृतिक प्रतीकों को व्यक्तिगत सन्दर्भों से युक्त कर किसी व्यापक सत्य को मार्मिक अभिव्यक्ति दी गई है। शमशेर की 'माई' कविता में 'तरु' का प्रतीक इसी कोटि के प्रयोग है। यह कविता शमशेर ने अपने 'कम्यून' की एक वृद्ध महिला कार्यकर्ता की मृत्यु पर लिखी थी। इस पृष्ठभूमि में 'तरु' का प्रतीकार्थ खुलता है–

तरु गिरा
जो–
झुक गया था, गहन
छायाएँ लिए।
अब हो उठा है मान
दुख उठा है करुण सागर का हृदय,
साँझ कोमल और भा अपनाव का आँचल
डालती है दिवस के मुख पर।

... .
पूछती है भाई
एक बात–
(स्वप्न में वह आई
इसीलिए
जागरण की रात)
कौन बात–?

धर्मवीर भारती ने भी 'ये मोमबत्तियाँ और टूटे सपने' कविता में प्रतीकात्मक शैली का प्रयोग किया है। यहाँ उसके भावों के संघर्ष और कल्पनाओं की प्रतीकात्मक अभिव्यक्ति अपने में संसार की पीड़ा, सुख-दुःख और संवेदना को संजो लेने में अधिक सशक्त सिद्ध हुई है। फूलों को कवि ने एक नया अर्थ दिया है जिसमें उसने विश्व की विकासमुखी चेतना का प्रतीक उपस्थित किया है और अपनी वेदना को प्रकाश देने वाली उस मोमबत्ती का प्रतीक बनाया है जो स्वयं धुल कर वातावरण के अन्धकार में प्रकाश प्रसारित करती है और टूटे हुए सपने वे अपूर्ण अभिलाषाएँ हैं जो स्वप्नों में ही खण्डित होकर रह गई और उसके आगे बढ़ने की क्षमता शायद उनमें नहीं रही।

इन प्रतीकात्मक प्रयोगों का महत्त्व केवल भावों के संघर्ष को व्यक्त करने में है। इसमें शिल्प और रूप के तत्वों पर अधिक ध्यान दिया गया है और इसकी सबसे बड़ी असफलता यही रही कि सर्वसाधारण के लिए, बिना इन

प्रतीकों को समझे कविता का भाव ग्रहण करना कठिन मालूम पड़ेगा।

नई कविता में अतृप्त वासनाओं एवं यौन विकृतियों की अवाध अभिव्यक्ति हुई है। नए कवि के अनुसार, "आज के मानव का मन यौन परिकल्पनाओं से लदा हुआ है जो सब दमित और कुण्ठित है इसे कुण्ठा-मुक्त करने के लिए अवचेतन मन की यथार्थ अभिव्यक्ति आवश्यक है। पाश्चात्य प्रकृतिवाद (नेचुरलिज्म) के प्रभाव से नई कविता में भी यौन भावना का बेरोक प्रसार मिलता है। नया कवि यौन-प्रतीकों के माध्यम से अवचेतन मन की कुण्ठाओं एवं अतृप्त वासनाओं को अभिव्यक्त करता है। उसमें चेतनस्थूल मांसलता के प्रति अप्रतिम ललक और रति-भूख जागती है–

आह मेरा श्वास है उत्तप्त
धमनियों में उमड़ आई है लहू की धार
प्यार है अभिशप्त, तुम कहाँ हो नारी।

(अज्ञेय–इत्यलम्)

नई कविता में प्रकृति-चित्रों में भी इन यौन प्रतीकों का अन्तर्भाव हो गया है–

घिर गया नभ, उमड़ आए मेघ काले,
भूमि के कम्पित उरोजों पर झुका-सा
विषद श्वासाहत, चिरातुर
छा गया इन्द्र का नील वक्ष।

(अज्ञेय–सावन मेघ कविता)

...
दो पंखुरियाँ
झरी लाल गुलाब की, तपती पियासी
पिया से ऊपर झुके उस फूल को
ओठ ज्यों ओठों तले।

(अज्ञेय–हरी घास पर क्षण-भर)

यौन प्रतीकों के कुछ प्रयोग कीर्ति चौधुरी, जगदीश गुप्त और प्रयागनारायण त्रिपाठी की कविता में भी मिल जाते हैं। कीर्ति चौधुरी की 'बरसते हैं मेघ झर झर' शीर्षक कविता में यौन-कामना की प्रतीकात्मक अभिव्यक्ति हुई है–

चाहता मन
छोड़ दूँ निर्बन्ध तन को
यहीं भीगे, भीग जाए देह का हर रन्ध्र

रन्ध्रों में समाती स्निग्ध रस की धार
प्राणों में अहर्निश जल रही ज्वाला बुझाए
भीग जाए, भीगता रह जाए यह उत्ताप।

(तीसरा सप्तक)

जगदीश गुप्त की निम्नांद्धृत पंक्तियों में यौन-भाव कितनी सहजता से प्रतीक रूप में ढल गया है–

होठों ने होठों पर
अकथनीय दंशों की कथा लिखी।
मुझे लगा,
धुआंधार दावानल में जलते
हिरने की व्यथा लिखी।

'धुआंधार दावानल' यहाँ उत्तप्त काम वासना का प्रतीक है और 'हिरन' उससे दंशित मानवीय चेतना का। प्रयाग नारायण त्रिपाठी ने यौनेच्छा को अपनी 'नई बरसात' में प्रतीकात्मक व्यंजना दी है–

सुप्त जल–
जो कुनमुनाता था,
झकोरों के सहारे सर उठाता था,
देखता था सम्मुख अड़े गिरि को,
क्षुब्ध होता था,
थपेड़े मारता था,
फिर लजा कर
(हार कर शायद स्वयं से)
लौट जाता था;
शान्त जल–
जो अपरिमित लघु-लघु प्रयत्नों की थकान से
चूर होता था
सरोवर के हृदय में दुबक कर
चुपचाप सोने के लिए मजबूर होता था
अन्धजल को निपट सीमाबद्ध मणिधर-सा
भूविवर में रेंगता था मौन
...

(नई कविता–अंक 1)

फ्रायड के स्वप्न-प्रतीकों में जल की बाढ़, बरसात आदि को यौन-भावना का प्रतीक माना गया है। बादलों को रोकने वाला पर्वत मनुष्य के विवेकशील अहं (इगो) का प्रतीक है। अहं काम वासना को नियन्त्रित करता है। वासनाएँ अन्तश्चेतना में जाकर छुप जाती हैं और सन्तुष्टि के अनुकूल अवसर की प्रतीक्षा करती रहती हैं। पाश्चात्य काव्य में 'सांप' एक स्वीकृत काम-प्रतीक है। बोदलेयर की निम्नोद्धृत पंक्तियों में सर्प का काम-प्रतीकत्व द्रष्टव्य है—

तब वासना के माधुर्य से
मेरे इन्द्रिय-लोल अधर कुण्चित हो उठे,
मानो तपे हुए पत्थर पर
सांप उलटा हुआ ऐंठ रहा हो।
जिन्होंने मुझे नग्न देखा है,
उनके लिए मैं
सूरज, चाँद और सितारों से श्रेष्ठ हूँ।

(दिनकर द्वारा अनूदित)

राजा दुबे की 'स्वप्न और उसके पश्चात' शीर्षक कविता में एक स्वप्न का चित्रण है। कवि यह देखता है कि वह एक रेगिस्तान में भूखा-प्यासा घिसटता चल रहा है, तब एक अजगर उसे साँसों में खींच कर अपने पेट में ले लेता है, और फिर रेंगता-रेंगता एक बूढ़े बरगद से लिपट जाता है। स्वप्न-प्रतीकों की इस शृंखला में 'अजगर' व्यक्ति की कामवृत्ति का प्रतीक है, 'रेगिस्तान' वह परिस्थिति या परिवेश है जो वर्जनाओं से भरा है और जिसके कारण काम सम्बन्धी किसी विशेष इच्छा को चेतन मन दमित कर अवचेतन में ढकेल देता है। वही दमित वासना अजगर प्रतीक द्वारा अभिव्यक्त होती है।

आधुनिक युग-जीवन की बौद्धिक दृष्टि से प्रेरित होकर नई कविता, पुरानी कविता की भाव-संवलित शैली एवं भावुकता को छोड़कर बौद्धिकता की ओर उन्मुक्त हो गई है। वह भाव सत्य और काव्यानुभूति के बीच रागात्मक की बजाय बुद्धिगत सम्बन्ध की स्थापना का आग्रह लेकर चली है। नया कवि वस्तु तथा काव्यानुभूति के मिलाने में भावात्मक सम्बन्ध को अस्वीकृत कर बौद्धिक अनुबन्ध का आश्रम लेता है। यह बौद्धिकता किसी सुदृढ़ दर्शन अथवा सुविचारित समाधान को प्रस्तुत करनेवाली बौद्धिकता नहीं है। नए कवि के लिए काव्य का मुख्य उपादान कारण बौद्धिक धारणाएँ हैं। सामाजिक विषमता का अनुभव भी उसने बौद्धिक स्तर पर ही किया है अतः उसकी अभिव्यक्तिभंगिमा मुख्यतः तर्क-सत्य को काव्य-सत्य में ढालने की प्रक्रिया से उद्भूत है। नए कवि

की सम्पूर्ण रचना-प्रक्रिया, तेजी से बदलती आधुनिक संचेतना के लिए एक नए मुहावरे की खोज की आवश्यकता से प्रेरित है। आज नया कवि यह महसूस करता है कि "यन्त्र-सत्ता की निर्मम विभूति के समक्ष वे सभी प्रेक्ष्यकोण क्रमशः नितान्त अनुपयुक्त होते चले गए हैं, जो वस्तु को या तो भावमय, मोहक रूप में देखते थे या संवेदनाओं को बौद्धिक स्तर पर ग्रहण करके उनमें परोक्षतः कोई समाधान ढूँढ़ने का यत्न करते थे। मानवीय नियति की व्यंग्य-विडम्बना का निवेदन और समसामयिक विपर्ययस्त स्थिति में सुदृढ़ अर्थवत्ता के विलुप्त हो जाने का विवरण ही नई कविता का प्रमुख स्वर रहा है। यही कारण है कि अब तक की कविता में स्वप्न-भंग की करुणा और पीड़ा ही अधिक उभर कर आई है। बहुत ही कम ऐसे कवि हैं, जिन्होंने अर्थ-लोप की उक्त स्थिति को प्रक्रिया की नियति मानकर सहज स्वीकार किया है। किन्तु स्वप्न-भंग की स्थिति वस्तु-सत्ता के साक्षात्कार की पहली सीढ़ी होती है। आज की वस्तु-सत्ता का भावरहित वैशिष्ट्य निर्ममता के साथ उसके साक्षात्कार की अपेक्षा करता है—अर्थात् बिना ऊहापोह के (भावना, गेयता, विम्बगर्विता, करुणा आदि) बिना ग्लानि या आक्रोश के, बिना 'समाधान' ढूँढ़ने के यत्न के बिना, स्थायी अर्थ पानी की लालसा के। 'वस्तु' का स्वयं कोई अर्थ नहीं। पृथ्वी का क्या 'अर्थ' है—एक ऊबड़-खाबड़ चपटा, फूला पिण्ड या गले हुए लोहे और लावे से भरा एक सिकता-डिम्ब, जिस पर सूखी हुई मोटी पपड़ी जम गई है। आदमी का क्या अर्थ है—एक अर्धमूर्ख जानवर जो स्मरण द्वारा हँस सकने के अतिरिक्त गुण के कारण पशुओं से भिन्न है, अन्यथा वही सब दैनिक क्रियाएँ उसमें हैं। पुराने समय में विरक्त भोगियों ने 'हाड़-मांस का पूतरा' कहकर भावातीत दृष्टि से उसे देखा था, यद्यपि उनकी दिशा यथार्थ-विमुख थी। शुद्ध वस्तु रूप में इन सभी चीजों, प्रक्रियाओं का कोई अर्थ नहीं। उन्हें अर्थवत्ता हम अपने सन्दर्भ से ही देते हैं और उपयोग-उपभोग ममत्व से लेकर अधिक गम्भीर सरणियों पर उनमें अनेक गुण आरोपित करते हैं। पृथ्वी और उसके कुतर्क्य (इर्रैशनल) जीवन के हम चमत्कारिक संग्राही (पजेसिव), आधिभौतिक, दार्शनिक, धार्मिक, नैतिक, सामाजिक, राजनयिक आदि अनेक प्रकार के 'अतिरिक्त उत्तर' देकर अर्थवता खोजते रहते हैं। शतियों में ऐसे तमाम भावावरण 'वस्तु' के ऊपर लिपट गए हैं और अब उन माध्यमों से कोई सही अर्थ पाना कठिनतर हो गया है। इसी प्रकार हर शब्द के ऊपर भी एक अतिरिक्त वर्ण-पट लिपटा गए हैं और अब उन माध्यमों से कोई सही अर्थ पाना कठिनतर हो गया है। इसी प्रकार हर शब्द के ऊपर भी एक अतिरिक्त वर्ण-पट लिपटा हुआ है जो

प्रत्येक युग-बोध उस शब्द का उपयोग करते हुए उसे दे जाता है, परिणामतः हर संचेतना का परिवर्तन अपनी नई भाषा भी साथ लाता है।" (गिरिजा कुमार माथुर, धर्मयुग, 11 सितम्बर, 66 पृ. 23)

नए कवियों ने आधुनिक पूंजीवादी युग के जटिल मन और जटिल परिस्थितियों को आत्मगत सन्दर्भ में व्यक्त करने के लिए नव्य प्रतीकों का आश्रय लिया। सूक्ष्म शैली में गहन अर्थ-समूहों को संकेतित करने के लिए उन्होंने नए प्रतीकों के निर्माण की सफल-असफल कोशिशें की हैं। अपने पूर्ववर्ती छायावादी काव्य के भावात्मक प्रतीकों को प्रतिष्ठित किया है। इन प्रतीकों का चयन जीवन के विभिन्न क्षेत्रों से हुआ है। कहीं-कहीं सामान्य प्रतीकों में नए अर्थों एवं अभिप्रायों का संगुम्फन अथवा उन्हें नए दृष्टि-सन्दर्भों में नियोजित करने का प्रयास भी परिलक्षित होता है।

नई कविता के प्रतीक-विधान की सर्वाधिक प्रचलित प्रयोग-दिशा है—सांस्कृतिक वर्ग के प्रतीकों की अभिनव अर्थ-सन्दर्भों में अवतारण। सांस्कृतिक प्रतीक-प्रयोगों के माध्यम से नए कवियों ने आज के जटिल सामाजिक जीवन की संवेदनाओं को सम्प्रेषित करने का प्रयास किया है। यह प्रयास अपने-आपमें रचना-प्रक्रिया सम्बन्धी कुछ महत्त्वपूर्ण तथ्य प्रस्तुत करता है। सांस्कृतिक दृष्टि से काव्य-साहित्य कई प्रकार का हो सकता है—(क) वह साहित्य जिसमें पूरा-पूरा पुराने सांस्कृतिक प्रत्ययों को ग्रहण किया गया है; (ख) वह जिसमें केवल नए सांस्कृतिक प्रत्ययों का प्रतिफलन है; (ग) वह जिसमें पुराने-नए प्रत्ययों का आकलन या संकेत है; और (घ) वह जिसमें सांस्कृतिक प्रतिध्वनियाँ नगण्य हैं, अथवा जो अभिजात संस्कृति के सम्पर्क से वंचित सिर्फ जनता की अशिक्षित मनोभूमि को प्रतिफलित करता है, अथवा सिर्फ दीखने वाले यथार्थ का, यथा-तथ्य या अप्रतीकित रूप में, उल्लेख व अंकन करता है।" (डॉ॰ देवराज, प्रतिक्रियाएँ, पृ. 203-4)

नए कवि की दृष्टि में किसी भी तरह का काव्यगत प्रतीकित अर्थ उन स्थितियों का आश्रय लेकर ही अभिव्यक्ति पा सकता है, जो हमारी मूल जैवीमनोवैज्ञानिक प्रकृति को रोचक पान पड़ती हैं। इसीलिए वह उपर्युक्त कोटियों में से (ग) कोटि को, जिसमें नए-पुराने के द्वन्द्व के उद्घाटन द्वारा विशेष तनाव भी उत्पन्न किया जा सकता है, को विशेष महत्त्व देता है। आधुनिक भाव-बोध की अभिव्यक्ति के लिए उसने भारतीय सांस्कृतिक परम्परा—इतिहास, धर्म और दर्शन—से प्रतीकों को चुना है और उन्हें परिवर्तित संवेदना-सन्दर्भों से युक्त कर प्रस्तुत किया है। निम्नलिखित उद्धरण द्रष्टव्य हैं—

तू उड़ा सम्पाति का अभिमान लेकर
सूर्य छूने का नया अरमान लेकर
तेजमय रविव्यास जब आया निकटतर
पंख झुलसे, गिर पड़ा हतप्राण होकर।

(गिरिजा कुमार माथुर)

यहाँ कवि ने मध्यवर्ग के मोह भंग (डिसइल्यूजन्ड) होने की, यथार्थ से टकरा कर स्वप्न चूर होने की आधुनिक घटना को 'सम्पाति' के इस पौराणिक प्रतीक के माध्यम से व्यक्त किया है। सम्पाति एक गृद्ध था जो अपने मिथ्याभिमान के कारण सूर्य को छूने के लिए ऊपर उड़ा था और काफी ऊँचाई पर सूर्य की प्रखर किरणों द्वारा पंख झुलस जाने के कारण पृथ्वी पर आ गिरा था। 'सम्पाति' यहाँ स्वप्नदर्शी मध्यवर्गीय चेतना का प्रतीक है, जो अपने शक्ति-साधनों की सीमाओं को भूलकर बड़ी-बड़ी आकांक्षाएँ बुनती है। लक्ष्मीकांत वर्मा का 'तक्षक' प्रतीक भी इसी कोटि का है–

उस पुष्प से, गन्ध से बचो
जो अपने पराग में तक्षक लिए फिरता है

....

ओ परम्परा की निर्जीव सत्ता पर जीने वालो
तक्षक भागवत के पृष्ठों के संसर्ग में भी
परीक्षित की मृत्यु के लिए फिरता है।

यहाँ 'परीक्षित' मानव-मूल्यों का प्रतीक है और 'तक्षक' निर्जीव रूढ़िग्रस्त दृष्टि का जो अपनी भावुकतामयी जर्जर अंधश्रद्धा लिए हुए नए मूल्यों को डसना चाहती है। नए कवियों ने प्राचीन इतिहास और पुराणों के इन प्रतीकों को चुनकर इन्हें नई दृष्टि से संयुक्त कर नवीन सन्दर्भों में नियोजित करने का प्रयास किया है। विजयदेव नारायण साही की 'लाक्षागृह', कुंवर नारायण की 'चक्रव्यूह', भारती का 'रथ का टूटा पहिया', 'अंधा युग', 'कनुप्रिया', 'प्रमथ्यु गाथा' तथा 'वृहन्नला' आदि रचनाएँ ऐसे ही पौराणिक प्रतीकों के सहारे रची गई हैं। इन पौराणिक प्रतीकों से भावप्रेषण में निश्चित रूप से सहायता मिली है। कैलाश वाजपेयी की कविता 'शाप' में परीक्षित की सर्पदंश वाली कथा के प्रतीक से अपने को पूर्णतया रक्षित समझने वाले मनुष्य को मार्मिक चेतावनी दी गई है। वहाँ जनमेजय को भावी मानव का प्रतीक चित्रित किया गया है। महाभारत की कथा से लिया गया 'चक्रव्यूह' का सन्दर्भ 'नई कविता' में 'मृत्यु के भय से युद्ध करते हुए आधुनिक व्यक्ति-मन की घिरने की स्थिति' का

प्रतीक बन गया है। पर नई कविता में ऐसे स्पष्ट पौराणिक प्रतीक अभी बहुत कम हैं। नए कवियों द्वारा प्रयुक्त अधिकांश प्रतीक अभी अपनी व्यक्तिगत सीमाओं से बाहर नहीं निकल सके हैं। वे इतने निजी और दुरूह हो गए हैं कि सामान्य पाठक के लिए उन्हें बिना व्याख्या के समझ पाना असम्भव ही है। उपर्युक्त कुछ अपवादों को छोड़कर अधिकांश नए कवियों में इन्हीं प्रतीकों को दुहराने की प्रवृत्ति भी बढ़ती जा रही है। उनका प्रतीक-ग्रहण का क्षेत्र भी अतिशय विशिष्ट एवं सीमित होने के कारण गतानुगतिकता का सूचक हो गया है। इस सन्दर्भ में एक नए कवि का यह विचार उचित ही प्रतीत होता है कि हिन्दी के अधिकांश "नए कवियों ने प्रकृति और विज्ञान तक अपने-आपको सीमित कर रखा है। धर्म, पुराण, इतिहास और लोक-साहित्य का का क्षेत्र आज भी अपनी सम्पूर्ण उर्वरता और सम्भावनाओं के साथ सशक्त हाथों की प्रतीक्षा कर रहा है। आधुनिक जीवन की जटिलता और अन्तर्विरोधों को व्यक्त करने के लिए लोक-साहित्य, धर्म, पुराण तथा इतिहास के खण्डहरों में बहुत से ऐसे अज्ञात प्रतीक और बिम्ब पड़े हुए हैं जिनकी खोज के द्वारा नई कविता की सम्भावना का पथ और भी प्रशस्त किया जा सकता है।"

(केदारनाथ सिंह)

अपने घोषित रूप में नई कवियों ने निःसंकोच भाव से प्राचीन नैतिक मूल्यों, दर्शन-प्रणालियों, सौन्दर्य-बोधों को उतारकर फैंक देने का दावा किया है। जो आज वास्तविक जीवन के बीच अस्तित्व में नहीं है उसे निर्ममतापूर्वक संस्कारों से काटकर अलग करने का आग्रह नए कवियों में रहा है। परन्तु नए कवियों का एक वर्ग ऐसा भी है जिसने नयेपन के मोह में अपने को परम्परा से सर्वथा काटकर अलग नहीं किया है। वह पुरातन से प्रभावित होकर और नए वस्तु-सत्य का उद्‌घाटन करता है। इन नए कवियों ने परम्परागत तथ्यों को एक नया अर्थ देकर आधुनिक युगजीवन की अभिव्यक्ति का प्रयास किया है। पौराणिक गाथाओं एवं प्रतीकों को अपने युग की संवेदना को प्रतिफलित करने वाला नया अर्थ दिया है और उनके माध्यम से वर्तमान जीवन के यथार्थ की सच्ची विवृत्ति की है। धर्मवीर भारती की 'अन्धा युग' और 'कनुप्रिय', कुंवरनारायण की 'आत्मजयी' आदि कृतियाँ इसी अर्थनवता की द्योतक हैं। इन कृतियों में पौराणिक व्याख्यानों को विषयवस्तु के रूप में अपनाकर कवि ने अपनी संवेदना और दृष्टि से उन्हें नए जीवन के अनुकूल नई अर्थवत्ता देने का प्रयास किया है। 'अंधा युग' में भारती ने 'महाभारत' की कथा एवं उसके कुछ पात्रों को नए अनास्थामूलक सन्दर्भ में उपस्थित किया है। और उसके माध्यम से आधुनिक

जीवन की कुण्ठा, निराशा, रक्तपात, प्रतिशोध, विकृति, कुरूपता एवं अंधता को अभिव्यक्ति दी है। वर्तमान जीवन को उस युग पर आरोपित करके उपस्थित करने का प्रयास किया है–

युद्धोपरान्त,
यह अंधायुग अवतरित हुआ
जिसमें स्थितियाँ, मनोवृत्तियाँ,
आत्माएँ सब विकृत हैं
है एक बहुत पतली डोरी मर्यादा की
पर वह भी उलझी है दोनों ही पक्षों में।

ये पंक्तियाँ युग में व्याप्त वैचारिक एवं सांस्कृतिक संघर्ष की ओर संकेत करती हैं। नैतिक मूल्यों की प्रस्तावना पर कवि ने जिस मर्यादा का संकेत किय़ा है, वह मर्यादा केवल गीतिनाट्य में पात्रों की मर्यादा मात्र नहीं है, अपितु वह युग की मर्यादा है जो वर्तमान जीवन के बाह्य एवं आन्तरिक संघर्ष में भी आस्थामूल्य को साधे हुए है।

'कनुप्रिया' में भारती ने राधा-कृष्ण के लीलामय प्रेम को आधुनिक युग के सन्दर्भ में और आधुनिक संवेदना के आधार पर प्रस्तुत करने का प्रयास किया है। यहाँ राधा गहरी तन्मयता के क्षणों की आन्तरिक निष्ठा और वस्तुपरक ऐतिहासिक युग-सत्य के संघर्ष को प्रश्नात्मक रूप में रखती है। "वह भारतीय संस्कृति की मूल रागात्मिका प्रवृत्ति के प्रतीक रूप में आधुनिक जटिल परिवेश के बीच भावी युग-निर्माण में अपनी सार्थकता का महत्त्व बलपूर्वक स्थापित कर देना चाहती है।" (मलयज)

'संशय की एक रात' में आधुनिक युगबोध की एक महत्त्वपूर्ण समस्या–'मानव जीवन के विकास के लिए युद्ध की अनिवार्यता है या नहीं'–एक शाश्वत प्रश्न होकर कविता में उभरी है। इस काव्य में कथावस्तु के रूप में रामायण का पौराणिक सन्दर्भ लिया गया है। रामेश्वर में सेतु-बंधन के समय जब युद्ध की सम्पूर्ण तैयारी हो गई है, राम के मन में एक अनिश्चितता और तर्क का तूफान उठ खड़ा होता है, वे सोचते हैं जिसमें भविष्यत् युद्ध की पृष्ठभूमि का प्रस्तुतीकरण किया जा रहा है, क्या वह अपेक्षित है, वांछनीय है? यहाँ कवि ने आज की सम्पूर्ण मानव-पीढ़ी की शंका को राम के माध्यम से प्रस्तुत किया है।

'एक कंठ विषपायी' में दुष्यन्तकुमार ने 'प्रजापति के यज्ञ में शिव-अपमान से दुःखी होकर सती के भस्म हो जाने एवं उसकी प्रतिक्रिया में शिव के

क्रोधाभिभूत होकर यज्ञ-विध्वंस' के पौराणिक सन्दर्भ को लेकर आधुनिक पृष्ठभूमि एवं नए मूल्यों को संकेतित करने का प्रयास किया है। समस्त कथा प्रतीक रूप में आधुनिक युग जीवन के कटु यथार्थ की अभिव्यक्ति का आग्रह लेकर चली है। उसमें पार्वती की शव उन सड़ी-गली परम्पराओं का प्रतीक है, जिनके मोह में कुछ लोग शंकर की तरह उन्हें गले से चिपकाए घूमते रहना पसन्द करते हैं—किसी नई व्यवस्था से समझौता कर भविष्य एक नए पात्र की उद्‌भावना की है जो शासक वर्ग की राजलिप्सा एवं युद्ध-मनोवृत्ति की मारी हुई आधुनिक साधारण प्रजा के दुःख-दर्द को प्रतीकात्मक अभिव्यक्ति देता है।

'आत्मजयी' में कुंवरनारायण ने कठोपनिषद् में आई नचिकेता की पुराकथा को आधुनिक परिवेश के अनुरूप नई व्याख्या दी है। इस कृति में कवि ने, आरोपित अनास्थावादी मृत्यु दर्शन से उबरकर, चिरंतन मानवीय मूल्यों के प्रति संकल्पित होकर जी सकने में ही जीवन की सार्थकता की खोज की है। आधुनिकता की सृजनात्मक दिशा में ही अपनी काव्य-प्रतिभा को सक्रियता देते हुए कवि ने यहाँ नचिकेता की मानवीय परिस्थिति के प्रतीक-माध्यम से अनास्था, कुण्ठा, हताश भावना और मृत्यु-भय से आक्रान्त आधुनिक व्यक्ति मानव की मनःस्थिति को प्रत्यक्ष ही नहीं किया अपितु उसे इन अस्थायी कृत्रिम मूल्यों से लड़कर उन पर अपनी जिजीविषा, आस्था और अस्तित्वगत सार्थकता की विजय का घोष करने की भी प्रेरणा दी है।

इस प्रकार नई कविता ने सांस्कृतिक पौराणिक सन्दर्भों को लेकर उन्हें आधुनिक युग-चेतना के अनुरूप नई प्रतीकात्मक अर्थवत्ता देने का प्रयास किया है।

"मनुष्य, अपनी कल्पना और बुद्धि का उपयोग करते हुए, आवश्यक रूप में सांस्कृतिक प्रत्ययों और प्रतीकों का निर्माण करता है। ये प्रत्यय जहाँ एक सीमा तक अनुभूति यथार्थ के संकेतक होते हैं—अनुभूति यथार्थ परम्परा की विशेषताओं का सार रूप में निर्देश करते हैं—वहाँ कुछ हद तक वे कल्पित तत्त्वों की संकल्पनाओं का रूप भी धर लेते हैं। जहाँ तक किसी परम्परा के प्रत्यय व प्रतीक अनुभव-जगत की विशेषताओं को उजागर करते हैं, वहाँ तक वे आगे आनेवाले युगों में भी ग्राह्य अथवा उपयोगी बने रहते हैं। इसके विपरीत वे प्रत्यय, जो अनुभूत, परोक्ष तत्त्वों की संकल्पनाओं का रूप धारण कर लेते हैं, क्रमशः तरह-तरह के प्रश्नों, शंकाओं और सन्देहों का विषय बन जाते हैं। ऐसे प्रत्यय आगे के युगों में उपयोगी नहीं जान पड़ते।—यह भी नहीं कि विगत युगों की मार्मिक भावना आज हमारी संवेदना से पूर्णतया विसंगत

है। सच यह है कि मानववाद के इस युग में भी समर्थ लेखक आध्यात्मिक प्रतीकों का नए, रोचक ढंगों से प्रयोग कर पाते हैं।" (डॉ. देवराज—प्रतिक्रियाएँ, पृ. 205-6)

नई कविता में आध्यात्मिक रहस्यात्मक एवं दार्शनिक प्रतीकों के प्रयोग भी अनधिक संख्या में मिलते हैं। इस कोटि के प्रतीक-प्रयोग अज्ञेय की परवर्ती रचनाओं में सबसे अधिक हैं। 'आँगन के पार द्वार' में रहस्यवाद के साथ आध्यात्मिक पीड़ा की प्रतीकात्मक व्यंजना मिलती है। इस संग्रह की अधिकांश कविताएँ प्रतीकात्मक शैली में रहस्य के स्तर के अन्वेषण को व्यक्त करती हैं। 'इत्यलम्' से लगाकर 'आँगन के पार द्वार' तक की काव्य-यात्रा में एक विकासक्रम लक्षित किया जा सकता है और 'आँगन के पार द्वार' में जो नया 'रहस्य' है उसका बीज एक प्रकार से 'इत्यलम्' के 'रहस्यवाद' में ही मौजूद है—

मैं भी एक प्रवाह में हूँ
लेकिन मेरा रहस्यवाद ईश्वर की ओर उन्मुख नहीं है
मैं उस असीम शक्ति से संबंध जोड़ना चाहता हूँ
अभिभूत होना चाहता हूँ
जो मेरे भीतर है।

सच यह है कि इसी माँग की अन्तर्विवशता ही 'आँगन के पार द्वार' में एक 'आन्तरिक अध्यात्म' में परिणत हुई है।

मैं वन में हूँ
सब ओर घना सन्नाटा छाया है।
तब क्वचित्
कहीं मेरे भीतर ही यह कोई संगीत वृन्द आया है।
एक सहस्र आलोक-सिद्ध उन्मेष
चिरंतन प्राण के स्वर।

(आँगन के पार द्वार)

उपर्युक्त पंक्तियों में 'आलोक सिद्ध उन्मेष' के प्रतीक-माध्यम से कवि ने अपनी आध्यात्मिक पीड़ा को व्यक्त करना चाहा है।

अज्ञेय के परवर्ती काव्य के इन रहस्यवादी-आध्यात्मिक प्रतीकों पर डॉ. कृष्ण कुमार शर्मा ने बौद्ध धर्म की महायान शाखा के आचार्य बोधिधर्म द्वारा प्रवर्तित ध्यान सम्प्रदाय का प्रभाव दिखलाया है। 'अरी ओ करुणा प्रभामय' में एक कविता ही 'द्वारहीन द्वार' शीर्षक से है। इसका आधार ध्यान सम्प्रदाय का 'द्वारहीन द्वार' है। यह पद इस सम्प्रदाय की साधना पद्धति के अंग विशिष्ट

अनासक्ति और सहज साधना के लिए प्रयुक्त हुआ है। इस विषय पर एक गाथा भी ध्यान सम्प्रदाय में मिलती है–

महा मार्ग में दरवाजे नहीं हैं,
फिर भी कितने एक-दूसरे को काटते हुए हैं इसके रास्ते।
एक बार एक सरहदी दर्रे को पार हुए नहीं
कि राजकीय एकांत का आनन्द लेते हुए
तुम इस विश्व में कहीं भी घूम सकते हो।

द्वारहीन 'सरहदी दर्रा' ध्यान सम्प्रदाय का महत्त्वपूर्ण प्रतीक है। इसे पार कर साधक सत्य के प्रकाश को पाता है। 'आँगन के पार द्वार' का प्रतीकत्व भी इसी से प्रेरित जान पड़ता है–

आँगन के पार,
द्वार खुले,
द्वार के पार आँगन
भवन के ओर छोर
सभी मिले–
उन्हीं में खो गया भवन।

आँगन के पार, द्वार खुले, द्वार के पार आँगन–साधना मार्ग की दीर्घता तथा शून्यता का प्रतीकार्थ व्यक्त करते हैं। साधक प्रत्येक द्वार पर समझता है, कुछ मिलेगा, पर पुनः उसे आँगन मिलता है, पुनः द्वार। 'भवन के ओर छोर, सभी मिले–उन्हीं में खो गया भवन'–यह तथ्य भी शून्य को ही व्यक्त करता है। ओर-'छोर सबका एक हो जाना अर्थात् एक ही स्थान की 'ओर' होना और उसी स्थान पर 'छोर' होना तभी सम्भव है जब कुछ न हो–शून्य हो। साधक, द्वार पार करने पर भवन को सम्पूर्ण रूप से जानता है। उस भवन को जो खो गया है अर्थात्–शून्य रूप है। (डॉ. कृष्णकुमार शर्मा, अध्ययन और अन्वेषण, पृ. 70)

इन प्रतीकों में अंतर्मुखी होकर सत्य के विस्तार और उसकी गहराई को नापने का प्रयास ही अधिक लक्षित होता है। 'एक ही आयाम इनकी पकड़ में आता है, शेष आयामों के सापेक्ष सत्य को ये प्रायः समाविष्ट नहीं कर पाते।' सत्य के विस्तृत आयामों को ग्रहण करने में अज्ञेय के अभिजात संस्कार और उनके रागात्मक ऐश्वर्य में डूबे अहं की मुद्रा उन्हें कैसे रोक देती है। इस तथ्य का विश्लेषण करते हुए लक्ष्मीकान्त वर्मा ने लिखा है कि "प्रतीक में अनुभूति को गुणात्मक बनाने की क्षमता है और यदि गुणात्मक होने के अर्थ विवेकसंगत

अर्थवत्ता है और अर्थ अपने में सत्य के विस्तार को वहन करता है, तो प्रतीक झूठा पड़ जाता है।''

मुक्तिबोध के प्रतीकों में ब्रह्म राक्षस, ओरांग-उटांग, चकमक पत्थर, चम्बल की घाटी आदि प्रमुख हैं। 'ब्रह्मराक्षस' आर्केटाइप प्रतीक है जो युगीन ट्रेजेडी का बोध जगाता है और वह मूल्यों के अन्तःसम्बन्ध की ओर ले जाता है। यह ब्रह्मराक्षस या अँधेरे का मुसाफिर उनका अपराजेय 'अहं' है जो सत्य की खोज के अन्धकार के भीतर जनमक़ैद का अभिशाप भोग रहा है। यह अहं अपने से, समाज से, ईश्वर से, सबसे घोर असन्तुष्ट है। समाज इसके लिए भीड़, केवल चेहरों का समुदाय या 'भाव' है किन्तु इसी भीड़ के बीच, यान्त्रिक सभ्यता के अन्धकार में यह अन्वेषी प्रकाशमय किरण के लिए चरम सत्य में अपनी आस्था टिकाए हुए है—

पत्थर व लोहे के रंग का यह कुहरा
बढ़ न जाए,
छा न जाए,
मेरी इस अद्वितीय सत्ता के शिखरों पर स्वर्णाभ
हमला न कर बैठे खतरनाक
कुहरे के जनतन्त्री।

प्रतीक की पहचान तीन प्रश्नों के उत्तर से होती है—1. क्या यह वैयक्तिक विजन की सृष्टि है? 2. क्या उसे काव्यात्मक सन्दर्भ मिला है? 3. क्या वह मूल्यों का अन्तःसम्बन्ध स्थापित करता है?

'ब्रह्म राक्षस' को कवि ने अपना वैयक्तिक विजन देकर उसे व्यक्ति और समष्टि दोनों की ट्रेजेडी का प्रतीक बना दिया है। इसके साथ-साथ चलनेवाले अन्य प्रतीक खूनी बावड़ी, जीना आदि ब्रह्म राक्षस को मिथ बना देते हैं। और यह मिथ विचारों की अनेक पर्तों को खोलता है। काव्यात्मक सन्दर्भ का तात्पर्य है कि कविता पूरी सेटिंग में अनुभूत्यात्मक विचारों से प्रतीक सहित कितनी व्यापक और जीवन्त है। ब्रह्म राक्षस अचेतन-चेतन मन के स्तरों पर आज के संत्रास, अलगाव, पीड़ा को उजागर करता हुआ उन्हें रचनात्मक अर्थ देता है। मुक्तिबोध के काव्य में प्रतीक शोभाकार धर्म नहीं बल्कि मूल्यगत धर्म हैं। 'अंधेरे में' कविता में मुक्तिबोध ने कुछ सफल प्रतीकों की सृष्टि की है—

1. रक्तालोक स्नात पुरुष एक
2. आश्चर्य! अद्‌भुत! यह शिशु कैसे!
3. जिसमें कि प्रतिपल काँपता रहता है

अरुण कमल एक
ले जाने उसको धँसना ही होगा
झील के हिमशीत सुनील जल में।

'रक्तलोक स्नात पुरुष' कवि की अपनी अलब्ध अभिव्यक्ति का प्रतीक है। 'शिशु' नए युग की, आनेवाली पीढ़ी को प्रतीकित करता है। 'अरुण कमल' कवि की नई अनुभूतियों से प्रेरित काव्य-सत्य का प्रतीक है। यह वह काव्य-सत्य है जिसे पाने के लिए वह अभिव्यक्ति के सारे खतरे उठाने को तैयार है।

मिथकों एवं आद्यबिम्बों के अर्थविस्तार (एक्सटेंशन आफ आर्केटाइप्स) द्वारा भी दार्शनिक एवं रहस्यात्मक प्रतीकों की सिद्धि नई कविता में मिलती है। पूर्ववर्ती काव्य में मिथकों और आद्यबिम्बों का विस्तार रूपकात्मक (मेटाफारिकल) अधिक पाया जाता है परन्तु उन्हें प्रतीकात्मक अर्थविस्तार (सिंबालिक एक्सटेंशन) देने की प्रवृत्ति नई कविता की अपनी विशिष्टताओं में से एक है। अज्ञेय की 'आखेटक' शीर्षक कविता में औपनिषदिक प्रतीकों को अर्थात्मक विस्तार दिया गया है–

कई बार आकर्ण तान धनु
लक्ष्य साधकर
तीर छोड़ता हूँ मैं–
कोई गिरता नहीं
किन्तु सद्यः उपलब्धि मुझे होती है
आखेटक का रस सत्वर मुझको मिल जाता है।

इस कविता में प्रयुक्त आखेटक, धनु, प्रत्यंचा तथा बाण के प्रतीक मुण्डकोपनिषद् के निम्नोद्धृत श्लोकों से प्राप्त प्रतीकों के विस्तार हैं–

धनुर्गृहीत्वौपनिषदं महास्त्रं
शरंह्यु पासानिशितं सन्धयीत।
आयम्य तद्भावगतेन चेतसा
लक्ष्यं तदेवाक्षरं सोम्यविद्धि।।
प्रणवो धनुः शरो ह्यात्मा ब्रह्म तल्लक्ष्यमुच्यते।
अप्रमत्तेन वेद्धव्यं शरत्तन्मयो भवेत।।

उपनिषदकार के अनुसार परमेश्वर का वाचक प्रणव, जिसका अर्थ यहाँ ओंकार से है ही, धनुष के प्रतीक में व्यक्त हुआ है; बाण ही जीवात्मा है और परमेश्वर ही उसके लक्ष्य के केन्द्र हैं। अपने लक्ष्य को भेदने के लिए किसी

मनुष्य को अपने बाण को जंग रहित कर उसका धनुष पर भली भाँति संधान करना चाहिए और तत्पश्चात् पूर्ण शक्ति से खींचकर उसे बाण चलाना चाहिए। ऐसा करने पर ही लक्ष्यभेद सम्भव है। उपनिषद् के इन्हीं प्रतीकों के अर्थविस्तार द्वारा अज्ञेय ने वैयक्तिक मनःस्थिति की असिद्ध जटिलता को प्रेषणीय बनाने की चेष्टा की है। परन्तु कवि के व्यक्ति से अविच्छिन्न सम्बन्ध के कारण इन प्रतीकों में ऐसी अर्थनिविड़ता आ गई है जिसे भेद पाना सामान्य पाठक की सहृदयता के वश की बात नहीं है।

प्रसिद्ध साहित्य-चिन्तक डॉ. बी. राजन ने कहा है कि आज का समस्त रचनात्मक लेखन अस्तित्ववादी है। (All creative writing today is existentialist : that is its content emerges from experience, is controlled by it and remains responsible to it, and writing which does not approximate to these conditions ceases straitforwardly to be creative writing.)

('Forward of T.S. Eliot : His mind and Art' by A.G. George.)

नई कविता पर भी पाश्चात्य अस्तित्ववादी दर्शन का गहरा प्रभाव परिलक्षित होता है। नए कवियों के बहुत से प्रतीक-प्रयोग अस्तित्वादी धारणाओं को व्यक्त करते हैं। अज्ञेय की यह प्रतीकात्मक कविता द्रष्टव्य है–

अह! अन्तर्गुहावासी! स्वरति! क्या मैं चीन्हता
कोई न दूजी राह?
जानता क्या नहीं निज में बद्ध होकर है नहीं निर्वाह?
क्षुद्र नलकी में समाता है नहीं बेथाह
मुक्त जीवन की सक्रिय अभिव्यंजना का तेज दीप्त प्रवाह
जानता हूँ। नहीं सकुचा हूँ कभी समवाय को देने स्वयं का दान।

(हरी घास पर क्षण भर)

कविता का प्रतीकार्थ यह है कि अपने भावों से बद्ध होकर रहने में रचनाकार का निर्वाह नहीं है। यहाँ सार्त्र की वह अस्तित्ववादी धारणा मुखर है जिसके अनुसार मनुष्य सबसे अधिक मुक्त अपनी रचनाओं द्वारा होता है। जिस प्रकार वह सामने किसी दृश्य को देखकर उन दृश्यों के सम्बन्ध का निर्माण करता है और एक मुक्ति का आस्वाद पाता है–यह मुक्ति फिर भी पूर्ण नहीं होती क्योंकि प्रस्तुत दृश्य को यथेष्ट परिवर्तित, परिवर्द्धित या निर्मित करने की स्वतन्त्रता द्रष्टा को नहीं मिल पाती–उसी प्रकार वह रचना की प्रतिक्रिया में एक ऐसे जगत का निर्माण करता है जो उसका निजी होने के

कारण सब का बन जाता है। (ज्यां पाल सार्त्र : मोड्स आफ मेथड्स, पृ. 32)

केदारनाथ सिंह की प्रसिद्ध कविता 'आत्मचित्र' में भी एक शुद्ध अस्तित्ववादी स्थिति का प्रतीकात्मक अंकन हुआ है–

एक लकीर
पृथ्वी के सारे अक्षांशों से होती हुई
जहाँ
सौर-मण्डल के पास
खो जाती है
वहाँ मैं खड़ा हूँ।

(अभी बिल्कुल अभी)

कविता का प्रतीकार्थ है–कवि एक ऐसी उच्चतर मानसिक स्थिति में पहुँच गया है जहाँ से जगत एक वायवी वस्तु प्रतीत होता है। वह देश और काल की सीमाओं का अतिक्रमण करके शुद्ध अस्तित्व-चेतना मात्र शेष रह गया है। इस दिक्कालहीनता की स्थिति में उसे अपने शुद्ध आनन्दात्मक व्यक्तित्व की उपलब्धि होती है।

अस्तित्ववादी धारणा से प्रेरित कुंवरनारायण की एक छोट-सी कविता है 'रोशनी'। स्विच दबने से कमरे में रोशनी फैल जाती है। 'लुक-छिप कर तारों से बातें करने वाली' भोली-भाली सहज-सी रोशनी स्विच दबते ही पकड़ी जाती है। वह चौंक जाती है, जैसे यह अघटित कैसे हो गया? परिस्थितियों से विवश असहाय सांसत में पड़ चीख-चीखकर अपने को बाहर फेंकने लगती है। इसके माध्यम से कवि ने पूरी प्रतीकात्मक स्थिति का निर्माण किया है। इससे एक गहरे अस्तित्ववादी अर्थ की उद्भावना होती है। रोशनी कृत्रिम ढंग से प्राप्त की गई है और एक जीव की भाँति कैद होकर 'सांसत सह रही है।' जब तकलीफ सीमा से बाहर हो जाती है तो वह चीख-चिल्लाकर दोतल्ले से 'खिड़की के बाहर' अपने को फेंकने लगती है।

यहाँ 'फेंकना' शब्द उद्भूत होने की भावना (इमरजेंस) को व्यक्त न कर अस्तित्व के छूटने और निस्सार होने की भावना व्यक्त करता है। यह आज की जिन्दगी पर भी लागू होता है और प्रतीक रूप धारण कर लेता है। कृत्रिम सभ्यता और साधनों के बीच जीवन की मूल्यवत्ता कैद है और आदमी उसके दबाव में इतना विवश है कि अपनी सारी सार्थकता खोकर (फेंक कर) खोखला होकर जीने को मजबूर है ताकि दबाव की पीड़ा की तीव्रता को महसूस ही न करे। कुल मिलकर दार्शनिक प्रतीक-प्रयोग नई कविता में कुछ सफल रहे हैं।

कला और विज्ञान की प्रतीक सम्बन्धी अवधारणाओं का पार्थक्य स्पष्ट करते हुए कुमार विमल ने लिखा है कि 'विज्ञान जगत् के प्रतीक सर्वथा निर्धारित एवं मान्य अर्थ रखते हैं। अतः वैज्ञानिक प्रतीकों के वास्तविक अभिप्राय और अर्थ-प्रपत्ति के सम्बन्ध में प्रयोक्ता और पाठक या श्रोता प्रायः एकमत होते हैं, क्योंकि प्रयोक्ता इन प्रतीकों का प्रयोग उसी परिनिष्ठित अर्थ में करता है, जिसे गृहीता उसे एतावत्व के साथ जानता है। किन्तु कला-जगत् के प्रतीकों में प्रयोक्ता और पाठक, द्रष्टा या श्रोता के बीच किसी निर्धारित अर्थ या बोध य विषय के लिए ऐसा विश्रब्ध ऐकमत्य नहीं रहता है। साथ ही, इनमें अर्थ की सम्भावनाओं और नमनीयता की विशेष गुंजाइश रहती है, क्योंकि ये केवल प्रयोक्त ही नहीं, पाठक के ही कल्पना-बोध और उन्नत संवेदना से सापेक्षिक सम्बन्ध रखते हैं।" डॉ. विमल की यह धारणा एक सीमा तक सही है कि वैज्ञानिक प्रतीक अधिकतर विवरणात्मक एवं किसी विशिष्ट धारणा के प्रतिरूप होते हैं। इन प्रतीकों में अनुभव तथा प्रयोग पर आश्रित किसी विशिष्ट धारणा तथा विचार का प्रतिरूप मिलता है। परन्तु इस तथ्य का दूसरा पहलू यह है कि वैज्ञानिक प्रतीकों का कलात्मक या काव्यात्मक उपयोग भी सम्भव है। "वैज्ञानिक प्रतीकों का कलात्मक या काव्यात्मक उपयोग भी सम्भव है। "वैज्ञानिक प्रतीकों का प्रयोग साहित्य में सम्भव है, केवल इस शर्त के साथ कि उन प्रतीकों का प्रयोग काव्य की रसात्मकता में होना चाहिए। सत्य में यह कवि की प्रतिभा पर आश्रित है कि वह वैज्ञानिक प्रतीकों को किस प्रकार बुद्धि, भावना तथा संवेदना से समन्वित कर काव्यानुभूति में एकरस कर सकता है।" (डा. वीरेन्द्र सिंह, सम्मेलन पत्रिका, भाग 50, संख्या 1, पृ. 59) वैज्ञानिक प्रतीकों के माध यम से आधुनिकतर्क सत्य को राग सत्य में ढालने के ऐसे सफल काव्यात्मक प्रयोग नई कविता में प्रचुर मात्रा में मिलते हैं।

नई कविता के वैज्ञानिक प्रतीक-प्रयोग आधुनिक चेतना की अनिवार्य परिणतियाँ हैं। आधुनिक वैज्ञानिक अन्तर्दृष्टि ने मानव-चेतना के स्तरों में एक उथल-पुथल मचा दी है। अनेक नवीन आविष्कारों ने प्रतीक-सृजन की क्रिया को एक गत्यात्मक रूप प्रदान कर दिया है। उसका प्रमुख कारण ज्ञान के उन स्तरों का उद्धरित होना है जो अभी तक मानवों चेतना की परिधि में नहीं आ सके हैं। जब मानवीय ज्ञान नित नूतन अभियानों की ओर अग्रसर होता है, तब वह उस ज्ञान को स्थायी करने के लिए नूतन प्रतीकों का सहारा लेता है। नए कवियों ने इन नूतन वैज्ञानिक प्रतीकों को काव्यात्मक परिणति देकर, वैज्ञानिक प्रत्ययों की जटिलता को काव्य की सहज रागात्मकता में ढाल कर,

नूतन प्रस्थापनाओं के आधार पर जीवन एवं जगत के प्रति नवचिन्तन को गतिशीलता के नए आयाम देने का प्रयास किया है। उनके इस प्रयास ने काव्यानुभूति एवं वैज्ञानिक तर्क-शक्ति के समन्वय पर आधृत एक नवीन मर्यादा अथवा प्रतिमान की सम्भावना दी है। आधुनिक भावबोधगत मूल्य को पाने के लिए कवि ने विज्ञान की गहराई को, उसकी अन्तःप्रेरणा को हृदयंगम कर, काव्यात्मक रूप देने की चेष्टा की है। वैज्ञानिक सौन्दर्य-बोध के लिए जिस बौद्धिक अन्तर्दृष्टि की आवश्यकता होती है वह नए कवि के पास कम ही है। वैज्ञानिक का सौन्दर्य-बोध विश्व और प्रकृति की नियमबद्धता और समरसता में निहित है। वह, आइंस्टीन के शब्दों में, "विश्व के अन्तराल में एक 'पूर्व-स्थापित सामरस्य' के सौन्दर्य को कार्यान्वित देखता है। काव्य भी इस सौन्दर्य को ग्रहण कर सकता है, जो कवि के लिए एक नवीन मूल्य है। नए कवि ने एक ऐसे सौन्दर्य-बोध की आवश्यकता को समझा है, जिसमें उसकी भावात्मक एवं संवेदनात्मक सत्ताएँ बौद्धिक अन्तर्दृष्टि से समन्वित हों। अज्ञेय की इन पंक्तियों में इस अन्तर्दृष्टि की आवश्यकता पर बल दिया गया है–

सभी जगह–
जो मूल्यवान है सकुचा रहता है
अदृश्य, सीपी के मोती-सा
जो मिलता नहीं बिना सागर में डूबे

(अरी ओ करुणा प्रभामय)

आज के वैज्ञानिक युग की बौद्धिक चेतना की अभिव्यक्ति के लिए नए कवियों ने वैज्ञानिक प्रतीकों को अपनाया तो अवश्य है परन्तु अधिकांशतः वे शुद्ध वैज्ञानिक प्रतीक-प्रयोग प्रस्तुत करने में असमर्थ ही रहे हैं। भारतभूषण अग्रवल का यह प्रतीक-प्रयोग देखिए–

मैं निरा विलायती स्पंज हूँ
मेरे प्राण रिक्त और छिद्रमय हैं,
उनमें कहाँ है रस,
उनमें कहाँ है स्रोत?
मैं तो मात्र बाहर के जीवन को खोखकर
फिर उगल देता हूँ
सो भी तब
जब आके कोई निचोड़े मुझे।

(ओ प्रस्तुत मन)

यहाँ 'स्पंज' मध्यवर्गीय चेतना का प्रतीक है। वैज्ञानिक प्रतीकों के सबसे अधिक सफल प्रयोग गिरिजा कुमार माथुर, मदन वात्स्यायन तथा विपिन अग्रवाल की कविताओं में मिलती हैं। वैज्ञानिक प्रतीकों के समर्थ प्रयोग अज्ञेय में भी मिलते हैं। निम्नोद्धृत प्रयोग द्रष्टव्य है–

उतरो थोड़ा और,
घनी कुछ हो आने दो,
रासायनिक धुंध के इस चीकर कम्बल की नई घुटन को
मानव का समूह जीवन इस झिल्ली ही में पनप रहा है।

(इत्यलम्)

यहाँ 'रासायनिक धुंध' ऐसे वैज्ञानिक वातावरण का प्रतीक है, जो मनुष्य की सहज दृष्टि को ढांप लेता है, उस वैज्ञानिक प्रसार के आगे का रहस्य ओझल रहता है अथवा उस रहस्य के सामने यह विज्ञान का प्रपंच एक सन्देह का चिह्न लगा देता है। 'चीकर कम्बल' आधुनिक विज्ञान द्वारा उत्तरोत्तर उत्पन्न ऐसी स्थिति का प्रतीक है जिससे मानव का दम घुट रहा है, परन्तु मनुष्य ने उसे सुरक्षित प्रगति के लिए ओढ़ रखा है।

वैज्ञानिक प्रतीकों के काव्यात्मक प्रयोग की सार्थकता के सम्बन्ध में एक बात विशेष रूप से विचारणीय है। कोई भी वैज्ञानिक तथ्य या उपकरण काव्य में तब तक सार्थक नहीं हो सकता जब तक कि उसमें भाव-संपृक्ति न हो और जब तक वह अनुभूति की ऊष्मा से दीप्त न हो गया हो। किसी भी उपकरण को काव्य के उद्दीप्त शिखर पर पहुँचाना कवि की सामर्थ्य पर निर्भर करता है। वैज्ञानिक उपकरण यदि काव्यात्मक प्रयोग में कहीं विफल होते हैं तो इस कारण नहीं कि उन्हें नवीन क्षेत्र से ग्रहण किया गया है बल्कि इसलिए कि या तो कवि की निर्वचनक्षमता अथवा प्रातिभ दृष्टि दुर्बल है अथवा अनुभूति सूक्ष्म-गहन न होकर धरातलीय और विच्छिन्न है। वैज्ञानिक उपकरणों को काव्यात्मक प्रतीक में ढलना अत्यन्त कठिन कार्य है। कोई भी वैज्ञानिक तथ्य या उपकरण सीधे रूप में काव्य की सामग्री नहीं बनता, जीवन-प्रक्रिया की आँच में गलकर तथा अनेक अनुभव स्थितियों से जुड़कर वह किसी दूसरे अर्थ में रूपान्तरित होता है। गिरिजा कुमार माथुर के काव्य में वैज्ञानिक प्रतीक सबसे अधिक मिलते हैं। वैज्ञानिक उपलब्धियों पर टिके आधुनिक युग-जीवन की यथार्थ अभिव्यक्ति के लिए उन्होंने वैज्ञानिक प्रतीकों का आश्रय लिया है। वैज्ञानिक प्रतीकों के काव्यात्मक प्रयोग में जैसी सफलता उन्हें मिली है वैसी किसी अन्य कवि को कम ही मिल सकी है। 'पृथ्वी-कल्प' इस दिशा में उनका

अद्भुत प्रयास है।

'पृथ्वीकल्प' एक विज्ञान काव्य है जिसे गिरिजा कुमार माथुर ने इसी उद्देश्य से लिखा है। यहाँ उन्होंने विज्ञान के अमूर्त मूल्यों के आधार पर और उसी के माध्यम से हृदय में सहज रूप से अद्भासित अनुभूतियों को व्यंजित करने का प्रयास किया है। आज के 'अन्तरिक्ष युग' में विज्ञान के नए उपकरणों को काव्य-सामग्री के रूप में प्रस्तुत करने का यह अपने ढंग का पहला प्रयास है।

'पृथ्वीकल्प' आज की वैज्ञानिक पद्धतियों के विराट संघर्ष पर आधारित प्रतीकात्मक नाट्य काव्य है। यह समस्त रचना चार खण्डों में विभाजित है।

1. पहला खण्ड 'नीहारिका चक्र' है जिसमें मनोमाया (फेंटेसी) के शिल्प का प्रयोग है।
2. दूसरा 'स्वर्ण देश' खण्ड है जिसमें वर्तमान व्यावसायिक पद्धतियों का प्रतीक चित्र है।
3. तीसरा खण्ड 'लौह देश' है जिसमें राज्यवाद, सैन्यवाद, अधिनायकवाद, समष्टिवाद अथवा यूथवादी सामूहिक तन्त्रों का अभिव्यक्तीकरण है।
4. अन्त में 'भविष्य खण्ड' जिसमें संसार के साधारण जनों, परिवर्तित मूल्यों और आगामी मानव समाज का चित्र-संकेत प्रस्तुत किया गया है।

गिरिजा कुमार माथुर का विचार है कि "यन्त्र युग की कटु वास्तविकता को अभी तक हिन्दी कविता व्यक्त नहीं कर सकी है। सम्भव है आगे करे। उनका विश्वास है कि अब तेजी से बढ़ने वाले 'टेक्नोलॉजी' युग की कविता विज्ञानोन्मुखी होगी और विज्ञान ही आगे की कविता का नया आयाम बनेगा।" इसी सी प्रेरित होकर उन्होंने इस विज्ञान-काव्य की रचना की है। 'पृथ्वीकल्प' में अति आधुनिक 'टेक्नोलॉजी' से सम्बन्धित वैज्ञानिक प्रतीकों का प्रयोग किया गया है। अपनी अन्य कविताओं में भी माथुर जी ने वैज्ञानिक प्रतीकों के शुद्ध काव्यात्मक प्रयोग प्रस्तुत किए हैं। कतिपय प्रयोग द्रष्टव्य है :

हो गया है फिशन अणु का
परम ब्रह्म अनादि मनु का
ब्रह्म ने भी खूब बदला नाम
लोकहित के पर न आया काम।

(धूप के धान)

यहाँ अनादि ब्रह्म को परमाणु का प्रतीक रूप देते हुए परमाणु विस्फोट

के प्रभाव को प्रदर्शित करने की चेष्टा की गई है। निम्न उद्धरण में 'अणु' को विज्ञान की संहारक शक्ति के प्रतीक रूप में प्रस्तुत किया गया है।

किन्तु नहीं
मिट सका कभी न, भविष्य मनु का
अणु का नाग नाथने वाले महामनुज का।

(धूप के धान)

विज्ञान को अध्ययन के लिए सिर्फ एक विषय मानना तथा उसे जीवन को समझने और बदलने के लिए वैज्ञानिक जीवन दृष्टि का प्रेरक स्रोत मानना, दो अलहदा चीजें हैं। ज्यादातर नए कवियों का ध्यान पहली स्थिति पर ही टिक पाया है।

(1967)

□

कविता की भाषा–प्रक्रिया में विचार की भूमिका

कविता की रचना के दौरान विचार अपनी महत्त्वपूर्ण भूमिका अदा करते हैं। अनुभव के गहरे स्तरों से उठे इन विचारों की तार्किक संगति में बंधकर कवि अपनी रचना-दृष्टि विकसित करता है। जीवन के अनुभवों को वस्तुपरक आधार से जोड़ते हुए कवि वह समझ अर्जित करता चलता है जो उसे अपने समय में घट रही महत्त्वपूर्ण घटनाओं के प्रति निर्णयात्मक रुख अख्तियार करने के लिए प्रेरित करती हुई उसके रचना-कर्म को एक व्यापक सामाजिक प्रक्रिया का जरूरी हिस्सा बना देती है। अपने समय के यथार्थ में इतिहास की यह समझ कवि की सामाजिक दृष्टि को पूरी तरह से बदलती हुई उसकी रचना-प्रक्रिया के सभी महत्त्वपूर्ण पक्षों को प्रभावित करती है। कवि की यह स्पष्ट सामाजिक दृष्टि ही उसकी अनुभूतियों को वह परिप्रेक्ष्य देती है, जो उन्हें महत्त्वपूर्ण और प्रासंगिक बनाता है। इसके अभाव में अनुभूतियाँ परस्पर विशृंखल होकर एक अव्यवस्था को जन्म देती हैं। हर एक कवि अपनी सामाजिक दृष्टि की वैचारिक जरूरतों के दायरे में ही अपनी साहित्य-दृष्टि विकसित करता है, जो अन्ततः उसके चतुर्दिक यथार्थ के लिए उत्तरदायी शक्तियों, शक्तियों को संचालित करते विचारों, विचारों की जड़ में बैठे उद्देश्यों की सापेक्षता में ही विकसित होती है। दृष्टि के इसी वैचारिक अनुशासन में रचना की मूल्य-दिशा और उसका उद्देश्य निर्धारित होता चलता है। रचना के लिए तथ्य, दृश्य, चरित्र, तर्क और भाषा का चुनाव इसी उद्देश्य की पहल पर सम्पन्न होता है। दृष्टि और उसको कोण देने वाली विचार-पद्धति के अन्तर से रचना की जमीन और उसके केन्द्रीय प्रश्न बदल जाते हैं, रचना का पूरा व्यवहार और उसके उपकरण बदल जाते हैं।

जीवन-परिस्थिति में बदलाव से और यथार्थ के नए-नए पहलुओं के खुलने से कवि वैचारिक स्तर पर एक नया सम्वेदनात्मक व्यक्तित्व अर्जित

करता है। यह व्यक्तित्व उसकी रचना-प्रक्रिया को भी बदलाव के महत्त्वपूर्ण आयाम देता है। यहाँ रचना-प्रक्रिया एक ऐसी वैचारिक खोज में बदल जाती है जहाँ सभी उलझी हुई, जटिल मगर ठोस सच्चाइयाँ अपनी अलग-अलग पहचान बनाते हुए ठोस शब्दों में पिघलकर रूपाकार ग्रहण करती हैं। "यह प्रक्रिया बहुत जटिल होती है और इसमें रचनाकार अपनी सामर्थ्य के अनुसार एक वस्तु से दूसरी वस्तु, नाम और क्रिया रूप में एक शब्द से दूसरे शब्द की वैज्ञानिक संगति, एक घटनासे दूसरी घटना की ऐतिहासिक गतानुगतिकता, एक कार्य से दूसरे कार्य की सन्दर्भ-सापेक्षता और अन्त में एक निर्णय से दूसरे निर्णय की तार्किक अनिवार्यता और या सम्भाविता प्रकट करता चलता है।...इस क्रम में उसे शब्दों और या उनसे जुड़ी वस्तुओं और वस्तु-स्थितियों को नया अर्थ और या सन्दर्भ देकर बदलना पड़ता है और बदलाव के कारण भाषा की अर्थ-प्रकृति में भी एक अन्तर उभरने लग जाता है। निर्माण-काल में उसके शब्द मात्र शब्द न रहकर हाथ और हथियार हो जाते हैं और उनका यह बदला हुआ रिश्ता, रचना विशेष के सन्दर्भ में, उनसे फिर अपने नए-नए अर्थों की माँग करने लगता है। (कुमारेन्द्र : काव्यभाषा का वामपक्ष, आलोचना : 34-35)

रचना-प्रक्रिया में वैचारिक दृष्टि की यह भूमिका भाषा और विचार के आपसी सम्बन्धों को स्पष्ट करने के साथ-साथ यथार्थ की सापेक्षता में उनके सहगामी संचरण की अनिवार्यता पर भी बल देती है। कविता में ही नहीं, सामान्य सामाजिक व्यवहार में भी हम भाषा, विचार और यथार्थ में इस समीकरण को सक्रिय देखते हैं। शायद यही देखकर मार्क्स ने भाषा को 'विचार का प्रत्यक्ष यथार्थ' कहा था। भाषा का सम्बन्ध यथार्थ से सीधे-सीधे नहीं होता, बल्कि विचार के जरिए होता है। भाषा की बदौलत विचार न केवल बनते हैं, बल्कि संचरित और अनुभूत भी होते हैं। शब्दों में और शब्दों के योगों में मनुष्य वस्तुगत जगत् के प्रतिबिम्बित होने के परिणामों को अपनी चेतना में अंकित करता है। मानव-चेतना को विकसित और परिष्कृत करने में भाषा बहुत बड़े महत्त्व की चीज रही है इसीलिए मानव-विरोधी शक्तियाँ भाषा के प्रति आक्रामक रुख अपनाते हुए उसे अपने हितों की अनुचरी बनाने में सक्रिय रही हैं। इन शक्तियों के प्रभाव में आज भी चिन्तकों-लेखकों का एक हिस्सा भाषा को विचार और विचार को यथार्थ से अलग कर देने की कलात्मक साजिशों में लगा हुआ है। मूलतः मानव-विरोधी विचारधारा के अधीन काम करनेवाली इन कलात्मक साजिशों के प्रभाव को काटने के लिए समकालीन लेखक में भाषा, विचार और यथार्थ के आपसी रिश्तों को फिर से पहचानना

जरूरी हो जाता है। सामाजिक विकास में इतिहास की गति के वस्तुपरक नियमों को नकारने वाली शून्यवादी समझ की कोख से उपजी वैचारिक अराजकता तथा मानवीय अनुभव को सामाजिक सन्दर्भों से पूरी तरह काटने के लिए नियोजित ढंग से, पनपाई गई विचारहीनता किन युक्तियों से समकालीन लेखन में अपनी व्यूहरचना कर रही है, इसकी पहचान के लिए उन कारणों की तह में जाना होगा जो भाषा को उसके सामाजिक संघर्ष के जीवन्त अनुभव के मूल स्रोत से जुड़ने नहीं देते; जो सही वैचारिक परिप्रेक्ष्य को धुंधलाते हुएं भाषा को उन दिशाहीन भटकावों के बीच छोड़ देते हैं जहाँ वह 'मानवीय ऊर्जा को संघटित' करने के अपने सामाजिक उद्‌देश्य में विफल हो जाती है। चूँकि यहाँ हमारा उद्‌देश्य समकालीन लेखन में मुख्यतः कविता पर ही विचार करना है, इसलिए सबसे पहले इस दौर की कविता में भाषा के व्यवहार और उसके विविध पैटर्नों की पड़ताल जरूरी है।

यदि थोड़े सरलीकरण से परहेज न हो तो हम मोटे तौर पर कविता में भाषा की तीन स्थितियाँ अलग-अलग पहचान सकते हैं।

पहली स्थिति में भाषा कवि के रचनात्मक संघर्ष और उसके विजन की सृष्टि होंती है। यह भाषा कवि के बदलते अनुभव-संसार और प्रचलित भाषा के बीच की जद्‌दोजहद या उसकी नई समझ और पुरानी भाषा के मध्य के तनाव से उपजती है। बदलाव के हर मोड़ पर यह भाषा अपने को नए सिरे से तलाशती है। शब्दों के गहरे अर्थ-संस्कार और सतही अर्थ-संस्कारों के बीच कशमकश से रास्ता निकालकर सर्जनात्मकता के बन्द आयामों को खोलती है। इस कोटि की भाषा यथार्थ और उसके अनुभव को बाँधने के बजाय उसे सही दिशा में गतिशील करती है। जीवन की धड़कनों के समानान्तर चलने वाली यह भाषा कवि की तात्कालिक मनःस्थिति और भावना का ही बोध नहीं कराती बल्कि उसके विचारों की दिशा अैर परिप्रेक्ष्य की बदलती समझ का भी यथेष्ट संकेत देती है। निराला और मुक्तिबोध की काव्य-भाषा इस स्थित का उदाहरण बन सकती है।

दूसरी स्थिति में कवि के अनुभव की सीमा उसकी भाषा की सीमा बनकर सर्जनात्मकता के उन्मुक्त आयामों को यंध देती है। परिप्रेक्ष्यगत निजता और आंतरिक सम्वेदनागत दबाव के अभाव में भाषा अनुभव की गहराई से अर्थ-संस्कार प्राप्त नहीं करती। वास्तविक जीवन से सम्पर्क टूटने पर उसका तनाव चुक जाता है। इस तरह भाषा की पहुँच एक हद के बाद अपने आप में तो सीमित हो ही जाती है, साथ ही उलटमार करती हुई कवि की दृष्टि और

सम्वेदना को भी कुण्ठित तथा अनुशासित करने लगती है। कवि दुहराव से जितना बचना चाहता है, उतना ही दुहराव के घेरे उसे लपेटने लगते हैं। बदलते हुए यथार्थ की सीधी पकड़ के अभाव में भाषा और अनुभव के बीच का तनाव उसकी रचना-सम्वेदना का अंग नहीं बन पाता। स्थिर एवं सीमित अनुभव से उपजी और बंधी हुई भाषा के झरोखे से वह यथार्थ को देखने की कोशिश करता हे और इस तरह धीरे-धीरे, अनुभव की सम्पूर्णता और बहुआयामी वास्तविकता को नजरअन्दाज करने का अभ्यास बना लेता है। उसकी प्रकृति बहुत कुछ रेडियो की उस सुई की तरह हो जाती है जो यह यान्त्रिक अनुशासन में परिवेश से कुछ खास वेवलेंग्थ की ध्वनि-तरंगों को ही पकड़ती है और बाकी के प्रति उदासीन बनी रहती है। पंत और अज्ञेय के परवर्ती काव्य मेंभाषा का यही रूप पहचाना जा सकता है।

तसरी स्थिति वह है जिसमें कवि और कवि-समूह कविता में शब्द के फलन (फंक्शन) की अपेक्षा शब्द को ही अधिक महत्त्वपूर्ण मानने लगते हैं। मतलब यह है कि वे भाषा की सर्जनात्मकता का स्रोत शब्द-प्रयोग में न मानकर शब्दों की उस अर्जित शक्ति में मान लेते हैं जो लगातार प्रयोगों से उसे—सम्भावनाओं की परिपूर्णता के रूप में—पहले ही मिल चुकी होती है। इस कोटि की भाषा में शब्द, कवि के किसी रचनात्मक अनुभव की उपज नहीं होते और न ही ये हममें किसी भी प्रकार के अनुभव, सम्वेदन या कल्पनात्मक पर्युत्सुकता जगाने की क्षमता रखते हैं। ये शब्द हमारी चेतना की ऊपरी सतह पर ही रेंगते रह जाते हैं, हमें कोई अनुभव नहीं कराते। हममें कोई नई अर्थ-अनुगूंज या आसंग पैदा नहीं कर पाते। इन शब्दों के सहारे बनने वाली कविता शब्द-इकाइयों के पुनः क्रमस्थापन की चातुरी बनकर सामने आती है। कविता नए सवाल नहीं उठाती क्योंकि नए सवाल नई भाषा की माँग करते हैं। यहाँ भाषा की नवीनता के नाम पर एक सतही मेकेनिज्म को अपनाते हुए शब्दों की संरचना को तोड़कर चमत्कार उत्पन्न करने की चेष्टा की जाती है। ध्वनिचिह्नों, कोलन, डेश, शब्दों के टुकड़े-टुकड़े करके रखने आदि के क्रम का प्रयोग करके अर्थ के नए आयाम उभारने की भरसक कोशिश होती है। विषय की नवीनता जतलाने के लिए केवल शब्द दूसरे रख दिए जाते हैं। सोचने का, देखने का ढंग नहीं बदलता—महज प्रतीक बदल जाते हैं। एक बिम्ब की जगह दूसरे बिम्व का, एक प्रतीक की जगह दूसरे प्रतीक का आ जाना ही नएपन की सूचना हो जाती है पर इन बिम्बों और प्रतीकों को निबाहने के ढंग में कोई फर्क नहीं आता। दूसरे शब्दों में भाषा एक सर्जनात्क जरूरत नहीं बनती। यह

स्थिति रचना-प्रक्रिया को ऐसी सहजता दे देती है कि कवि के देखते-देखते ही कविता की भाषा स्वीकृत साहित्यिक शब्दों की ऐसी संरचना में अपने को विकसित कर लेती है कि कोई भी व्यक्ति कवि कहलाने के लोभ में उन शब्दों को (यान्त्रिक रूप में) जोड़ सकता है। उसके लिए रचना-विधि एक सहज ढंग से सीखी हुई अनुकरण-प्रक्रिया हो जाती है। आजकल ही नहीं प्रायः हर काव्यान्दोलन के दौरान लिखी जाने वाली सैकड़ों कविताएँ भाषा की इसी स्थिति को अपनाती हैं।

कविता में भाषा की ये तीन स्थितियाँ, अन्य बातों के अलावा, रचना-व्यापार में विचार की तीन स्थितियों को संकेतित करती हैं। पहली स्थिति में विचार सही रूप में सक्रिय होकर गतिशील यथार्थ की वस्तुपरक समझ विकसित करते हुए नई भाषिक संरचना में अपनी सार्थक भूमिका अदा करते हैं दूसरी स्थिति में विचारों का ठहराव लक्षित है। बदलते यथार्थ और जड़ विचार के बीच का अलगाव काव्यानुभव और भाषा को यहाँ एक ही दायरे में घूमने को विवश करता है। भाषा में विचार की प्रगतिशील भूमिका यहाँ कुण्ठित हो जाती है। तीसरी स्थिति भाषा की सृजन-प्रक्रिया में विचार की अनुपस्थिति तथा निष्क्रियता की गवाही देती है। कवि-कर्म के लिए यह सबसे अधिक सोचनीय स्थिति है।

अब तक के विवेचन से यह तथ्य और उभरता है कि विचार, कविता की रचना-प्रक्रिया और भाषा-व्यापार में तभी अपनी सार्थक भूमिका अदा करता है जब वह यथार्थ से सीधे जुड़कर वस्तुपरक समझ में विकसित और क्रियाशील होता है। विचार अपने आप में कोई स्वतन्त्र अनुभव या अमूर्त धारणा नहीं है। अपने विशिष्ट सन्दर्भ में विचार सही भी होता है, गलत भी; प्रगतिशील भी होता है, प्रतिक्रियावादी भी : जड़ भी होता है, चेतन भी। विचार के सही और गलत होने की पहचान यथार्थ से उसके जुड़ाव की प्रकृति से निर्धारित होती है। सही विचार वही है जो अपनी समग्रता में—पूरी तटस्थता के साथ—सामाजिक सच्चाई के केन्द्रीय पक्षों की पहचान कराता है। मानवीय चेतना और घटनाओं की द्वंद्वात्मक प्रक्रिया के बीच से उभरा यह विचार ऐतिहासिक गति के वस्तुपरक नियमों को अपने समय के मानव-व्यवहार में आँकता है। सच्चाई की ऊपरी सतहों को छूकर निःशेष होने की जगह यह विचार गहराई में उतरकर यथार्थ के स्वरूप को गठित करने वाले आधारभूत नियोजक तत्त्वों की खोज करता हुआ उस केन्द्र पर ठहरता है जहाँ सामाजिक सच्चाई के आधारभूत पक्ष द्वन्द्वात्मक रूप से टकराते हैं। यही सही विचार जब मानवीय यथार्थ को—उसकी सही पहचान के साथ—सही नाम से पुकारता है तो वह पुकार अपने समय में

सही भाषा कहलाती है। विचार के माध्यम से यथार्थ को सही नाम देने वाली यह भाषा, कविता के पिछले और समकालीन रचना-दौर में कैसे और क्यों प्रकट और लुप्त होती रही है, इसकी पड़ताल कुछ जरूरी निष्कर्षों तक पहुँचा सकती है।

पिछले दौर और इस दौर की बहुत-सी कविताओं में आधुनिकता की रौ के साथ भाषा के अमूर्तन की प्रवृत्ति बढ़ी हुई मिलती है। विचार की अमूर्तता के साथ-साथ या उसी के प्रभाववृत्त में कविता की भाषा में बौद्धिकता तथा अमूर्तता की मात्रा बढ़ती गई है। जानकारों का कहना है कि भाषा में बढ़ती जाती इस अमूर्तता के मूल में, अन्य बातों के अलावा, आधुनिक कला की प्रतीकवादी अवधारणा का प्रभाव भी सक्रिय दिखलाई पड़ता है। प्रतीकवादी धारणा के अनुसार, "वस्तु का बाह्य रूप बुद्धि के द्वारा बनाया गया 'प्रतीक' है; उसकी वास्तविक सत्ता इससे भिन्न है। बाहरी रूप का कला के लिए महत्त्व नहीं है। कला उस वैज्ञानिक तथ्य को पकड़ना चाहती है जो 'द्रष्ट' के पीछे ओझल है। 'द्रष्ट' उस अन्तर्निहित तथ्य का प्रतीक तो हो सकता है पर स्वयं वह तथ्य नहीं है। गॉगिन के शब्दों में जिस प्रकार संगीत में हम 'वर्णन' को स्थान नहीं देते, अपितु ध्वनियों की संकेतात्मकता को महत्त्व देते हैं। उसी प्रकार कला में वर्णन का महत्त्व नहीं है। 'वस्तु' का स्थान अथवा उसकी अनुकृति का महत्त्व प्रतीकवादी कला-दृष्टि में नहीं है; इतना ही नहीं, 'वस्तु' के स्वरूप को इतना विकृत (Distorted) बनाया है कि प्रेक्षक को कला में 'वस्तु' को देखने या पाने का कोई संकेत ही न मिल सके। जिस प्रकार भौतिक विज्ञान 'दृश्य' को छोड़कर सत्ता के आदि तत्त्वों का पता लगाना चाहता है जहाँ किसी प्रकार की विकृतियाँ नहीं हैं, वरन् जहाँ से इनका आविर्भाव होता है, उसी प्रकार कलाकार भी कला में 'दृश्य को त्याग कर अपने आद्य, शुद्धतम और सरलतम अनुभवों में मूल सत्ता की खोज करता है।" (हर्बर्ट रीड : आर्ट नाउ)

कला की इस प्रतीकवादी अवधारणा का प्रभाव सभी कवियों पर एक जैसा नहीं पड़ा है। मुक्तिबोध, शमशेर, केदारनाथ अग्रवाल तथा कुमारेन्द्र पारसनाथ सिंह जैसे समर्थ कवियों ने इस अमूर्तन पद्धति का उपयोग सकारात्मक दृष्टि और उद्देश्य से जुड़कर किया है। बहुत-सी जगहों पर इन कवियों ने अपने काव्यानुभव को सूक्ष्म वैचारिक स्तर पर प्रत्यक्ष करने की मजबूरी अनुभव की है। अनुभूति के वैचारिक संकेन्द्रण से भाषा में यथेष्ट अमूर्तता आ गई है। लेकिन यहाँ अनुभव—जिसकी मूल प्रकृति सामाजिक है—को वस्तुपरक वैचारिक

सारतत्त्व तक पहुँचाने की आकांक्षा सक्रिय दिखलाई पड़ती है। विशिष्ट सामाजिक परिस्थितियों और उनके सन्दर्भों की घनिष्ठ पहचान तथा मानवीय मूल्यों के प्रति एक आन्तरिक प्रतिश्रुति के दोहरे अनुशासन में चलता हुआ काव्यानुभव वैचारिक सारतत्त्वों एवं धारणाओं तक पहुँचता है। यहाँ कविता की रचना-प्रक्रिया एक ऐसी वैज्ञानिक विश्लेषण-प्रक्रिया में बदल जाती है, जो एक विशिष्ट वैचारिक अनुशासन और निश्चित उद्देश्य के तहत काम करती है। मुक्तिबोध की 'अँधेरे में', 'दिमागी गुहान्धकार का ओरांग-उटांग', 'प्रश्न-चिह्न बौखला उठे', 'शिला खून पीती थी', 'बसंता के नाम', 'माई' तथा 'लौट आ, ओ धार', कुमारेन्द्र की 'प्रक्रिया', 'सूरज में कितनी किरणें हैं', 'मुक्ति-गाथा', 'संसद-भवन' शीर्षक कविताओं में अमूर्तन की इस सार्थक स्थिति को अलग से पहचाना जा सकता है। ये कविताएँ एक निश्चित सामाजिक समझ तथा समन्वित वैचारिक परिप्रेक्ष्य से बुनी हुई हैं। हर एक कविता के पीछे दृष्टि का एक सार्थक सन्दर्भ है। इस केन्द्रीय दृष्टि के मिलते ही सन्दर्भ की रोशनी में प्रतीकार्थों के स्तर एक के बाद एक खुलते चले जाते हैं। अमूर्तता की परतों के नीचे एक समानान्तर अर्थ-संसार उद्घाटित होता चलता है, जो सच्चाइयों के, अपेक्षाकृत ठोस अनुभव की झलक मारता है। अमूर्तन की यह स्थिति भाववादी व्यक्तिपरक कविता में मिलने वाले अमूर्तन से अलग और विशिष्ट है। भाववादी व्यक्तिपरक कविता कल्पना के क्षेत्र से अमूर्तन प्राप्त करती है। अमूर्तन की ये दो विपरीत स्थितियाँ वास्तव में यथार्थ के प्रति दो दृष्टियों के अन्तर को ही सूचित करती है। तथ्य के क्षेत्र से पाया हुआ अमूर्तन भाषा को सामाजिक यथार्थ के स्रोतों से टूटने नहीं देता जबकि कल्पना के क्षेत्र से प्राप्त अमूर्तन में इन दोनों के जुड़े रहने की गुंजाइश कम ही रहती है। तथ्य रूपवादी महत्त्वाकांक्षा को भी सामाजिक चेतना के केन्द्र में खींच लाते हैं। सही वैचारिक परिप्रेक्ष्य अमूर्त धारणाओं और प्रत्ययों को भी प्रभव के ठोस और सार्थक सन्दर्भ में रख देता है।

कवियों का एक दूसरा वर्ग—जिसमें 'अज्ञेय' से लेकर श्रीराम वर्मा तक बहुत से प्रयोगवादी शामिल हैं—अमूर्तता को अभिव्यक्ति की अनिवार्य विवशता मानता है। इस विवशता का सम्बन्ध यह वर्ग मनुष्य की बदली हुई मानसिकता तथा भाषा और यथार्थ के तनावपूर्ण सम्बन्धों से जोड़ता है। एक नए कवि का कहना है कि 'वर्तमान युग-जीवन में व्यापार स्तर पर घटित होने वाले यथार्थ के अनुभव की प्रतिक्रिया के स्पष्ट ही दो ध्रुव बन गए हैं, जिसका परिणाम है विभक्त सम्वेदनीयता (Divided Sensibility)। अतः हम पाते हैं कि यथार्थ के अनुभूत पक्ष और उसके चिन्तन-पक्ष में एक गहरी खाई बन गई है। ये दो ध्रुव

एक साथ समानान्तर गतियों में कवि के मत को प्रभावित करते-से लगते हैं। कभी-कभी ऐसा भी होता है कि ये दोनों ध्रुव परस्पर एक-दूसरे पर हावी होना चाहते हैं। यथार्थ के अनुभव की ध्रुवाभिमुखता तथा उनके बीच वैषम्य और घात-प्रतिघात की ऐसी स्थिति में कविता या तो अमूर्तन की ओर झुकती है या फिर एक आवेश-जनित बौखलाहट के रूप में व्यक्त होती है।' (मलयज)

यह धारणा सही स्थिति से गलत निष्कर्ष तक पहुँचने की कोशिश की कही जा सकती हे। इस तर्क के छाया में कवियों का एक पूरा वर्ग अपनी रचना-प्रक्रिया की एक खास कमजोरी को छिपाने का कलात्मक प्रयास करता रहा है और अब भी कर रहा है। कुछ अपवादों को छोड़कर, प्रयोगशील खेमे के नए कवियों-अकवियों की अधिकांश रचनाओं में अमूर्तता भाषा की सर्जनात्मक जरूरत होने की अपेक्षा जबर्दस्ती लादी गई मालूम पड़ती है, क्योंकि उनमें व्यक्ति एवं परिवेश तथा उनके द्वन्द्वात्मक सम्बन्धों का कोई जीवित स्पन्दन न होकर महज सायास बौद्धिकीकरण है। बुद्धिजन्य भाषा का यह सतही विन्यास एक ऐसी यान्त्रिक निरीहता को जन्म देता है जो शब्दों की समूची सम्वेदनीयता को भोथरा बना देती है। इस आरोपित अमूर्तन के मूल में कहीं-न-कहीं कवि की वही घबराहट मौजूद है जो किसी निश्चित वैचारिक परिप्रेक्ष्य तथा ठोस मूल्यदृष्टि के अभाव में उपजती है। सामाजिक अनुभव के जीवित सन्दर्भो से कट जाने पर कवि में जो आत्मविश्वासहीनता आ जाती है वह ऐसी ही कृत्रिम अमूर्त भाषा को जन्म दे सकती है। इस बीच आयातित आधुनिकता की रौ में लिखी गई ढेर सारी कविताओं में भाषा के व्यवहार की कमोबेश यही स्थिति है।

वैसे भी नई कविता की रचना-प्रक्रिया की यह आम कमजोरी रही है कि उसमें आरोपित बौद्धिकीकरण के कारण संघटनात्मक अनिश्चितता हावी रही है। अधिकांशतः नया कवि. परिस्थितियों की अनुभूति से प्रेरित दिखलाई नहीं पड़ता, उसकी प्रेरणा विचारों को सतही तौर पर अनुभव करने के प्रयत्न में स्फुटित होती है और तब काव्यात्मक स्थिति का निर्माण करती है। लेकिन आप इस प्रयत्न में वह बुरी तरह असफल रहता है क्योंकि अनुभव और चिन्तन के बीच कोई वैज्ञानिक दृष्टि-सूत्र न होने के कारण वह अपने अनुभव को विचार और विचार को अनुभव में रूपान्तरित नहीं कर पाता। वैचारिक संघटन के अभाव में कोई संवेदनात्मक पैटर्न नहीं वनता। वस्तुतः यह रोमांटिक रचना-दृष्टि की सीमा थी जो नई कविता में भी पूरी तरह संक्रमित हुई। मूल्यों के अन्तःसम्बन्धों की सही समझ देने वाले परिप्रेक्ष्य के अभाव में नई कविता

में अपने समकालीन जीवन और उसकी चुनौतियों के प्रति सर्जनात्मक प्रतिक्रियाएँ इतनी अस्पष्ट, अनेकाग्र, उथली और अतिरंजित रही कि उसकी संरचना अपनी अनिश्चितता में ही चरमरा गई। सही परिप्रेक्ष्य ही सारी जटिल संवेगात्मक प्रतिक्रियाओं को अपेक्षाकृत ठोस आधार पर व्यवस्थित कर विश्लिष्ट संवेदना को एक दृष्टिबद्ध अन्विति देकर रचनानुभव की बनावट को एक आन्तरिक संगति और सार्थकता देता है। इससे रचना-कर्म में वह विवेकपूर्ण आत्मविश्वास आता है जो अपने समय के सामाजिक यथार्थ में अन्तर्निहित द्वंद्व और अन्तर्विरोधों को उनकी समग्रता में प्रत्यक्ष करता है। यह आत्मविश्वास नए कवियों में बहुत कम देखने को मिला है। इसीलिए उनकी भाषा में भी वह खुलापन नहीं आ पाया है जो यथार्थ को उसकी नींव पर पकड़ सकता है।

अपने परवर्ती रचना-प्रयासों में, अज्ञेय-जैसा कवि भी अनुभूति को, बौद्धिक एवं कलात्मक परिष्कार देने की अतिरिक्त चेष्टा में अक्सर अमूर्तन के अतिशय प्रयोग की ओर झुक गया है। 'आँगन के पार द्वार' तथा 'सागर मुद्रा' की अनेक कविताओं में 'अज्ञेय' की भाषा मौन की तनावहीन मुद्राओं का नाटक करती हुई नितान्त निजबद्ध एवं जटिल अनुभूतियों का एक 'प्रवेश-वर्जित' संसार खोलती है। ये कविताएँ एक ऐसे अन्तर्मुखी व्यक्ति का आत्मालाप लगती हैं जो बाहरी यथार्थ के प्रति पूरी तरह से उदासीन होकर, संवेदना-पुंज की एक अलग-थलग इकाई के रूप में, अपने ही भीतर निर्वासन का मानसिक तनाव झेलता है; किसी दूसरे को अपने अनुभव में शरीक होने की इजाजत नहीं देना चाहता। भाषा को एक सीमा के बाहर तोड़ने में सम्प्रेषण के सूत्र टूट जाते हैं। यहाँ भी ऐसा ही हुआ है। कवि की कल्पना से रचे गए, अमूर्त प्रत्ययों के इस शुद्ध अनुभवक्षेत्र में भाषा मुक्त हो गई है–यहाँ शब्द स्वतन्त्र होकर अपनी अर्थ-दिशा स्वयं निर्धारित करते हैं। संगीत की सीमा छूती हुई, काव्य-भाषा की वह अमूर्तता कविता को एक खतरनाक मोड़ पर ले जाती है। यह पाठक को मात्र संवेदनात्मक सुरसुरी या गणितात्मक आनन्द देकर चुक जाती है। अमूर्त भाषा की इस स्थिति में शब्द अराजक हो उठते हैं। वे कवि के अनुभव और संवेदनात्मक उद्‌देश्य को सही और वांछित दिशा में गतिशील न कर अर्थ की अनेक वैकल्पिक दिशाएँ खोलने लगते हैं। शुद्ध अनुभव और शुद्ध विचार की रचना पर जोर देने वाली इस अमूर्त अज्ञेय दृष्टि ने सामाजिक यथार्थ को सही समझ से काटते हुए काव्य-भाषा और वस्तुपरक विचार के बीच अलगाव पैदा करने की पूरी साजिश रची।

अमूर्त भाषा के इस कलात्मक रचाव और आभिजात्य को नई पीढ़ी के

उन सभी कवियों ने चुनौती दी जो अपनी कविता की जमीन से कोई सार्थक विचार और सामाजिक परिप्रेक्ष्य विकसित करना चाहते थे। नई कविता के बाद, भाषा के बारे में सोच का नया वातावरण बना जिसमें कवि सबसे पहले भाषा, विचार और यथार्थ के टूटे रिश्तों को लेकर चिन्तित था—

भाग के बीच के रिक्त
किस-किस में भर रहे हैं अपनी संवेदनाएँ?
... ...
वाक्यों के बीच के गठन में
बैठा मौन कब टूटेगा कि आदमी
ठीक आदमी की तरह बैठ
सोचेगा अपनी नियति की बात?

(बलदेव वंशी)

सही विचार और भाषा के रिश्तों को एक बार फिर से परिभाषित करने की प्रक्रिया में अब कवि स्वयं समझ के उस विकसित स्तर पर पहुँचने लगा, जहाँ उसे शब्दों को व्यापक सामाजिक प्रक्रिया के अन्तर्गत एक कारगर कार्रवाई की मानिन्द इस्तेमाल करने की अनिवार्यता महसूस होने लगी—

आओ, शब्दों को ढेलों की तरह उठाकर
जरा गंवार बनना सीखें
चीजों के सामने होकर
देखना पड़तालना सीखें
... ...
कहीं से तो शुरू करना ही होगा
'चिकने' और 'गोल' शब्दों को तोड़ने का क्रम
भाषा और कविता को भी
उठाना होगा उस जमीन से
जहाँ शब्द की मार और धार
दिखें
नहीं, दिखे बेशक नहीं
कारगर होती चले
एक कार्यवाही की मानिन्द।

(नरेन्द्र मोहन)

भाषा की गठन में 'आदमी को बिठाने' तथा उसे 'एक कारगर कार्यवाही'

में बदलने की इस नई चिन्ता ने कविता को फिर ऐसे मोड़ पर लाकर खड़ा कर दिया जहाँ उसे 'भाषा के नए व्यवहार पर महत्त्वपूर्ण निर्णय लेना था। इस दौर में भाषा के रचनात्मक व्यवहार के दो समानान्तर रुख उभरे, जो वैचारिक धुन्धलका छंटने के क्रम में धीरे-धीरे स्पष्ट होते गए।

भाषा के व्यवहार का एक पक्ष यह था जो 'अब जब सब कुछ असाध्य है/सोचता हूँ/सोचना ही छोड़ दूँ' की विचारहीन, शून्यवादी समझ लेकर 'देह की राजनीति' का मोहरा बनते हुए 'जीभ' और जाँघ' के चालू भूगोल को कविता में उतार रहा था। सक्रिय तौर पर जीवन से जुड़ी समझ के अभाव में यह अकवितावादी विवेकहीनता रुग्ण व्यर्थता-बोध तथा निषेधवादी अराजकता का वातावरण रचते हुए सहज मानवीय मूल्यों को नष्ट-भ्रष्ट करने पर तुल गई थी। नई कविता के रचना-संसार की रहस्यमय सौन्दर्यवादिता, कुहरिल यथार्थता, भाषागत आभिजात्य, सतही विचारशीलता तथा अमूर्त स्वप्नशीलता के खिलाफ नशे जैसी तीव्र एवं अन्ध प्रतिक्रिया में कुत्सित एवं भदेस अनुभवों, मुंहफट स्पष्टता, गुह्यांगों और अश्लील क्रियाओं का चालू नाम लेने वाली गाली-गलौज की भाषा, विचारविरोधी मूल्यहीनता तथा गर्हित यथार्थ की मूर्त कुरूपता का एक नया संसार इन अकवियों ने रच लिया था। मनुष्यता की गरिमा को खण्डित करते हुए ये रचना प्रयास आदमी को जैविक स्तर पर अबौद्धिक, वहशी तथा क्षणिक संवेगों पर चलने वाली अमानवीय यान्त्रिक इकाई के रूप में परिभाषित एवं चित्रित कर रहे थे। नकारवादी विचार के स्तर पर सक्रिय यह अराजकता रचना के स्तर पर, शब्दों के साथ मनमाना सलूक कर भाषा को भी अराजक और अर्थहीन बना रही थी। सामाजिक यथार्थ से जुड़ी वैज्ञानिक समझ तथा विवेकपूर्ण विचारपद्धति के अभाव में इस रचना-कर्म की भाषा-प्रक्रिया नाटकीय भावावेश लाकर मूल समस्या से कतरा जाने अथवा तेज, तल्ख, चमकदार मुहावरों के प्रयोग कौतुक द्वारा रचनात्मक चकमा देने की कोशिश मात्र में बदल गई। यहाँ समूची रचना-प्रक्रिया, कुछ अश्लील और तेज नुकीले शब्दों को अलग-अलग परमुटेशंस-'काम्बिनेशंस में वाँधने की यान्त्रिकता में ही सीमित होकर रह गई—

केवल कुछ शब्द हैं
जिन्हें हम खौलते पानी से निकालकर
रेत पर सुखा रहे हैं

(चन्द्रकान्त देवताले)

इस नई विचारहीनता के समानान्तर, और बहुत कुछ विरोध में भी, एक

दूसरी भाषा रची जा रही थी जो अपने रचनात्मक व्यवहारी में 'एक समझदार चुप' और 'एक इनकार भरी चीख' के बीच से रास्ता निकालती हुई, असली अपराधी का नाम लेकर 'शब्दों की दुनिया में/यातना के खिलाफ मुँह खोल' रही थी। कविता को 'भाषा में आदमी होने की तमीज' मानने वाली यह रचना दृष्टि जाहिरा तौर पर अमानवीय यथार्थ और भाषा के बीच, संघर्ष के विचार को प्रतिष्ठित करती हुई शब्दों की सक्रियता को 'मुनासिब कार्रवाई' में बदल रही थी। वक्त की सचाई को जानने के कारण, विरोध या विपक्ष में खड़ी यह समझ 'अमूर्त विचारों से गढ़ी गई' अमूर्त भाषा की सीमाओं को अच्छी तरह से पहचानती थी–

पेशेवर भाषा के तस्कर संकेतों
और बैलमुत्ती इबारतों में
अर्थ खोजना व्यर्थ है।

(धूमिल)

काव्यानुभव के भीतर से किसी सार्थक मूल्य और सामाजिक परिप्रेक्ष्य को विकसित करने की ललक लेकर चलने वाली यह भाषा किन्हीं खास वजहों से अपने उद्देश्य में पूरी तरह से सफल न होकर भी अपनी स्वतःस्फूर्त ऊर्जा और नुकीली समझ से यथार्थ की सीवन को अवश्य उधेड़ती है। विशिष्ट सामाजिक परिस्थितियों और उनके सन्दर्भों की घनिष्ठता को पहचानते हुए, शब्दों की ऊर्जा को संघटनात्मक रूप देने के क्रम में–चाहे जल्दबाजी में ही सही–अनुभव को विचार और विचार को क्रिया में बदलने की आकांक्षा, इस भाषा में देखी जा सकती है। विशिष्ट साहित्यिक शब्दावली के अभिजात संस्कार को सीधी चोट देने के लिए, इस भाषा ने रोजमर्रा के शहरी ही नहीं, ठेठ ग्रामीण शब्दों की भीतरी बुनावट और उद्देश्य का भरपूर सर्जनात्मक उपयोग किया है। खुलापन इस भाषा की अलग और विशिष्ट पहचान है।

पिछले कुछ सालों में यह भाषा अपने आरम्भिक दौर की निम्नमध्यवर्गीय निजबद्धता और रूमानी क्रान्तिकारिता की सीमाओं से उबरकर, ऐतिहासिक विवेक और वैचारिक परिप्रेक्ष्य के स्तर पर अधिक विकसित और समृद्ध होती गई है। सामाजिक न्याय और आदमीयता की खोई पहचान को पाने के लिए जूझते हुए तबकों से अपनी नियति जोड़ने वाले अनेक नए-पुराने प्रतिभाशाली कवियों की रचना-प्रक्रियाओं के बीच से गुजरकर ऊर्जा ग्रहण करती हुई यह भाषा, अपने समय के सही यथार्थ को सही विचार और सही विचार को कार्रवाई की सही दिशा से जोड़ रही है। सही विचार को पाने और सही क्रिया

जोड़ने की इस कोशिश में यह भाषा पूरी तरह से चौकस है, पूर्णतः जागरूक है उन बाहरी शक्तियों और उनकी उन समनान्तर साजिशों के प्रति भी जिनके प्रभाव में—

हत्यारे एकदम सामने नहीं आते
ज्यादातर वे हथियार की जगह
विचार से मारते हैं।

(धूमिल)

(1976)

□

अधूरे यथार्थ की विसंगत नाटक

'एक साहित्यिक की डायरी' में एक शीर्षक मिलता है—'एक लम्बी कविता का अन्त'। इस शीर्षक के अन्तर्गत मुक्तिबोध ने एक जगह लिखा है—

'यथार्थ के तत्त्व परस्पर गुम्फित होते हैं, साथ ही पूरा यथार्थ गतिशील होता है। अभिव्यक्ति का विपय बनाकर जो यथार्थ प्रस्तुत होता है वह ऐसा ही गतिशील है, और उसके तत्त्व भी परस्पर गुम्फित हैं। यही कारण है कि मैं छोटी कविताएँ लिख नहीं पाता और जो छोटी होती हैं वे छोटी न होकर वस्तुतः अधूरी होती है।'' लम्बी कविता की रचना प्रक्रिया के पीछे अपनी विशिष्ट सर्जनात्मक जरूरत है और उस जरूरत की अपनी अलग तर्कपद्धति है, जिसकी ओर मुक्तिबोध ने अपने खास अन्दाज में संकेत किया है। उनका कहना है—

''अब, कविता कोई निवन्ध तो है नहीं कि जिससे लोगों को आज के हालात की जानकारी मिले—न वह कोई नाटक है जिसमें पात्र प्रस्तुत होकर मूर्त रूप से जीवन-यथार्थ उपस्थित करते हैं। कविता एक संगीत को छोड़कर, अन्य सभी कलाओं से अधिक अमूर्त है। वहाँ जीवन से यथार्थ केवल भाव वनकर प्रस्तुत होता है, या बिम्ब बनकर या विचार बनकर। कविता के भीतर की सारी नाटकीयता वस्तुतः भावों की गतिमयता है। उसी प्रकार, कविता के भीतर का कथातत्त्व भी भाव का इतिहास है।''

तो फिर ऐसी स्थिति में—

''कविता को अनेक क्रमबद्ध गद्य-चित्रों में किया जाना चाहिए अथवा अनेक क्रमबद्ध गद्य-चित्र कुछ इस तरह अलोकित और दीप्तमान हो उठें कि छन्द बन जाएँ और एक विशेष दिशा की ओर प्रवाहित हो सकें।''

अकेले मुक्तिबोध ने ही नहीं, उनकी श्रेणी के दूसरे महत्त्वपूर्ण कवियों ने भी रचनाप्रक्रिया के दोरान काव्यानुभव के वस्तुनिष्ठ वैचारिक आधार से जोड़ने

की कोशिश में कविता को लम्बी करने की जरूरत महसूस की। इस जरूरत और इसे पूरा करने के लिए किए गए विभिन्न रचनात्मक संघर्षों के बीच से लम्बी कविता के एक विशिष्ट फार्म का उदय हुआ जो परम्परागत लम्बी कविताओं से निश्चित आधारों पर भिन्न था। इस लम्बी कविता ने कथातत्त्व की प्रबन्धात्मक दीर्घता से मुक्ति प्राप्त कर नया विश्लेषणात्मक वैचारिक आधार प्राप्त किया। अपने इस नए रूप में वह अनुभूति विशेष को उसके अतीत, वर्तमान और भविष्य के सभी सन्दर्भों से जोड़कर एक व्यापक अनुभव के रूप में देखने की आकांक्षा अथवा एक संवेदनाखण्ड को समूचे परिवेश से जोड़ने की जटिल प्रक्रिया में प्रतिफलित हुई। यह कविता अपनी लम्बाई में अपने अन्तर्तत्वों को विकास का पूरा अवसर देती हुई सामाजिक जीवन की जटिल स्थितियों और वैचारिक गुत्थियों को, उनके चित्रणात्मक विकास के लिए व्यापक कैनवास प्रदान करती चली है। अपनी दीर्घता में यह कविता यथार्थ की एक अन्तहीन विश्लेषणप्रक्रिया की तरह उभरती हुई अभिव्यक्ति की उस अनवरत खोज में बदल गई है जिसमें तीव्र आत्मसंघर्ष, विवेचनात्मक सम्वेदना और विश्वदृष्टि के व्यापक परिप्रेक्ष्य में मानव संवेदना के उदात्त रूप का सीधा साक्षात्कार होता है। मुक्तिबोध की 'अन्धेरे में' तथा अन्य सभी कविताओं में लम्बी कविता की इस नई फार्म की शक्ति को पहचाना जा सकता है। शमशेर ने मुक्तिबोध की रचनाप्रक्रिया के बारे में जो कुछ कहा है वह वास्तव में लम्बी कविता की आदर्श प्रक्रिया को भी उद्‌घाटित करता है। शमशेर का कहना है—''बड़ी मेहनत से हफ्तों, बल्कि महीनों वे अपनी लम्बी कविता के टुकड़ों को धीरे-धीरे चिन्तन और कल्पना की ऊर्जा से पुष्ट करते, जोड़ते और बढ़ाते, और उनकी अन्तर्योजना को दृढ़ करते जाते। उनका शिल्प एक ऊँची इमारत उठाने वाला मेयार का शिल्प था।''

इस तरह से लम्बी कविता और छोटी कविता के बीच अन्तर्वस्तु तथा संरचना को लेकर कुछ मौलिक अन्तर स्थापित हुए। अब कवित्ता किसी भावविशेष की आवेशात्मकअभिव्यक्ति मात्र न रहकर उन घटनाक्रमों और कारणों की तह में भी जाने लगी जो उस भाव या भावदशा के नियामक या निर्धारक तत्त्व हैं। बदलते सामाजिक यथार्थ की चुनौतियों के अनुरूप कविता में विचार की स्थिति अनुभूतियों के विस्तार में और ज्यादा अहमियत की चीज बन गई। रचनाप्रक्रिया में सचेत बौद्धिकता का आधार गहरा होने के साथ-साथ कविता की आन्तरिक संरचना में भी गुणात्मक परिवर्तन आया। अब काव्यानुभव की अन्तर्यात्रा उलटमार कर गतिशील हुई। अब भाव को अनुभूति तक लाने के बजाए अनुभूति

को विचार तक ले जाने की प्रक्रिया रचनानुभव की केन्द्रीय प्रक्रिया बन गई। छोटी कविता की संरचनागत सीमा यह है कि वह एक ही भाव या संवेदन के गिर्द घूमती हुई एक-दो प्रतीक या दो-चार बिम्बों की झलक दिखाकर या किसी आधे-अधूरे विचार की कौन्ध भरकर फुलझड़ी जैसी अल्पजीवी जगमगाहट देकर खत्म हो जाती है। यथार्थ के द्वंद्वात्मक स्वरूप की जटिलताओं की समक्ष उसके महत्त्वपूर्ण पक्षों के टकराव की पहचान, उनकी सही पहचान को अनुभव तथा उस अनुभव को नए विचार में ढालने की प्रक्रिया को पूरे तौर पर स्पष्ट करते हुए प्रतीकों और बिम्बों का अजस्र धारा में बदल जाना छोटी कविता के लघु कलेवर में सम्भव नहीं है। छोटी कविता अपनी सीमाओं में महत्त्वपूर्ण सवाल नहीं उठा पाती, उठाती भी है तो उन्हें सही तौर पर निभा नहीं सकती, जबकि लम्बी कविता सामाजिक यथार्थ और बदलते जीवनानुभवों के नए-नए पहलुओं को खोलती हुई एक विशिष्ट संवेदनात्मक एवं वैचारिक व्यक्तित्व अर्जित करती चलती है। इसी व्यक्तित्व के कारण लम्बी कविता की रचनाप्रक्रिया छोटी कविता की रचनाप्रक्रिया से मूलतः भिन्न हो जाती है। यहाँ रचनाप्रक्रिया एक ऐसी आन्तरिक खोज में बदल जाती है जहाँ सभी उलझी हुई, जटिल मगर ठोस सच्चाइयां अपनी अलग-अलग पहचान बनाते हुए प्रतीक और बिम्बमालाओं में रूपाकार ग्रहण करती है। नए-नए अनुभवों से साक्षात्कार कराती हुई रचना अपने समूचे रूप में 'परिणामों के प्रमाण से अधिक विश्लेषण की तरह उभरती है।' यह प्रक्रिया बहुत जटिल है, लेकिन इसी प्रक्रिया के बीच गुजरकर लम्बी कविता अपने प्रभाव और उद्देश्य की विशिष्टता निर्धारित करती है। इस प्रक्रिया के दौरान कवि 'एक वस्तु से दूसरी वस्तु, नाम और क्रिया रूप में एक शब्द से दूसरे शब्द की वैज्ञानिक संगति, एक घटना से दूसरी घटना की ऐतिहासिक गतानुगतिकता, एक कार्य से दूसरे कार्य की सन्दर्भ सापेक्षता और अन्त में एक निर्णय से दूसरे निर्णय की तार्किक अनिवार्यता और या सम्भावित प्रकट करता चलता है।' (कुमारेन्द्र) जाहिर है कि छोटी कविता के लघु कलेवर में, सामाजिक यथार्थ की अभिव्यक्ति के लिए रचनात्मक संघर्ष की यह समूची प्रक्रिया अपने अपरिहार्य विस्तार के कारण समा नहीं पाती। शायद इसीलिए मुक्तिबोध के बाद भी सामाजिक यथार्थवादी रुझान के अधिकांश कवियों ने लम्बी कविता की फार्म को ही अपनाया। नए दौर में धूमिल (पटकथा, मोचीराम), श्रीराम तिवारी (लोकवार्ता, मनबोध), ज्ञानेंद्र पति (अपना बधुआ), विजेन्द्र (जनशक्ति), त्रिलोचन (नगई महरा) आदि प्रगतिशील कवियों ने मुक्तिबोध की लम्बी कविता की रचना परम्परा को आगे बढ़ाया। इसी बीच अज्ञेय, धर्मवीर

'भारती', कुंवर नारायण, दुष्यन्त कुमार, देवराज, नरेश मेहता, राजकमल चौधरी आदि प्रयोगशील कवियों की लम्बी कविताएँ भी प्रकाश में आईं जो इस फार्म का अपने अलग उद्देश्य और अलग ढंग से इस्तेमाल करने की समानान्तर कोशिशें थीं। खैर, इन रचना-प्रयासों के माध्यम से लम्बी कविता एक सशक्त अभिव्यक्ति फार्म के रूप में प्रतिष्ठित तथा लोकप्रिय होती गई। अब नए से नया कवि भी इसे अपनाने का लोभ संवरण नहीं कर पाता। इसलिए कवि व्यक्तित्व की प्रतिष्ठा के लोभवश एक-दो लम्बी कविताएँ अवश्य लिख मारता है। उसकी ये कंविताएँ लम्बी कविता की विधागत शर्तों तथा उसके विशिष्ट रचनात्मक उद्देश्यों को पूरा कर पाती है या नहीं, यह अलग बात है।

लीलाधर जगूड़ी की 'नाटक जारी है' (रचनाकाल : 1967 से 1970 तक) लगभग 900 पंक्तियों की लम्बी कविता है जिसमें आत्मविज्ञप्ति के साथ सैंतीस बन्द है। जगूड़ी अकविता के दौर से उभरी हमलावर युवा कविता के बहुचर्चित लेखक हैं। प्रकाशकीय विज्ञप्ति में जगूड़ी की कविताएँ नए विपक्ष की कविताएँ हैं जो "इस व्यवस्था में आज के भारतीय मनुष्य की करुणा का पुनराविष्कार या उसकी तलाश में विचार के स्तर पर निर्भयता की हद से गुजरती हुई शिल्प के उद्रेक को सजीव नाटकीयता में अर्थांतरित कर देती है। अपने समय की गहरी हिस्सेदारी याने सम्बन्धों की भिड़त में जूझती, जीवन और अनुभव को तीखी व विचलित कर देने वाली भाषा से जोड़कर, पेट और प्रजातन्त्र के बीच दरार की तरह खड़े आदमी को ही ये कविताएँ प्रस्तुत करती है।....ये कविताएँ समाज के ध्वंस की कामना करती लगती है। यह इस बात का साक्ष्य है कि आज की युवा कविता ठोस शक्तियों के मानवविरोधी षड्यन्त्र के विरोध की कविता है।" लीलाधर जगूड़ी की इस प्रशंसा में अकवितानुमा निषेधवादी युवा-कविता की वे सभी सीमाएँ स्पष्ट हो जाती हैं जिनकी वजह से उफनते आक्रोश और भरपूर हमलावरी मुद्रा के बावजूद वह अपनी सही प्रगतिशील भूमिका को नहीं निभा पाई। वह मानवविरोधी षड्यन्त्र के विरोध में खड़ी होकर भी अन्ततः उसी षड्यन्त्र का हिस्सा बन गई। विपक्ष की विद्रोही कविता होकर भी अपने विरोधी पक्ष के हितों को समर्पित हो गई। इन सीमाओं पर विचार कर लेना इस कविता की समझ को भी आसान बना सकता है।

यह सही है कि अकविता ने अपने समय के यथार्थ की विरूपता को, अमानवीय सामाजिक सम्बन्धों की सीवन को पूरी निर्ममता से उधेड़ा, अपने समकालीन मनुष्य के भय, आतंक, अनिश्चय, दुश्चिता, अवनर्मिल भोग-लिप्सा, कुण्ठा-निराशा और मूल्यहीनता को पूरी नाटकीयता से चित्रित किया। पतनोन्मुख

पूंजीजीवी संस्कृति की अनेक विरूपताओं को भदेस जीवन स्थितियों के बीच रखकर उजागर करने की कोशिश की, लेकिन यथार्थ की पूरी और सही समझ देने वाले परिप्रेक्ष्य के अभाव तथा विचारधारात्मक अनिश्चितता के कारण ये सभी रचना-प्रयत्न प्रभाव की विपरीत दिशा में चले गए। अकवितावादी कवि अपनी निम्नमध्यवर्गीय निजबद्धता, अहंभावना तथा रूमानियत-भरी जीवन दृष्टि की वजह से अपने समय की सामाजिक सच्चाई के केन्द्रीय पक्षों को नहीं पहचान सके। भदेस यथार्थ की ओट में वे हमेशा मूल प्रश्न को टालने की कोशिश में लगे रहे। सामाजिक यथार्थ की विसंगतियों को उन्होंने छुआ तक नहीं। पाशविकता को ही समूचा यथार्थ मान बैठने वाली उनकी नग्न प्रकृतवादी दृष्टि मानवीय वास्तविकता के दायरे को निरन्तर छोटा करती हुई इन्सानियत की पहचान को अधिकाधिक धूमिल बनाती रही। समकालीन मनुष्य के संघर्ष और दुःख-दर्द के पक्ष में खड़े होने का दावा करने वाली कविता समूची मानवता के प्रति नकारात्मक घृणा की चीखती आवाज में बदल गई।

अपनी निम्नमध्यवर्गीय निजबद्धता की वजह से अकविता यथार्थ की वस्तुपरक समझ का सार्थक परिप्रेक्ष्य विकसित करने में पूरी तरह से असमर्थ रही। सामाजिक यथार्थ का वह केन्द्रीय बिन्दु हमेशा उसकी पकड़ से फिसलता रहा जहाँ आधारभूत तत्त्व द्वंद्वात्मक रूप में टकराते हैं और समकालीन मानव व्यवहार के बीच ऐतिहासिक गति के वस्तुपरक नियमों की पहचान और परख करते हुए कविकर्म को परिवर्तन की सांस्कृतिक प्रक्रिया का सार्थक हिस्सा बना देते हैं। निषेधवादी अराजक दृष्टि ने उसके रचनाकर्म को विकृत अहं की बड़-बोली शाब्दिक अराजकता में बदल दिया जो अपने विपक्ष को ठीक से चीन्हे बिना ही शून्य को ललकारती हुई तेज मुहावरों का तरकश खाली करती रही। व्यक्तिवादी अहं भावना ने उसे सामूहिक मुक्ति के लिए संघर्ष की किसी संगठित प्रक्रिया से नहीं जुड़ने दिया। इस काव्यप्रवृत्ति ने कवि के भीतर लगातार उस बचकाने श्रेष्ठताबोध को उकसाया जो उसे अपने आपको सभी वर्गों से ऊपर, सबको नसहीत और फटकार देने वाला जनता का स्वयंभू मार्गदर्शक मानने के भ्रम में बाँधता था। इसी बचकानी समझ के आधार पर उसने सामाजिक संघर्ष को दो विरोधी वर्गों की लड़ाई की जगह अपने और समूची व्यवस्था के बीच की लड़ाई के रूप में परिभाषित किया। इस अवैज्ञानिक समझ के कारण इस काव्यप्रवृत्ति के अधिकांश कवि अपनी जुझारू मुद्रा के बावजूद समाज के संघर्षरत वर्गों से कटे रहे। उनकी नियति से अपनी नियति को जोड़ने की जगह अपने को मसीहा और उन्हें असभ्य भीड़ मानकर पारस्परिक

दूरी को निरन्तर बढ़ाते हुए अलगाव को आदर्शीकृत करते रहे। इन कवियों के रचना-संसार में जनता और उसके संघर्ष एक ठोस वास्तविकता से अवमूल्यित होकर अमूर्त धारणा में बदल गए। समकालीन मनुष्य के संघर्ष में सहभागिता और उसके दुःख-दर्द से सहानुभूति की वाचिक भंगिमा वहाँ कोरा नाटक बनकर रह गई जो अपनी भदेस प्रकृति में निम्नवर्गीय व्यक्ति को केन्द्रीय पात्र बनाकर चल रहा था।

जगूड़ी की लम्बी कविता 'नाटक जारी है' की शुरुआत इस आत्मकथन से होती है—

अशोक चक्र से मारा हुआ / मैं कहीं सरकार में दाखिल हूँ
पैरों की आत्मीयता के करीब से / जूते की तरह उतारा हुआ
सुलह का सालाना प्रयास लेकर कहीं जनता पर दायर हूँ/
और मेरे बारे में /
तो साफ है कि मैं / इस नाटक की गूंगी हैसियत का
मुख्य कायर हूँ।

कविता का आरम्भ इस बोल्ड आत्मस्वीकार से होता है कि कविता का केन्द्रीय पात्र (वाचक 'मैं') 'कहीं' सरकार में दाखिल है, लेकिन व्यवस्था-तन्त्र में उसकी स्थिति पैर के जूते जैसी है जिसे जनता के खिलाफ इस्तेमाल का हथियार बनाया जा रहा है। चूंकि यह इस्तेमाल 'सुलह के सालाना प्रयास' और 'पैरों की आत्मीयता' से जुड़ा हुआ है, इसलिए इस यातनामय दुखांत नाटक में वह 'गूंगी हैसियत का मुख्य कायर पात्र' बनने को अभिशप्त है। यह आत्मस्वीकार उसे उस 'आत्मबोध' तक ले जाता है जहाँ वह पूरे नाटक में अपनी भूमिका के चरित्र को पहचानने की कोशिश करता है। जाहिर है कि यह निम्नमध्यवर्गीय व्यक्ति का चेहरा है—

कूट कर जो अलग रख दिया गया
और जो बेहद किचर-मिचर है
मैं उसे जहाँ से भी उठाता हूँ
नाटक से बाहर निकालने के लिए
वह वहीं से फिसल जाता है
उसकी कोई तस्वीर नहीं बन सकती
यह आम आदमी का सिर है।

यह आदमी जिसका 'शीर्षक एक दिन टोपी था' दूसरे दिन अचानक जूता है', 'दुःख की सार्वजनिक धूप में/यह आदमी गुप-चुप एक गड्ढा खोदता

है', 'किसी दूसरे आदमी के लिए'/यह आदमी 'रात को उठकर टहलता है/अभ्यास करते हुए/बिना किसी संवाद के/अपने हरेक जोड़ को दुरुस्त करता है/और फिर लेटते हुए/लुंगी खोलकर अपने ऊपर डाल लेता है/वह एक सपना देखता है। घर का/मगर उसमें कहीं घुस नहीं सकता। वह जब भी रुका है/अपने शरीर में रुका है जादू के 'एडवर्ड' की प्रतीक्षा में/वह जानता है मेरी यही भूमिका है। क्योंकि 'लाश बना रहना उसकी रोजी है/उदास बना रहना उसका फर्ज है।' इस आदमी को हरदम यह अहसास रहता है–

रोज सीढ़ियाँ उतरता हूँ मगर नरक खतम नहीं होता
संकट सिर्फ शैलियाँ बदल रहा है
अब निरन्तर अपने ही भीतर सुन रहा हूँ खुट-खुट
भाषा को जो एक आघात पहुँच रहा है
मेरी मरम्मत के बहाने
यह एक विषय है।

इस तरह कवि तेज-तल्ख मुहावरों की आँच में और एक के बाद एक आते बिम्बों की कौन्ध में समकालीन मनुष्य के निम्नमध्यवर्गीय यथार्थ को उसके पूरे तनाव, खिंचाव, घुटन और पीड़ा के साथ उजागर करता चलता है, लेकिन उसकी दृष्टि में कहीं भी सामाजिक संघटना का वह मूलभूत पैटर्न नहीं उभरता जो सामाजिक यथार्थ में अन्तर्निहित द्वंद्व और अन्तर्विरोधों को मूल आधार पर पकड़ते हुए तनाव और पीड़ा के कारणभूत अमानवीय सम्बन्धों के बदलाव और विकल्प की संभावनाओं को संकेतित करता हो। निम्नमध्यवर्गीय यथार्थ के ब्योरे प्रस्तुत करते हुए कवि भी उस निम्न मध्यमवर्गीय दृष्टिभ्रम की गिरफ्त में आ जाता है जो समूची सामाजिक विकास प्रक्रिया और मानवीय व्यवहार को ऐतिहासिक गति के वस्तुपरक नियमों से अनुशासित न मानकर व्यक्तिगत स्थितियों से जुड़ी प्रकृत अराजकता में सक्रिय देखता है। यह समझ 'हम' की अपेक्षा 'मैं' पर अधिक जोर देती है और मानवीय मुक्ति को सामूहिक न मानकर वैयक्तिक मानती है–

अपने जमाने के कठोर दृश्यों का क्रम
इतना अनिश्चित है
कि न दर्शक बना जा सकता है
और न अभिनेता
सिर उठाने के बाद जिन्दगी अगर कुछ है

तो सिर्फ अपने खड्ड का अतिक्रमण है।

वैज्ञानिक समझ का यह अभाव, सामाजिक यथार्थ के विशिष्ट वस्तुपरक सन्दर्भ और रचनाकार की सामान्य चेतना के बीच एक गहरा अन्तराल पैदा कर कविता के केन्द्रीय प्रश्न को उसकी जमीन से, उसके अनुभव मूल से अलग कर देता है। यथार्थ के विशिष्ट विम्व देते समय कवि प्रभावित-सा करता लगता है किन्तु उस यथार्थ के प्रति आलोचनात्मक रुख अख्तियार करते ही उसकी समझ की सीमा स्पप्ट होने लगती है। इस तरह अनुभव पक्ष तथा चिन्तन पक्ष की अलगाव-भरी समान्तरता के कारण कविता की संरचना में बिखराव साफ तौर पर दिखने लगता है। यहाँ दृश्य के महत्त्वपूर्ण पक्षों में आपसी द्वंद्व या घटनाओं के आपसी टकराव से दृष्टि विकसित होने की जगह दृश्य की नाटकीय स्थितियों से अभिभूत होकर स्वयं दृष्टि दृश्य में पसर जाती है। यथार्थ ने एक अनुभव को दूसरे अनुभव से जोड़ते हुए किसी समग्र सामान्य अनुभव तक पहुँचने, उस सामान्य अनुभव से विशिष्ट सचाई को पहचानने तथा विशिष्ट सचाई से दृष्टि को पाने की प्रक्रिया यहाँ बिलकुल गायव हो जाती है। यहाँ कवि का रचना-कर्म वस्तुपरक सन्दर्भों से कटकर आत्मपरक सन्दर्भों में इतना लिप्त हो जाता है कि वह आत्मसजगता से आगे बढ़कर सामाजिक यथार्थ के दूसरे महत्त्वपूर्ण पक्षों के साक्षात्कार से कतराने लगता है। आत्मपरक सन्दर्भों पर ही केन्द्रित होने की यह प्रवृत्ति अन्ततः उसकी दृष्टि को इतनी निजबद्ध और अन्तर्मुखी वना देती है कि उसका पूरा रचना-कर्म अपने सामाजिक उद्देश्य में पराजित होकर नैराश्य के बिन्दु पर टिक जाता है। यथार्थ के 'कठोर दृश्य का वह न अभिनेता बन सकता है और न दशर्क।' 'सवाल का खड़ा होना और फिर खड़े-खड़े सवाल का खतम होना' उसके अधूरे रचना-कर्म की नियति बन जाती है। कविता के केन्द्रीय पात्र का यह सोच कवि की समझ और उसके पूरे रचनात्मक व्यवहार पर हावी होने जैसा लगता है—

जो कुछ कह सकूँ वह सबसे बड़ा साहस है
जो कुछ मार सकूँ इस आपाधापी में
वह सबसे बड़ा हाथ है
जो कुछ पहन कर उतार सकूँ
वह बहुत बड़ा खोल है।

सामाजिक यथार्थ की यह निम्नमध्यवर्गीय समझ और उसके प्रति यह निजबद्ध प्रतिक्रिया उस खास तबके के सामाजिक व्यवहार की अराजकता और

उसके चरित्र की अवसरवादिता को एक साथ ही उजागर कर देती है जिसे जाने-अनजाने कवि स्वयं समर्थन दे रहा है।

इस कविता में विशिष्टता वहाँ झलकती है जहाँ कवि निम्नमध्यवर्गीय यथार्थ से टुकड़ों में बँटी जिन्दगी के बिम्ब उठाता है। इन बिम्बों में नाटक के कथानक का वह असली आदमी उभरता है जो 'अधिकार और आक्रमण के बीच रिहर्सल करता हुआ' या 'टूटने-टूटने को तैयार एक-दूसरे के इशारे पर/ढलता हुआ/बूट से ज्यादा घिस गया' है, जबकि 'समय बड़े-बड़े मामलों से होकर गुजर रहा है' उस समय यह आदमी 'साधारण तौर से अपनी आड़ में ढहते हुए/हरेक चोट के बाद/निशान की तरह उभर रहा है। इस चोट का दर्द फैलकर पूरे दृश्य पर ही हावी हो जाता है, पीड़ा का वैयक्तिक स्वर और सबके स्वरों से मिलकर सामूहिक दर्द का को रस बन जाता है–

यद्यपि मौजूदा दृश्य के पीछे
हाहाकार कोरस की तरह बज रहा है
फिर भी गौर से सुनें
उसमें बहुत अप्रिय स्वर वाला एक पुराना बाजा है
जो हमारे अज्ञान और हमारी गरीबी को
संस्कृति की तरह अलापता है
और खारिज अपीलों वाले समूचे संसार को
एक सजायाफ्ता राग में बदल देता है

दर्द के निजी अनुभव का, फैलकर पीड़ा के सामूहिक अनुभव में बदल जाना–इस प्रक्रिया में कविता संवेदना का वह मानवीय आयाम ग्रहण करती है जो उसे निजबद्ध संसार से निकाल कर बाह्य परिवेश में सार्थक मूल्य खोजने को प्रेरित करता है। परिवेश में अर्थ की यह खोज धीरे-धीरे कवि की चेतना को आत्मजिज्ञासा के उस वृत्त में खींच लाती है जहाँ वह अपने भीतर अस्तित्व और उसकी सार्थकता से जुड़े मूल प्रश्नों का एकान्त साक्षात्कार करता है–

मंजिलों और इरादों के बीच
सड़कें किसी को नहीं मिला रही हैं
वे कौन से जंगल हैं
जिनमें मेरी वास्तविकता मिट्टी है
मेरी उंगलियो/टहनियों की तरह फूट कर
शरीर के भीतर जो बागीचे के अंश हैं
उन्हें सारी छटपटाहट के बाद भी

नहीं खिला रही है।

एक खास परिवेश में जहाँ आदमी को कोई 'एक जगह से दूसरी जगह लगाने के बहाने जड़ में घुसकर खुद को 'मेक-अप' करता हुआ उखाड़ रहा हो वहाँ परिवर्तन के लिए सृजनशील मानवीय प्रतिभा का कुण्ठित हो जाना वास्तविकता का एक हिस्सा है, सम्पूर्ण वास्तविकता नहीं। वास्तविकता के मुख्य पक्षों के द्वंद्वात्मक सम्बन्ध को नकार कर—उनके आपसी टकराव को नजरन्दाज कर—उसके एक पक्ष को ही सम्पूर्ण मान लेना ही उस गलत समझ को बढ़ावा देता है जो, अपनी एकतरफा प्रतिक्रिया में तुरन्त कुछ न होने पर नैराश्यमूलक उदासी का वातावरण रखती हुई शून्यवाद (निहिलिज्म) की गिरफ्त मजबूत करती है—

रोज कमरों से हवा गुजरती है
लेकिन फर्श पर कुछ नहीं उगता
फिर से पालने के लिए
फिर से धारण करने के लिए
समाज में
जहाँ से कब्रिस्तान शुरू होता है
मैं हार गया हूँ
लगभग कुछ नहीं तोड़ रहे हैं / असमंजस में
दम तोड़ते हुए
मेरे दोनों हाथ कसर उठाने में
लगभग खाली हैं
इस निरपराध पक्ष में क्या सोचा जाए
कुछ भी तय नहीं है
किसी के चेहरे पर कोई निश्चय नहीं है।

'इतिहास को दूर से देखते हुए रिहाई महसूस करने' वाली यह समझ इतिहास की गति और सामाजिक परिवर्तन की प्रक्रियाओं को स्वतःस्फूर्त मानती हुई अन्ततः इस नियतिवादी निष्कर्ष को समर्पित हो जाती है—

ये लो / खतम करो / और यों ही पड़ा रहने दो
चरित्र / समाज / और खाली गिलास
लुढ़कता हुआ
यह तभी कहीं पहुँच सकता है।

यह गलत समझ नाटक के इस आम आदमी को कहीं भी संघर्षरत वर्गों

से नहीं जुड़ने देती। निम्नमध्यवर्गीय समझ के दायरे में कैद यह आदमी मुक्ति के लिए किए जा रहे हर संगठित प्रयास से नफरत करता है। ऐसे हर प्रयास को सन्देह की नजर से नकारता है—

दक्षिण से उत्तर तक। जो झूठ सिर्फ हड़ताल है
सामने बिजली के खम्भे पर
छपा हुआ / मजदूर का हाथ
न चित्र / न दाग है
बल्कि बहुत कुछ लापता होने का
सुराग है
इतिहास को दूर से देखते हुए
आप जो रिहाई महसूस कर रहे हैं
उसी से बनी है / आपकी समझ
कि एक ही हड़ का भरोसा लेकर
एक दिन क्रान्ति होगी /
जैसे गर्मी होती है
फिलहाल जो कुछ नहीं होती / उसका इन्तजार करें
क्रान्ति आप करते नहीं /
आपकी सुविधा के लिए वह दैनिक धमकी है

नाटक के अन्तिम दृश्य में यह मुख्य पात्र 'अपने चमड़े को/अपनी खांटी पर लटकाए हुए देखता है कि नदी किनारों से ऊपर उठ गई/गाँव के गले तक/भीतर ही भीतर और ज्यादा/जमीन कट गई है/उसका समूचा बल/आंतों की अग्नियात्रा में/लोहे के संकरे पाइप से गुजर रहा है।' दम तोड़ने की इस स्थिति में 'धन और शक्ति की खाई से/उठकर एक भारी सवाल' उस पर आ सकता है जो उसे सचाई के उस मूल पक्ष का सामना कराता है जिससे वह जिन्दगी भर कतराता रहा—

आप ऐसा करें कि ध्यान दें
गरीबों के पीछे कौन खड़ा है
नायक बन कर
इतिहास या तर्क
कौन मर रहा है / ध्यान दें
इस हवा में
बिना खबर

कमजोर आदमी की जड़
किस की मुट्ठी में पड़ गई है
थोड़ा मार कर देखें
यह किसका ख्याल है
कि चोट से कुछ नहीं टूटेगा?

इस नाटकीय असमर्थतापरक आत्मबोध के साथ नाटक के अन्त में यह पात्र मरने की दुखांत भूमिका अदा करता है–

दफ्तर और घर के बीच
मैं इस नाटक में मरता हूँ /
इस बीच अगर वक्त आए
और मुझे इस जगह से उठाए
जैसे सवाल उठाया जाता है
तो मैं बताऊँगा
लोग कहाँ अपनी भूमिका को
कन्धा देने में छोटे पड़ गए हैं।

कविता के इस महत्त्वपूर्ण अंश में कवि ने अपनी सामान्य समझ के स्तर पर निम्नमध्यवर्गीय व्यक्ति के उस मोहभंग को नाटकीय प्रस्तुति देने की चेष्टा की है जिसके आलोक में वह अपने जीवनमूल्यों की विसंगति और अपनी भूमिका की सीमाओं को पहचानता है। आत्मबोध के इस क्षण में उसके सामने दो विकल्प हैं, दो ही स्थितियाँ हैं–'लेकिन मैं उनके बारे में सोच रहा हूँ/जो शुरू होगा/इस मकान की चारों दीवारों पर/काँच के काँटे लगे हुए हैं/मैं मरने के बाद भी/यहाँ घायल होता रहूँगा/या फिर मुझे हर बार/सीढियों से होकर/उसी प्रकार आना पड़ेगा/जिस प्रकार एक घर में आया जाता है/या मैं इसी तरह अटका रहूँगा/अपनी किसी पुरानी इच्छा के लम्बे तने पर/जहाँ से पत्तियाँ/बिना चीं किए हुए ऊपर चढ़ती हैं/और नगर पालिका के सामने/जहाँ से पानी सड़ना शुरू होता है/अपने हरे अनुभव को उदासी में बदलती हुई गिर पड़ती हैं।'

कवि की सामान्य समझ की सीमा यहाँ इस सन्दर्भ में स्पष्ट हो जाता है कि वह नाटक के इस निम्न-मध्यमवर्गीय पात्र को किसी निर्णयात्मक विकल्प से नहीं जोड़ता। इस पात्र का मोहभंग, दो वास्तविक वर्गों के बीच अपनी अवास्तविकता की समझ तथा बदलाव में अपनी निर्णयात्मक भूमिका की पहचान में नहीं बदलता। अनिर्णय के बीच कविता का यह अन्तःसंघर्ष संघर्ष के उस रूप तथा पक्षधरता को भी साफ नहीं करता जिसमें कथानायक मरने के बाद भी

घायल होते रहने की वैकल्पिक सम्भावना खोजता है। संवेदना और अभिप्राय के एक भिन्न स्तर पर चली आ रही कविता को एकाएक सतही क्रान्तिकारी परिणति देने का यह नाटकीय प्रयास अपनी अतिरिक्तता में अस्वाभाविक तथा वैचारिकता में असंगत हो गया है।

(1975)

□

कविता की वकालत

आजकल समीक्षा के नाम पर जो कुछ लिखा जा रहा है उसे देखकर न जाने क्यों मुक्तिबोध की वह कविता याद आने लगती है जिसका नाम है—'दिमागी गुहान्धकार का ओरांग उटांग'। कविता की अन्तिम पंक्तियाँ यों हैं—

सोचता हूँ—विवाद में ग्रस्त कई लोग,
कई तल
सत्य के बहाने
स्वयं को चाहते हैं प्रस्थापित करना/
अहं को, तथ्य के बहाने/
मेरी जीभ एकाएक तालू से चिपकती
अक्ल क्षार-युक्त-सी होती है...
और मेरी आँखें उन बहस करने वालों के
कपड़ों में छिपी हुई
सघन रहस्यमय लम्बी पूँछ देखतीं!!
और मैं सोचता हूँ...
कैसे सत्य हैं—
ढांक रखना चाहते हैं बड़े-बड़े
नाखून!!

अपने-आपको केन्द्र में रख, मतवादों के घेरे बाँधकर समीक्षा के नाम पर घटिया पत्रकारिता तथा छिछली राजनीति का जो जाल आज साहित्य पर बुना जा रहा है उसे देखकर किसी भी समझदार पाठक की अक्ल का 'क्षरयुक्त-सी' हो जाना तथा अचम्भे से ऐंठी जीभ का कुछ कहने से पहले ही तालू से चिपक जाना एक सामान्य-सी बात है। प्रसिद्ध पाश्चात्य चिन्तक सोरोकिन ने, आधुनिक संस्कृति के सबसे बड़े संकट को सत्य के तिरोधान का संकट माना था। उसके

अनुसार, ''आज की हमारी चिन्तन पद्धति पहले सिद्धान्त निर्मित कर लेती है, फिर उसका विश्लेषण करती है, परिणामतः वह सीमा-रेखा सदा लुप्त ही जाती है, जहाँ सत्य-असत्य, यथार्थ-अयथार्थ, तथ्य-अतथ्य और उपयोगिता-अनुपयोगिता का विवेक केन्द्रित रहता है। वह अपने व्यक्तिगत सत्य को इतनी प्रधानता देती है कि उसे झूठ से विलगाना कठिन होता जा रहा है।'' सोरोकिन की कल्पना का पाश्चात्य संस्कृति का यह 'संकट' हिन्दी आलोचना-संस्कृति में 'सुविधा' बनकर अवतरित हुआ है। आज की समीक्षा में सुविधा की राजनीति जिस सम्बन्ध-शास्त्रीय गणित से काम कर रही है वह साहित्य के इतिहास में अनेक जोड़-घटा और गुणा-भाग उपस्थित कर किसी खास लेखक या लेखक-समूह के लिए स्थान बनाने में प्रयत्नशील है। अपने अनुकूल साधने के लिए इतिहास को 'डिस्टार्ट' करने की यह चेष्टा अपने-आप में एक सचेत आन्दोलन है। यह आन्दोलन अनेक दिशाओं में अपने पंजे फैलाकर समीक्षा के क्षेत्र में नए सामन्तवाद को पनपाने के लिए जमीन तैयार कर रहा है।

पिछले दिनों समीक्षा के क्षेत्र में सबसे अधिक सक्रियता डॉ. रामविलास शर्मा ने दिखाई है। नए साहित्य पर एक खास अर्से तक मौन साधकर उन्होंने अपनी पैनी नजर से, बदली हुई परिस्थितियों की रोशनी में अपने पक्ष और विपक्ष की तथा उनकी बढ़ती-घटती क्षमताओं की अच्छी तरह पहचान कर ली थी। अब पुराने जंगी हथियारों से अधिक क्षमतावान विपक्षियों को साथ लेकर समय की मार से कमजोर पड़े पुराने दोस्तों पर उन्होंने वार करना शुरू कर दिया है। साहित्य के अखाड़े में पाखण्डखण्डिनी पताका फहराने का निपट आर्यसमाजी उत्साह डा. रामविलास के कुछ समय पहले धर्मयुग, आलोचना और साप्ताहिक हिन्दुस्तान में नई कविता पर छपे लेखों में भी उतना ही इफरात में मिलता है जितना कि उनकी 25-30 वर्ष पूर्व की आरम्भिक रचनाओं में। हाँ, सुधारवादी जुनून में रचना की समस्या की भीतरी पकड़ ढीली होने से सह-अनुपात में सभी कुछ महत्त्वपूर्ण को अस्वीकार करने के लिए 'अतिशय सरलीकरण' की प्रवृत्ति पहले से कुछ ज्यादा प्रबल हो गई है। बानगी के तौर पर 'आलोचना' (अंक 9) में उनका एक लेख है। 'अस्तित्ववाद और नई कविता'। दूसरे लेखों की तरह यह भी नई कविता के विरुद्ध छायावाद तथा उत्तर छायावाद को प्रगतिशीलता की लाठी के सहारे खड़ा करने की भरसक कोशिश में लिखी जा रही उनकी एक किताब का एक अध्याय है। स्थिति का कैसा क्रूर व्यंग्य है कि सन् 1938 के आस-पास नरोत्तम नागर के सम्पादन में निकलने वाले छायावाद के उग्रतम विरोधी (पर निराला की प्रगतिशीलता के

समर्थक) पत्र 'उच्छृंखल' के अन्यतम सहयोगी डॉ. रामविलास शर्मा को अब यह कहना पड़ रहा है कि "छायावाद की पूर्ण अस्वीकृति का मतलब है, भारतीय साहित्य की समूची विकासशील परम्परा की अस्वीकृति।" (आलोचना : अंक 2, पृष्ठ 5) राय की यह बदल इस बात की सूचक नहीं है कि पिछले तीस वर्षों में समीक्षक समझदार हो गया है या छायावादी दृष्टि में कुछ ऐसा महत्त्वपूर्ण मिल गया है जो उसे मत-परिवर्तन के लिए विवश करता है। यह तो साहित्यिक राजनीति में विपक्ष पर हमला करने के लिए सुविधाजनक स्थिति को पाने (टेकिंग द राइट पोजीशन टु अटैक) की चेष्टा या वार करने के लिए बदला पैंतरा भर है। वात 'अस्तित्ववाद और नई कविता' वाले लेख पर चल रही थी। शुरू में 'अस्तित्ववाद' की चलताऊ किस्म की जानकारी देकर समीक्षक सार्त्र के उपन्यास 'नौशिआ' अर्थात् 'उबकाई' पर आ जाता है और उसके नायक अन्त्वान रोकांतें के 'संसार में जो कुछ है, व्यर्थ है, फालतू है, वह स्वयं अनावश्यक है।' ''आत्महत्या कर लूँ, ये जो तमाम व्यर्थ अस्तित्व हैं, उनमें कम-से-कम एक का नाश कर डालूँ' आदि भावदशाओं के अनेक चित्र उपस्थित करता है। इन चित्रों के अस्तित्ववादी जीवन-दर्शन की प्रामाणिक अनुभूतियाँ मानकर, तुरन्त ही "हिन्दी के अधिकांश नई कविता लिखनेवालों का हाल रोकांतें जैसा है।"—इस वाक्य के साथ डॉ. रामविलास शर्मा को झाड़ू-सकेर शैली (स्वीपिंग स्टाइल) की आलोचना प्रारम्भ हो जाती है। आगे बयान है, "ऊब, उबकाई, अकेलापन, बुरे-बुरे सपने, त्रास, आत्महत्या की चाह, सड़ांध का बोध, भीड़ में अजनबीपन का एहसास होने की समस्या से परेशानी आदि-आदि लच्छन इसमें भी मिलते हैं। बीमार आदमी को कभी-कभी हर चीज बीमार नजर आती है; इन कवियों को चीजें बीमार ही नहीं मुर्दा भी नजर आती हैं। श्रीकान्त वर्मा को लगता है—सारी पृथ्वी से उठती है सड़ांध; वह 'एक पब्लिक लेवेटरी में' बैठे हुए मानो सोचते हैं, उनकी कविता में लय क्यों नहीं है, उनके पैरों पर चीटियाँ चढ़ती हैं, कन्धे पर रीछ पंजे गड़ाता है और 'भुजा पर प्रेमिका करती है कै।' कैलाश वाजपेयी को सब तरफ पिचकी घुमावदार आंतों की गलियाँ दिखाई देती हैं, 'जहाँ सिर्फ उबकाई का शव्द आता है', जो भी, जहाँ भी है, बीमार है, सभी को किसी ने किसी तरह का बुखार है, थूक, पीक, मलबा, गन्धाती धुआँ देती बत्तियाँ, और—

लगातार—
मैं मर रहा हूँ
मर रहा है एक संसार!

और इसी शैली में सर्वेश्वर दयाल सक्सेना, राजकमल चौधरी, लक्ष्मीकान्त

वर्मा, विजयदेवनारायण साही, भारतभूषण अग्रवाल, रघुवीर सहाय आदि कवियों की कविताओं का एक खास तरतीब से पैराफ्रेजिंग कर हमारे समीक्षकप्रवर 'भेद खोलेगी बात ही, हम कहीं' के अन्दाज में आगे के कई पृष्ठ रंग डालते हैं। आलोचना के इस क्रम में नई कविता पर अस्तित्ववादी दर्शन के जिन प्रभावों को रेखांकित करने की चेष्टा की गई है उन्हें देखकर एक साधारण पाठक भी यह अन्दाजा लगा लेता है कि आलोचक की अस्तित्ववाद की समझ भी धीरे-धीरे उन नए कवियों की उस नासमझी (?) के धरातल से भी बहुत नीचे उतर आई है जिनकी समझदारी की पोल खोलने के लिए वह लेख लिख रहा है। उदाहरण के लिए—

निर्जन दूरियों के
ठोस दर्पणों में
चलते हुए
सहसा मेरी एक देह
तीन देह हो गई
उगकर एक बिन्दु पर
तीन अजनबी साथ चलने लगे
अलग-अलग दिशाओं में
और यह न ज्ञात हुआ
इनमें कौन मेरा है।

इस कविता की रामविलासी टीका यों है—"सूर की गोपियों को शिकायत थी कि मन दस-बीस नहीं हैं। आज का कवि अपने भीतर एक से अधिक मन ही नहीं देखता, बाहर एक से अधिक देह भी देखता है यानी अपनी देह के विभाजित रूप''यहाँ तो एक देह की तीन हुई; ऐसा भी होता है कि एक ही देह के दो हिस्से हो जाएँ, सर अलग, धड़ अलग।" यहाँ आलोचक की सूक्ष्म दृष्टि इस कविता के प्रतीकार्थ के उस सूक्ष्म स्तर को पकड़ने में असमर्थ है जो आज के व्यक्ति मन के त्रिकाल के सर्वथा बदल जाने से मानसिक स्थितियों के जटिल परिवर्तन के तथ्य को उजागर करता है। 'एक ही समय में हम अनेक अवांतरित समय जीते हैं परिणामतः मानसिक परिस्थितियों में भी परिवर्तन हो गया है। हमारा मन अनेक बिम्बों के माध्यम से एक अजीबोगरीब दुनिया से सम्बद्ध होता है। स्मृतियाँ, वस्तुस्थिति के भिन्न-भिन्न पहलू और हमारे दायित्व एक साथ आ उपस्थित होते हैं और मन को एक ही समय अनेक स्तरों पर क्रियाशील होना पड़ता है।' गहराई में पैठ कर कविता के मर्म को, कवि की

चेतना के इस मूल सन्दर्भ को समझने की जेहमत उठाने की अपेक्षा सरलीकृत समाधान खोज लेने में ही आलोचक ने अपना हित समझा है।

कई स्थलों पर जानते-बूझते कविता की पंक्ति को उसके सन्दर्भ से काटकर बिल्कुल उल्टा अर्थ देने की गैर-ईमानदारी भी बरती गई है। जैसे 'अन्तिम आत्महत्या' का यह अंश देखिए–

माँस के लुगदे
चट्टानों की लेई
लोहे के परनाले
मीलों की गोल भाप में
चिनगारियों से उड़ते आदमी
किसी ने भी
मेरी अन्तिम आत्महत्या नहीं देखी।

इन पंक्तियों को पढ़कर साधारण से साधारण पाठक भी यह समझ जाएगा कि यहाँ कवि ने युद्ध की संहारी विभीषिका तथा अणुविस्फोट की भयंकर विनाशलीला से उत्पन्न मानवीय पीड़ा को सह-अनुभूति या तादात्म्य के अत्यन्त कोमल स्तर पर वाणी दी है। आत्म-संहार की प्रक्रिया के रूप में 'युद्ध' और मनुष्यता को उसमें झोंक देने वाली इतिहास की फासिस्ट तानाशाही शक्तियों के विरोध का सन्दर्भ कविता में इतना अधिक स्पष्ट होने पर भी आलोचक केवल अन्तिम पंक्ति को ही लक्ष्य बनाकर निष्कर्ष देता है कि "यह मूल्यों के विघटन का युग है। हर चीज टूट रही है, कवि टूट रहा है, कविता टूट रही है। फासिस्ट तानाशाही के पनपने के लिए वह हवा बहुत मुफीद होती है जिसमें मनुष्य के लिए हत्या और आत्महत्या में ज्यादा फर्क न रहे। नई कविता रचने वाले देश, जनता और इतिहास को जिस ढंग से याद करते हैं, उससे अन्दाजा होता है कि जनतन्त्र खत्म हो जाए और फासिस्ट तानाशाही कायम हो तो उन्हें कोई खास तकलीफ न होगी।"

मताग्रह के अतिरेक जब प्रतीकात्मकता की तहों को पार कर कविता की मूल संवेदना को पकड़ने में असमर्थ साबित होते हैं तो आलोचकीय अहं का विस्फोट होता है, जो शान्ति पाने के लिए या तो अभिधेयार्थ को ही सबकुछ मानकर क्रूर व्यंग्य करता है या फूहड़ मजाक की ओट में अपनी नासमझी को छिपाने की नाकाम कोशिश। लेख का यह अंश पठनीय है–"गिरिजाकुमार माथुर का यह कहना कि मैं एक भूकम्प दबे नगर के नीचे फिरता हूँ, सीढ़ियों पर चढ़ता हूँ तो छत से टकराता हूँ, मुझे बेहद प्यास लगी है और आस-पास

हत्यारे कुएँ हैं जिनमें सिर्फ गिर सकता हूँ; या सर्वेश्वर दयाल की अनुभूति, कि एक अदृश्य इमारत मेरे ऊपर गिर पड़ी है, और जो 'नहीं है' उसके बोझ से मैं दब गया हूँ।'' नए कवियों के इस रोग का सही निदान कर, नुस्खा और परहेज बताते हुए डॉ. रामविलास शर्मा ने आगे लिखा है, ''पृथ्वी के नीचे दब जाने, अन्धेरे कमरों में खो जाने का सपना आदमी अक्सर तब देखता है जब देर से खाना खाकर बाईं करवट सो जाए, खासकर तली-भुनी चीजें खाकर। व्यायाम करने, उचित समय पर अल्पाहार करने से ये दुःस्वप्न दूर हो सकते हैं। उम्र पचास से ज्यादा हो तो रात्रि को केवल फलाहार अति उत्तम है।'' इस कथन पर अधिक कुछ न कहकर रामविलास जी की आलोचना-शैली पर उन्हीं के समानधर्मा डॉ. नामवरसिंह की यह राय पेश कर देना काफी होगा—''एक नजर देखने से ही पता चलता है कि प्रयास कविता को कविता के रूप में पढ़ने का उतना नहीं है जितना कविता को 'दस्तावेज' वा 'वक्तव्य' के रूप में! इन वक्तव्यों में शब्दों का जैसा स्थूल प्रयोग मिलता है उससे कवि के साथ ही आलोचक की भी आस्था की स्थूलता प्रदर्शित होती है।...आलोचक के लिए अपनी 'सामान्य' आस्था इतनी महत्त्वपूर्ण है कि उन्हें व्यक्त करने वाले शब्द स्वभवतः महत्त्वहीन हो जाते हैं।...इस पद्धति के आलोचक जब 'आस्था' की सूक्ष्म और जटिल कृतियों की ओर मुड़ते हैं तो अभ्यासवश उसी प्रकार के शब्दों की अवज्ञा करते हुए सामान्य वक्तव्य के रूप में आस्था के स्थूल सूत्र निकालने का प्रयास करते हैं और अभीष्ट की सिद्धि न होने पर सम्पूर्ण रचना को तिरस्कृत कर देते हैं। (कविता के नए प्रतिमान, पृष्ठ 42)

ऊपर जिस तरह की कविताओं की आलोचना की कोशिश डॉ. रामविलास ने की है वे वास्तव में एक भिन्न मनोभूमिका और अभिव्यंजना-पद्धति की रचनाएँ हैं। यहाँ कवि विचारों की लगाम भर छोड़कर स्वच्छन्द कल्पना के द्वारा अचेतन मन की जटिलताओं को उजागर कर मानवीय यथार्थ को सम्पूर्णता में व्यक्त करना चाहता है। सतही बौद्धिक क्रियाओं के विघटन से स्वप्नों में खोकर ही अवचेतन मन तक पहुँचा जा सकता है। आधुनिक मनोवैज्ञानिक चिन्तन के अनुसार, वस्तु की विकृति और अन्त में विघटन—इस विकास का मूलाधार वैज्ञानिक यथार्थवाद है। 'वस्तु' का साधारण रूप—उसका वस्तुत्व—केवल व्यवहार और उपयोग के लिए ग्राह्य है, विज्ञान के लिए नहीं जो उसके 'अस्तित्व' की खोज भी करता है। विज्ञान के लिए वस्तु विद्युत्-धाराओं का केन्द्र मात्र है और मनोविज्ञान के लिए इन्द्रिय-पटल पर उत्तेजना उत्पन्न करने के लिए संवेदनाओं का स्रोत। आज के कवि ने इसी विकास-क्रम से वस्तु के यथार्थ रूप

को प्रकट करने की चेष्टा की है। व्यावहारिक बुद्धि की उपयोगितावादी समझ के बाहर होते हुए भी यह एक वैज्ञानिक सचाई है जो वस्तु के साधारण स्वरूप के विघटन की प्रक्रिया में फलित होती है। डॉ. शर्मा जिन मनःस्थितियों को ऊल-जलूल मानकर condemn करते हैं वे वास्तव में एक ठोस तार्किक आधार लेकर खड़ी हैं। काव्यानुभव के सन्दर्भ में वस्तु के रूप का यह विघटन आज के मनुष्य के मन के विघटन से फलित हुआ है। आज मनुष्य का मन चेतना की सीमित परिधि से बाहर निकलने को छटपटा रहा है। इसीलिए नया कवि अपने विशिष्ट विजन के परिदृश्य में रूप-स्थैर्य (फार्म कन्सिस्टैन्सी) को छोड़कर रूप की विकृति को प्रस्तुत कर रहा है। इसी लेख के आरम्भ में शर्माजी ने स्वयं यह स्थापना दी है कि "आधुनिक मनोविज्ञान की जो सबसे महत्त्वपूर्ण उपलब्धि है, वह यह कि मनुष्य के चिन्तन के अपने वस्तुगत नियम हैं जो अक्सर उसकी इच्छाओं से मेल नहीं खाते। अपने कर्म के लिए वह जो तर्क ढूँढ़ निकालता है, उनकी जड़ में कभी-कभी उन इच्छाओं की प्रेरणा होती है, जिन्हें वह स्वयं नहीं जानता। विवेक और इच्छाओं का द्वन्द्व उसकी चेतना की गतिशीलता और विकास का एक कारण है।" परन्तु व्यावहारिक समीक्षा स्तर पर उतरते ही फतवे देने की हड़बड़ी में वे अपनी इस स्थापना को भूल जाते हैं। जान-बूझकर इस तथ्य को नजर अन्दाज कर देते हैं कि आज की कविता में जो तनाव, टूटन और बिखराव मिलता है वह 'चेतना की गतिशीलता' के कारणभूत विवेक और इच्छाओं के इसी द्वन्द्व की यथार्थ अभिव्यक्ति है। वह द्वन्द्वमयी भूमिका के मानसिक संकट से उबरने के लिए जूझते हुए आज के मनुष्य की आन्तरिकता का सही प्रतिबिम्ब है।

डॉ. रामविलास की आलोचना का अन्दाज मजिस्ट्रेटी है। उनके यहाँ कवियों की स्थिति अदालत के कठघरे में खड़े अभियुक्तों जैसी है—प्रगतिशील समीक्षा की धाराओं के आधार पर निर्णय दिया जाता है। कुछ को देखते ही पुराने रिकार्ड के आधार पर, पेशेवर मानकर सजा का हुक्म हो जाता है, कुछ को भूल सुधार के लिए सख्त हिदायत, कुछ सन्देह के लाभ में बरी और थोड़े से जाने-पहचाने ससम्मान रिहा। यहाँ जुर्म की अपेक्षा जुर्मवार पर ध्यान दिया जाता है। निर्णय की इस असाहित्यिक प्रक्रिया में कदम-कदम पर वे अन्तर्विरोध भी सामने आ जाते हैं जो समान काव्य-दृष्टि वाले कवियों में से अधिकांश को गलत और एक-दो को निर्धारित समीक्षा-मानों से अलग हट कर सही सिद्ध करने की चेष्टा से उभरते हैं। जिन्हें रामविलास जी ने कुछ समय पूर्व 'टी.एस. इलियट के दिमाग का भूसा' बाँटने वाले प्रयोगवादी कवियों का अलम्बरदार

ठहराया था वही 'अज्ञेय' धर्मयुग (18 जनवरी, 70, पृ. 21) वाले लेख में शिल्प की ताजगी, शब्दों की परख और सजावट के लिए बार-बार प्रशंसित हुए हैं। स्थिर सामाजिक मूल्यों की एकान्त प्रतिबद्धता से हटकर समीक्षक एकाएक फार्मलिस्ट हो जाना 'कविता की नई समझ की प्राप्ति' की अपेक्षा बदले हुए सम्बन्धशास्त्र के तथ्य को ही ज्यादा सूचित करता है। इस नए सम्बन्धशास्त्र ने कुछ और करामात भी दिखाई है। इसी लेख में आलोचक की गिरिजाकुमार सम्बन्धी धारणा की यह शीर्षासनी मुद्रा देखिए–'उच्छृंखल' लेकर 'जो बंध नहीं सका' तक तीस वर्षों की दीर्घ अवधि में गिरिजाकुमार ने जो राग साधा है, वह देह रस वाला राग है। उनका किशोर मन न वयस्क होता है, न प्रौढ़, वार्धक्य तो दूर की बात है।" ज्यादा अर्सा नहीं हुआ जब इन्हीं रामविलास ने लिखा था, "गिरिजाकुमार नए युग के वैतालिक हैं। क्रान्ति के प्रत्यूष काल में गीत गाने के लिए उन्होंने उपयुक्त गम्भीर वाणी भी पाई है...उनके हर गीत में देश के प्रति अपार प्रेम प्रकट होता है...जब समाज विरोधी शक्तियाँ प्रबल जान पड़ती हैं, तब उनकी नई कविताएँ पढ़कर हृदय में आशा और उत्साह का संचार होता है। उनकी क्रान्तिकारी भावनाएं युग की प्रतिध्वनि हैं, उनका यथार्थवाद हिन्दी कविता की नवीन शक्तिशाली धारा है।" कोई आश्चर्य की बात नहीं यदि ऊपर के उद्धरणों के अन्तर्विरोध को देखकर हिंगनघाट के किसी अहिन्दी भाषी पाठक म.मा. कट्टे ने धर्मयुग के सम्पादक के नाम एक पत्र में लेखक के आलोचकीय मन्तव्य को 'क्षुद्र' एवं 'आत्मवंचनापूर्ण' कह दिया (धर्मयुग, 15 फरवरी 70, पृ. 7)। लेख की शुरुआत वाली कविता की उस लाइन में कुछ जोड़कर कहें तो नतीजा यही निकलता है कि मुक्तिबोध ही नहीं, आज का सामान्य पाठक भी अपनी घाघ आँखों से 'तथ्य के बहाने अहं' और 'सत्य के बहाने स्वयं' को प्रस्थापित करने के लिए बहस करने वालों के कपड़ों में छिपी हुई 'सघन रहस्यमय लम्बी पूंछ' देख लेता है, देखता ही नहीं उसे नाप भी लेता है। और वर्षों तक उसका नाप-जोख अपने पास रखता है।

इन नए लेखों में रामविलास जी की समीक्षा-शैली के कुछ और दिलचस्प पहलू उभर कर सामने आए हैं। रहस्यवाद के जिस प्वाइण्ट पर पन्त, अज्ञेय और उनके बहुत से अनुकरणकर्त्ता कट जाते हैं उसी पर मुक्तिबोध प्रशंसा पाते हैं। असुरक्षा, आतंक, नैराश्य, भय आदि मानसिक स्थितियों की जिस अभिव्यक्ति पर सर्वेश्वर, साही, रघुवीर सहाय की मजाक उड़ाई जाती है, उसी को मुक्तिबोध के काव्य की अप्रतिम देन मानकर उनकी पीठ ठोंकी जाती है। निर्बन्ध कल्पना अथवा फैण्टेसी के माध्यम से अवचेतन मन की जटिलताओं को खोलने तथा

उनके द्वारा मानवीय यथार्थ को अभिव्यक्त करने की चेष्टा जब भारत भूषण अग्रवाल, राजकमल चौधरी, श्याम परमार करते हैं तो वह 'विक्षिप्तता' और 'पागलपन' बतलाई जाती है। पर मुक्तिबोध में उसके व्यापक प्रसार को अनेक सन्दर्भहीन प्रतीकार्थों के आरोपण से जोड़कर युक्तिसंगत कहा जाता है। क्योंकि आलोचक के ही शब्दों में, "किन्हीं विशेष सम्प्रदायों की आस्थाएँ स्वीकार कर लेने पर मुक्तिबोध की बातें युक्तिसंगत हो जाती है।" विशेष सम्प्रदाय (?) की आस्था के आरोपण द्वारा मुक्तिबोध के रहस्यवाद के समर्थन का यह आलोचकीय पैतरा देखिए—"रहस्यवाद की यह उलटबाँसी है। चढ़ने से अधिक उतरने का क्रम है, प्रकाश से अधिक अन्धेरा है, आनन्द से अधिक वेदना है। सूर्य के भीतर भी स्याही है जिसका 'आत्मा के स्याह घेरे' से गहरा सम्बन्ध है।...उपचेतन का संसार अन्धकारमय है। अन्धे कुएँ, बावड़ी, समुद्र की तलहटी, पठारों के गड्ढे—वे तमाम दृश्य जिन्हें आत्मसात करके मुक्तिबोध वस्तुसत्य बनाते हैं—उसी उपचेतन के प्रतीक हैं...मनोविश्लेषणशास्त्रियों के अनुसार मनुष्य का उपचेतन दमित इच्छाओं और अस्वीकृत, निषिद्ध भावनाओं का आगार है। मुक्तिबोध के अनुसार यह उपचेतन सब मनुष्यों में बहुत कुछ एक-सा है। इसकी गुफाओं में जो रत्न मिलते हैं, वे मुक्तिबोध के ही नहीं, जनसाधारण के मानस रत्न हैं। वह उपचेतन का साधारणीकरण करते हैं।" (धर्मयुग, 21 दिसम्बर 70, पृ. 21)

डॉ. रामविलास का आग्रही मन मुक्तिबोध की कविता पर अनेक आस्थाओं के प्रभाव को एक साथ सक्रिय देखता है। 'चम्बल की घाटी में' कविता का विश्लेषण यों किया गया है—"चम्बल की घाटी का टीला आधा अस्तित्ववादी है, आधा रहस्यवादी। खामोश सिसकियाँ भरने वाला मन—वह है अस्तित्ववादी। वही मन आन्तरिक रहस्यमय प्रकाश से दीप्त भी हो उठता है...देदीप्यमान होने और सिसकियाँ भरने की क्रियाएँ आगे-पीछे सम्पन्न होती हैं, एक साथ नहीं अर्थात् मुक्तिबोध का मन बारी-बारी से रहस्यवादी और अस्तित्ववादी की भूमिकाएँ पूरी करता है। टीले को आन्तरिक प्रकाश से जगमगाते देखकर मुक्तिबोध का मार्क्सवादी मन टोकता है। टोकने का स्वर काफी तेज है, लगभग सर्वहारा वर्ग का लहजा।" (वही, पृ. 47)। इसी लहजे में आलोचक की हर व्याख्या खिंचते-खिंचते किसी-न-किसी सतही निष्कर्ष पर दम तोड़ती है।

डॉ. रामविलास शर्मा की समीक्षा-पद्धति की सबसे बड़ी सीमा जो निरन्तर स्पष्ट होती जा रही है—उनकी 'डाग्मैटिक' दृष्टि है। किसी भी रचना की आन्तरिक समस्या को वे हिसाब का ऐसा सवाल मानते हैं जिसका हल पुराने

मार्क्सवादी चिन्तन के 'निर्णय सिन्धु' में पहले से लिखा हुआ है। इन्सानी जिन्दगी को समझने के लिए अब तक जो भी फलसफे सामने आए हैं उनमें 'मार्क्सवाद' से बेहतर कोई नहीं—हमारी राय में यह एक ऐसी सच्चाई है जिसके वारे में दो रायनहीं हो सकतीं। परन्तु यह भी उतनी ही बड़ी सच्चाई है कि साहित्य और कला के क्षेत्र उस औसत जिन्दगी से कहीं अधिक गहरे एवं जटिल हैं। वे कुछ भिन्न मनोभूमिका पर अपने सवालों के हल माँगते हैं। इसी वजह से लेनिन से लेकर रोजर गारोदी तक अनेक मार्क्सवादी चिन्तकों ने साहित्य को थोड़ा 'यान्त्रिक ढंग से अभियोजित करने या उसे समतल करने लायक चीज के रूप में देखने' वाली 'डाग्मैटिक' प्रवृत्तियों का सख्त विरोध करते हुए यह स्वीकार किया कि "कलाकृति का लक्ष्य यथार्थ की वह अवधारणा है जिसमें निहित यथार्थवाद यथार्थ के ही समान अन्तहीन विकास और पुनर्नवीकरण की अवस्थाओं से गुजर सकता है।" इस व्यापक समाजवादी दृष्टि से मुँह मोड़ कर रामविलास जी साहित्य में 'विचारधारात्मक अधिरचना' के अतिरिक्त कुछ भी नहीं देखना चाहते। किसी कृति की परख के समय उनकी आलोचना-दृष्टि रचना में सामाजिक सन्दर्भों की 'सौन्दर्यमूलक परिणति' की सम्भावना को न खोजकर परिस्थिति और प्रभाव के स्थूल आकलन करने अथवा अपनी मर्जी के मुताबिक 'कार्यकारण का कोई भी तालमेल' बिठा देने में ही अपने को धन्य समझ लेती है। मुक्तिबोध ने ऐसी आलोचना के खतरे को वहुत पहले ही पहचान लिया था। उनके अनुसार, "एक खतरा है जड़ीभूत सौन्दर्याभिरुचि का।...काव्यात्मक व्यक्तित्व जो एक बन्द सन्दूक 'क्लोज्ड सिस्टम' बनाता है ("तुम नहीं व्याप सके, तुममें जो व्यापा है, उसी को निवाहों" जड़ीभूत सौन्दर्याभिरुचि ही प्रस्तुत कर रहा है। इस तरह की जड़ीभूत सौन्दर्याभिरुचि के फ़लस्वरूप, कुछ साहित्यिक समाजशास्त्री अपने ढर्रे के वाहर के क्षेत्र में प्रचलित नई काव्य-समृद्धि में विद्रूपता के अतिरिक्त कुछ नहीं देखते। यदि हमें वैविध्यपूर्ण, परस्पर द्वन्द्वमय, मानव जीवन के (अपने अन्तर में व्यापित) मार्मिक पक्षों का वास्तविक प्रभावशाली चित्रण करना है तो हमें जड़ीभूत सौन्दर्याभिरुचि और उसके 'सेंसर' त्यागने होंगे।...जड़ीभूत सौन्दर्याभिरुचि एक विशेप शैली को दूसरी विशेप शैली के विरुद्ध स्थापित करती है।" (नई कविता का आत्म-संघर्ष तथा अन्य निबन्ध, पृ. 9)

पर रामविलास भी जीवट के आदमी है। कई साल पहले 'आलोचना' की एक गोष्ठी में उन्होंने कह दिया था कि "जो भी अपने को त्रस्त, पराजित या पीड़ित महसूस करता है, वह कहीं-न-कहीं पूंजीवाद को अस्वीकार और समाजवाद

को स्वीकार करूंगा। वर्तमान युग में आधुनिकता-बोध समाजवादी विचारधारा से जरूर सम्बद्ध होगा।'' (आलोचना, अक्तूबर-दिसम्बर 67, पृ. 6) अपने इसी विश्वास को लेकर अब वे नई कविता के मूल्यांकन को निकले हैं और 'तुम नहीं व्याप सके, तुममें जो व्यापा है, उसी को निबाहो' की तर्ज पर अपने अन्तर में व्यापित की पीड़ा से 'जहाँ, जो है नहीं वहाँ वह' सिद्ध कर रहे हैं।

(1970)

□

हिन्दी कविता : पिछले दस वर्ष

"राजनीति के प्रति निष्ठा की माँग साहित्यकार के प्रतिबंधन (रजिमेण्टेशन) की माँग है जिसका दृढ़ता से विरोध किया जाना चाहिए। जहाँ तक मैं समझता हूँ नई कविता और 'परिमल' ने पिछले दो दशकों में मुख्यतया अब तक यही किया है" (नई कविता)। 'नई कविता' के सम्पादक और उसके स्वतः प्रतिष्ठित सिद्धान्तकार डॉ. जगदीश गुप्त की यह स्वीकारोक्ति नई कविता के विशिष्ट चरित्र और उससे जुड़े कवियों की उस खास वैचारिक भूमिका की ओर इशारा करती है, जिसे वे जाने-अनजाने अपने समय की शासकवर्गीय राजनीति के अनुशासन के तहत निभा रहे थे। सन्दर्भ साफ हो जाना चाहिए कि ये पंक्तियाँ गुप्त जी ने सातवें दशक के मध्य में उभर रही उस 'नव प्रगतिशील' कविता के विरोध में लिखी हैं जो पीड़ित मानवता के पक्ष और मुक्तिकामी ताकतों के समर्थन की प्रतिबद्धता, घोषित या अघोषित रूप में स्वीकार कर, उस व्यवस्था का उन्मूलन चाहती थी जिसके कारण व्यक्ति अभावों की यन्त्रणा झेलता है। साहित्य के पक्ष में राजनीति-विरोध का यह रूप और अधिक खुलता है धर्मवीर भारती के उस लेख में जो मई 1967 की 'सारिका' में 'चिकनी सतहें : बहते आन्दोलन' शीर्षक से प्रकाशित हुआ था। अपने इस लेख में भारती ने टामस मान के इस कथन को सन्दर्भ से काटकर पेश किया था, 'समाज? साफ-साफ क्यों नहीं कहते, कलाकार और राजनीति, क्योंकि आज तो समाज शब्द एक हल्का-सा पर्दा है—राजनीतिक मन्तव्य को छिपाने का'—इस कथन से भारती जी ने जो निष्कर्ष निकाला वह यह है कि राजनीति के विरोध ने 'बहुधा मनुष्य की आन्तरिक अनुभूति और उसकी ऐतिहासिक सम्पृक्ति के नए आयाम उद्घाटित किए हैं।'

नई कविता का राजनीति-विरोध खुले तौर पर उस राजनीति का विरोध था जो समाज से और उसको बदलने की प्रक्रिया से जुड़ती थी। राजनीति का

मतलव यहाँ विपक्ष की राजनीति था और वह भी वामपन्थी राजनीति। राजनीति-विरोध की इस धारणा के पीछे जहाँ एक ओर शीतयुद्ध की अन्तर्राष्ट्रीय राजनीति का सीधा प्रभाव था वहीं दूसरी तरफ आजादी के वाद निरन्तर विकास पा रहे उस मध्यवर्ग के भ्रम भी मौजूद थे जो आजादी की लड़ाई का पूरा श्रेय पूँजीपति वर्ग की प्रतिनिधि कांग्रेस को देते हुए उसे एक लम्वे समय तक जनता के हितों का प्रतिनिधि मानता रहा और उसकी नीतियों के तहत तेजी से होनेवाले पूँजीजीवी वर्ग के विकास को जनता और राष्ट्र के विकास के रूप में परिभाषित करता रहा था। राजनीतिक, सामाजिक, सांस्कृतिक स्तर पर शासक वर्ग का सोच ही उस पर हावी था। यह सोच सुविधाजनक था और निरापद भी। व्यक्तिगत जीवन के स्तर पर भी कुछ अपवादों को छोड़कर अधिकांश नए कवि व्यवस्था से जुड़े हुए थे। 'अज्ञेय' जैसा घोर व्यक्तिवादी अहंमन्य लेखक 'नेहरू अभिनन्दन ग्रन्थ' का सम्पादक बनकर स्वयं को गौरवान्वित अनुभव कर रहा था। हर साँस में लेखक की स्वतन्त्रता और राजनीति-विरोध की दुहाई देने वाले नए कवि शासक वर्ग की साम्यवाद विरोधी पूँजीवादी राजनीति के अमूर्त शिकंजे में कैद थे और इस सुविधाजनक गुलामी को साम्राज्यवादी देशों से आयातित शब्दावली में आदर्शीकृत कर रहे थे। स्टीफेन स्पैन्डर की वह पिंजड़े वाली तुलना पश्चिम के नए कवियों की तरह इन पर भी पूरी तरह से लागू हो रही थी। स्पैन्डर ने कहा था कि 'इस युग की सर्जनात्मक प्रतिभा शीशे की सलाखों में बने एक पिंजड़े में बन्द है, जिसमें उसे केवल अपना ही प्रतिविम्व दिखाई देता है, कल्पना द्वारा अपने से बाहर के यथार्थ जगत् में प्रवेश करने के उसके सारे रास्ते विलकुल असम्भव बन चुके हैं।'

इन कवियों का रचना-संसार एक क्रिस्टल जैसी बन्द संरचना वाला स्वायत्त मध्यवर्गीय संसार था जो 'अनुभव की अद्वितीयता' के नाम पर गलत अनुभवों का काल्पनिक जाल बुन रहा था। कला और साहित्य की स्वायत्तता का नारादेकर ये कवि समाज की विविध जटिलताओं और व्यवस्था के मूलभूत अन्तर्विरोधों से जनता का ध्यान हटाकर उसे अवनर्मिल (एब्नॉर्मल) अनुभवों के ऐसे अजनवी संसार में भटका देने की कोशिश कर रहे थे ताकि वह सामाजिक संघर्ष के जीवित सन्दर्भ से विलकुल कट जाए। इस रचना-संसार में व्यक्ति और समाज, उसके अन्तर्जगत् और बाह्य परिवेश को एक-दूसरे के खिलाफ खड़े ऐसे दो पक्षों के रूप में चित्रित करने की चेष्टा की गई जैसे उनके बीच कोई अलंघ्य विभाजन रेखा है। अन्तर्जगत और बाह्यजगत् के प्रभाव से बचाना तथा व्यक्ति की समाज से रक्षा नए कवियों के लिए नैतिक कर्तव्य और

आवश्यकता थी। अपने विशिष्ट चरित्र में यह रचना-संसार एक ओर पूँजीवादी की गिरफ्त में राज्यसत्ता की बिना शंका-सन्देह के स्वीकृति, दूसरी ओर साम्यवाद और संगठित सामाजिक चेतना के विरोध तथा तीसरी ओर अन्तर्मुखी व्यक्तिवादी दर्शन के त्रिकोण में बँधा हुआ मध्यवर्गीय अनुभव संसार था। इस संसार का कवि जब सामाजिक सम्बन्धों की बात भी करता था तो मध्यवर्ग के निजबद्ध दायरे में ही घूमकर रह जाता था और जब वह व्यापक दृष्टि पाने की कोशिश करता भी था तो जिन्दगी से अपनी सामग्री प्राप्त करने के बजाय, अप्रासंगिक सन्दर्भों में होने वाली घटनाओं और विचार-सरणियों से अपनी कविता गढ़ने लगता था। ऐसी ही प्रकृति के तहत कुँवर नारायण मृत्यु और जीवन के प्रश्नों की अर्थवत्ता की परीक्षा उपनिषत्कालीन नचिकेता के मानव लोक में करते हैं, 'अज्ञेय', 'आँगन के पार द्वार' में आत्मा के रहस्यलोक और 'उत्तर प्रियदर्शी' में पौराणिक किंवदन्ती के नरक में 'करुणा प्रभामय' का पावन आलोक देखते हैं। इस प्रकार मानव नियति के आधारभूत प्रश्नों को एक ऐसा कालातीत नैरन्तर्य प्रदान कर देते हैं जिसमें उन प्रश्नों की तात्कालिक सार्थकता का सन्दर्भ लुप्त हो जाता है और एक तरह से ये प्रश्न जिस सन्दर्भ और जिस भूमि से उठने चाहिए और जिस भूमि में उनका सामना किया जाना चाहिए, वह न होकर एक 'नो-मैन्स-लैण्ड' से उठने वाले प्रश्न हो जाते हैं, अर्थात् वे सनातन शाश्वत प्रश्न बन जाते हैं और शाश्वत प्रश्नों के उत्तर के लिए कोई जीवित परिवेश आवश्यक नहीं होता।' (मलयज)

नई कविता के दौर में मुक्तिबोध ही ऐसे कवि थे जिन्होंने समूचे नवलेखन के पीछे काम करनेवाली जनविरोधी राजनीति की साजिश को पहचाना था। दो वास्तविक वर्गों के बीच मध्यवर्ग की अवास्तविकता को वे अच्छी तरह पहचानते थे। 'भूतों की बारात में कनात से तनते' तथा 'बिस्तर की तरह बिछते' अथवा सत्ताधारी 'रावण' के घर 'पानी भरने वाले' रक्तपायी वर्ग से नाभिनालबद्ध इस मध्यवर्ग की व्यवस्था के मूल्यों से व्यवस्थित आकांक्षाओं, कलावाज चालाकियों, सम्भ्रमों और सीमाओं को, वे वखूवी समझते थे इसीलिए उन्होंने साफ-साफ कहा था–

कविता में कहने की आदत नहीं, पर कह दूँ
वर्तमान समाज चल नहीं सकता
पूँजी से जुड़ा हुआ हृदय बदल नहीं सकता
स्वातन्त्र्य व्यक्ति का वादी

छल नहीं सकता मुक्ति के मन को
जन को

सातवें दशक के शुरुआती दौर में ही नई कविता की अभिजात गरिमा टूटने लगी थी। नए कवियों के प्रतिप्ठित होने, सरकारी एवं पूँजीवादी प्रतिप्ठानों एवं व्यावसायिक पत्र-पत्रिकाओं में नए कवियों को महत्त्वपूर्ण स्थान मिलने के साथ-साथ उनके विरोध में वहुत-सी आवाजें उठने लगीं। महानगरों से लेकर छोटे-छोटे कस्बों, शहरों तक से दर्जनों छोटी पत्रिकाएँ निकलने लगीं। वहुत-से युवा कवियों की रचनाएँ इन लघुपत्रिकाओं और स्वतन्त्र काव्य सकलनों के माध्यम से सामने आईं। कविता के अनेक नए नामों, संगठनों और सम्मेलनों के माध्यम से युवा प्रतिभाएँ नई कविता के विरोध में खड़ी हो गईं। 'अकविता', 'सनातन सूर्योदयी कविता', 'युयुत्सावादी कविता', 'विद्रोही कविता', 'नूतन कविता', 'वीट कविता', 'नंगी कविता', 'ठोस कविता', 'सहज कविता' आदि से लेकर 'लिंग्वादलमोतवादी' तक लगभग पचास कविता नामों की चर्चा डॉ. जगदीश गुप्त ने अपने 'किसिम-किसिम की कविता' शीर्पक वाले लेख में की है। ये सभी नाम 'नई कविता' के विरोध में सामने आए थे, सातवें दशक के उत्तरार्द्ध के शुरू होते-होते नामों की इस भीड़ में 'नई कविता' खो चुकी थी, प्रयोगवाद और नई कविता के मसीहा 'अज्ञेय' की मिथ टूट चुकी थी और 'मुक्ति प्रसंग' का नायक राजकमल चौधरी नया मसीहा वन चुका था। राजकमल स्व-स्थिति को वड़ी सच्चाई से यों सामने रखता है–

कामोत्तेजना में अपनी रक्त नलिकाओं के विपरीत प्रवाह में
और कविता में जटिल थे किन्तु लांछित अवांछित भी थे
कोई काव्य खण्ड या प्रतिमा बनाने के योग्य नहीं थे अनुभव
संगीत, रंग, पीड़ाएँ मेरे अन्तराल में
रोग दाघ परिस्थितियाँ

राजकमल की यह आत्मालोचन उस समूची काव्य-प्रवृत्ति की सीमाओं को स्पप्ट कर देती है जहाँ कविता के नाम पर रंग में अल्कोहल है, भापा में केवल वीते हुए गलित व्रण, केवल चीत्कार ही मिलते हैं। राजकमल का कवि व्यक्तिगत यथार्थ के कुत्सित पक्षों को पूरी भयावहता में चित्रित करते हुए भी अपनी समझ और निर्णयशीलता में पॉजीटिव स्तर पर व्यापक सामाजिक सन्दर्भ से जुड़ना चाहता है–'सवके लिए, सवके हित में राजकमल चौधरी चला गया है हस्पताल।' मृत्यु से पहले और कविता से पहले वह फैसला करता है कि 'हम लोगों को अव शामिल नहीं रहना है/इस धरती से आदमी को हमेशा के लिए

खत्म कर देने की साजिश में।' (प्रसंग 8)

सातवें दशक के बीच भारतीय राजनीति और जन-जीवन में गहरे उतार-चढ़ाव आए। सूखा, भुखमरी, निम्नवर्ग का असन्तोष, जन आन्दोलनों में तेजी, प्रान्तों के विघटन, शासक पार्टी में आन्तरिक कलह, रुपए के अवमूल्यन, औद्योगीकरण में अवरोध, 67 के चुनाव में अनेक प्रान्तों में कांग्रेस का पतन, गैर-कांग्रेसी सम्विद सरकारें बनना और आपसी घटकवादी झगड़ों से बार-बार टूटना, दल-बदल, महँगाई, बेरोजगारी का बढ़ना आदि बहुत-सी घटनाएँ थीं जिनसे आम आदमी के मानस में अनिश्चय और अराजकता की भावनाएँ सिर उठाने लगीं। समकालीन राजनीति के प्रति उसका पहला स्वीकारात्मक और तज्जन्य उदासीनता का रुख बदला। व्यवस्था के प्रति उसके मन में अस्वीकार, नफरत, हस्तक्षेप और आक्रोश की अबूझ भावना सुगबुगाने लगी। तत्कालीन भारतीय जीवन की इन्हीं स्थितियों ने 'किसिम-किसिम की' कविताओं के लेखकों को अपने-अपने ढंग से सामाजिक यथार्थ के प्रति अपनी प्रतिक्रियाएँ व्यक्त करने के लिए प्रेरित किया—लेकिन जीवन-पद्धति और विचारधाराओं के अन्तरों की विशिष्टता के साथ-साथ। अन्यायपूर्ण सामाजिक स्थितियों और पाखण्डपूर्ण जीवनादर्शों से व्यक्तिगत तौर पर निपटने की बेचैनी इस दौर में खूब व्यक्त हुई जो अन्ततः अकेले व्यक्ति की अव्यवस्थित एवं अराजक प्रतिक्रियाओं में तमतमा कर ही रह गई। सामाजिक अन्तर्विरोधों के प्रति अकेलेपन की यह प्रतिक्रिया अलग-अलग रूपों में व्यक्त हुई है। कहीं इसका रूप निषेधवादी अराजकता का है, कहीं आत्मपीड़ा का, कहीं पाशविक भोग एवं हिंस्र भावना का, कहीं अहं के विस्फोट का तो कहीं युयुत्सा और क्रांति भावना का। लेकिन यदि गौर से देखें तो इन सभी प्रतिक्रियाओं में थोड़ी-बहुत मात्रा सिनिसिज्म की मिल जाएगी। सिनिसिज्म में पैसिव और एक्टिव दोनों सम्भावनाएँ होती हैं : 'सिनिसिज्म में एक ओर तो अर्द्धसत्यों के रूप में जीवित परम्परागत मूल्यबोध तथा इसे वहन करनेवाली सामूहिक सामाजिक चेतना की मूढ़ता के प्रति आक्रोश भाव रहता है और दूसरी ओर नए जीवन-मूल्यों के प्रति स्पष्ट विजन की कमी का हीनता-बोध। सिनिसिज्म वस्तुतः इस दुहरी स्थिति की व्यक्तिचेतना के स्तर पर बाह्य अभिव्यक्ति है। यह किसी मूल्य की रचना नहीं करता, उसकी शक्ति युगगत निषेध करने में ही व्यक्त होती है।' (नई कविता)

इस दौर में अकविता की खूब चर्चा रही। 'अकविता' में जगदीश चतुर्वेदी, श्याम परमार, सौमित्र मोहन, मोना गुलाटी के साथ-साथ धूमिल, राजीव सक्सेना, लीलाधर जगूड़ी और कुमार विकल भी छपे थे—निगेटिव और पॉजीटिव छोरों

की तरह। पहला पक्ष वह था जो 'अब सब कुछ असाध्य है, सोचता हूँ, सोचना ही छोड़ दूँ' की विचारहीन शून्यवादी समझ लेकर 'देह की राजनीति' का मोहरा बनकर, 'जीभ और जाँघ के चालू भूगोल' को भाषा में उतार रहा था। सक्रिय तौर पर जीवन से जुड़ी समझ के अभाव में नई कविता के अभिजात रचना संसार के खिलाफ नशे जैसी तीव्र अन्ध प्रतिक्रिया में कुत्सित एवं भदेस अनुभवों, मुँहफट स्पष्टा, गुह्यांगों और अश्लील क्रियाओं का चालू नाम लेने वाली गाली-गलौज की भाषा; विचार विरोधी मूल्यहीनता तथा गर्हित यथार्थ की मूर्त कुरूपता से भरा एक नया संसार इन अकवियों ने रच लिया था। इसी रचना संसार का एक-दूसरा छोर भी था जहाँ समानान्तर रूप से ऐसी कविता रची जा रही थी जो अपने रचनात्मक व्यवहारों में 'एक समझदार चुप' और 'एक इनकार भरी चीख' के बीच से रास्ता निकालती हुई 'शब्दों की दुनिया में/यातना के खिलाफ मुँह खोल' रही थी।

अकविता ने अपने इस पॉजीटिव पक्ष में अपने समय के यथार्थ की विरूपता और अमानवीय सामाजिक सम्बन्धों की सीवन को पूरी निर्ममता से उधेड़ा; पतनोन्मुखी पूँजीजीवी संस्कृति की अनेक विरूपताओं को भदेस जीवन-स्थितियों के बीच रखकर उजागर करने की कोशिश की; लेकिन यथार्थ की पूरी और सही समझ देने वाले परिप्रेक्ष्य के अभाव तथा विचारधारा की अनिश्चितता के कारण इसके अधिकांश प्रयास प्रभाव की विपरीत दिशा में चले गए। निषेधवादी अराजक दृष्टि ने इस रचना-कर्म को उद्धत अहं की उस बड़बोली शाब्दिक अराजकता में बदल दिया जो अपने विपक्ष को ठीक से चीन्हें बिना, शून्य को ललकारती हुई तेज मुहावरों का तरकश खाली करती रही। व्यक्तिवादी अहं भावना ने उसे सामूहिक मुक्ति के लिए संघर्ष की किसी संगठित प्रक्रिया से नहीं जुड़ने दिया। इस काव्य प्रवृत्ति ने अधिकतर कवि के भीतर उस बचकाने श्रेष्ठता-बोध को उकसाया जो उसे अपने आपको सभी वर्गों से ऊपर, सबको नसीहत और फटकार देने वाला, जनता का स्वयंभू मार्गदर्शक मानने के भ्रम में बाँधता था। इसी बचकानी समझ के आधार पर उसने सामाजिक संघर्ष को दो विरोधी वर्गों की लड़ाई के जगह अपने और समूची व्यवस्था के बीच की लड़ाई के रूप में परिभाषित किया। यह समझ 'हम' की अपेक्षा 'मैं' पर अधिक जोर देती थी, सामाजिक परिवर्तन की प्रक्रिया को ऐतिहासिक गति के वस्तुपरक नियमों से अनुशासित न मानकर व्यक्तिगत स्थितियों से जुड़ी प्रकृत अराजकता में सक्रिय देखती थी : 'जो कुछ कह सकूँ वह सबसे बड़ा साहस है/जो कुछ मार सकूँ इस आपाधापी में वह सबसे बड़ा

हाथ है/जो कुछ पहनकर उतार सकूँ वह बहुत बड़ा खोल है। (जगूड़ी : 'नाटक जारी है')। इतिहास को दूर से देखते हुए रिहाई महसूस करने वाली यह समझ इतिहास की गति और सामाजिक परिवर्तन की प्रक्रियाओं को स्वतः स्फूर्त मानती हुई अन्ततः इस नियतिवादी निष्कर्ष को समर्पित हो गई है 'ये लो खतम करो/और यों ही पड़ा रहने दो चरित्र, समाज और खाली गिलास/लुढ़कता हुआ/यह तभी कहीं पहुँच सकता है—(वही)

जुझारू तेवर की इन कविताओं में आम तौर पर संघटनात्मक अनिश्चितता हावी रही है। यह अनिश्चितता मूलतः सक्रिय रूप में जीवन से जुड़ी वैज्ञानिक समझ के अभाव की देन है। समकालीन जीवन और उसकी चुनौतियों के प्रति इस दौर के कवियों की प्रतिक्रियाएँ बहुधा इतनी अनिश्चित, अनेकाग्र, उथली और अतिरंजित हो गई हैं कि उनसे अन्तर्वस्तु की कोई सार्थक वैचारिक बुनावट नहीं उभरती। वैचारिक संघटन का यह अभाव, यथार्थ के प्रति उनकी प्रतिक्रियाओं को ठोस आधार पर व्यवस्थित कर; विश्लिष्ट सम्वेदना को एक दृष्टिबद्ध अन्विति देकर, रचनानुभव की बनावट को कोई आन्तरिक संगति और सार्थकता नहीं दे पाता। इसलिए इनके रचना-कर्म में वह आत्मविश्वास बहुत कम झलक पाया है जो अपने समय के यथार्थ को उसकी नींव पर पकड़ सकता है। इनकी रचनाएँ जगह-जगह फ्लेशेज में तो प्रभावित करती हैं पर अपनी समग्रता में कोई वैसा अन्वित प्रभाव नहीं डाल पातीं जैसा कि मुक्तिबोध की कविताओं के साथ होता है। रचना-कर्म की इस असफलता के पीछे वास्तव में वह निम्न-मध्यवर्गीय समझ ही सक्रिय रही है जो अपने विभ्रमों से परे जाकर, वास्तविकता को न तो पूरे तौर पर देखना ही चाहती है और न ही बदलना।

इस दौर में साहित्य और राजनीति के सम्बन्ध की बात नए सन्दर्भों में फिर से उठी। इस रिश्ते पर एक लम्बे अन्तराल के बाद नए सिरे से विचार हुआ। राजनीति को लेकर इस समय भी दो दृष्टिकोण थे—लगाव और विलगाव के। राजनीति-विरोध दो रूपों में सक्रिय था : नई कविता की भाववादी व्यक्ति-केन्द्रित परम्परा के अवशिष्ट लेखक (अज्ञेय-भारती से लेकर श्रीकान्त वर्मा तक) तथा 'किसिम-किसिम की' कविताओं के बहुत-से संशयग्रस्त लेखक, सचेत और अचेत दोनों रूपों में राजनीति का विरोध कर रहे थे लेकिन एक अंतर के साथ नई कविता से जुड़े लेखक अब भी सचेत रूप से साम्यवाद विरोधी राजनीति के तहत सामाजिक परिवर्तन के हक में लड़ने वाली राजनीति का विरोध कर रहे थे। उनका विरोध सचेत रूप में एक वर्ग की राजनीति के

पक्ष में, दूसरे वर्ग की राजनीति का विरोध था। जबकि बहुत-से दूसरे कवि वर्गीय राजनीति की समझ के अभाव और मूल्य-मूढ़ता की स्थिति में, वर्तमान बदहाली से ऊबकर सभी प्रकार की राजनीति को नफरत की नजर से देखते हुए राजनीति मात्र का विरोध कर रहे थे। दूसरी ओर वह दृष्टि भी सक्रिय थी और निरन्तर विकास पा रही थी जो समकालीन राजनीति और उससे जुड़ी व्यवस्था को अर्थहीन और निकम्मा मानती थी और उसे सही राजनीति और बेहतर व्यवस्था में तब्दील होते देखना चाहती थी। आजादी और लोकतन्त्र के प्रति उसके भ्रम टूट चुके थे। मौजूदा व्यवस्था के प्रति तीखे प्रकार की भावना उसे बेचैन कर रही थी :

क्या दिया तुमने? महज जयहिन्द
फकत फाकाकशी, आँकड़े, बस आसमानी आँकड़े और गुत्थमगुत्था
राशन की कसी कतारें, बेरोजगारी⋯?

(केशनीप्रसाद चौरसिया)

क्या आजादी सिर्फ तीन थके हुए रंगों का नाम है
जिन्हें एक पहिया ढोता है
या इसका कोई खास मतलब होता है

(धूमिल)

"दरअसल संसद् एक ऐसी स्त्री है जिसके गर्भाशय में बहुमत का लूप फिट है। इसी कारण वह फलवती नहीं हो पाती। तभी बातों की लड़ाई तो खूब होती है लेकिन उसका कोई फल नहीं निकलता। होता वही है जो मंजूरे सरकार होता है। फिर मजा यह है कि सांसदिकगण मजे से 'फिड़ल' बजाते रहते हैं और रोम जलता रहता है⋯मन्त्रीशाही, अफसरशाही और सेठशाही का त्रिकोण देश की सारी पूँजी को अजगर की तरह लीलता रहता है।"—गजेन्द्र तिवारी। इस बिन्दु पर आकर विद्रोही युवा वर्ग राजनीति विरोध की बुर्जुआ साजिश को पहचान चुका था ('सन्दर्भ' का प्रतिबद्धता विशेषांक, 'रूपाम्बरा' के अधुनातन कविता अंक में डॉ. माहेश्वर का लेख तथा 'युयुत्सा', 'वातायन' और 'कविता' में छपे लेख द्रष्टव्य हैं)। 'कविता-पाँच' मे अनिल कुमार ने लिखा था—'इधर कुछ समय से राजनीति या किसी प्रकार की पक्षधरता को नकारने वाला स्वर बराबर मुखर होता जा रहा है। बड़ी प्रगल्भता से यह स्वर जमात जोड़ता जा रहा है और जहाँ कोई स्वर एकाकी न रहकर जमात जोड़ू बनता है तो उसकी अपनी पक्षपधरता स्पष्ट होने लगती है। दिशाहीन चिन्तन, लक्ष्यहीन लेखन, राजनीति रहित दृष्टिकोण की परिणति व्यक्ति की खोज अर्थात्

निजी स्वार्थ में होती है।''

अब युवा लेखक विद्रोह और जीवन-पद्धति के तालमेल की जरूरत पर बल देने लगता था—''मौजूदा स्थिति को देखते हुए ही युवा लेखकों को निर्णय लेना होगा कि उन्हें व्यवस्था के उन पालतू कुत्तों में शामिल होकर ग्रेंड होटल की खिड़की से फेंकी जाने वाली हड्डियों का इन्तजार करना है या उस 'शोपण-तन्त्र' को तोड़नेवालों के साथ होना है'' (कंचन कुमार)। इस बदले सन्दर्भ में कविता, विरोध की राजनीति के और अधिक नजदीक आ रही थी। जाहिर है कि कविता और राजनीति के बीच जुड़ता हुआ यह रिश्ता भारती और जगदीश गुप्त जैसे कवियों को बहुत अखर रहा था। इसीलिए नए दौर के युवा लेखन से उनकी शिकायतें और नाराजगी बढ़ती ही जा रही थी।

सातवें दशक के अन्त तक, तेजी से परिवर्तित होते हुए भारतीय सामाजिक, राजनीतिक परिदृश्य की सापेक्षता में असन्तोष्ज्ञ में वृद्धि के साथ-साथ जन आन्दोलन तेज हो रहे थे और निम्नमध्यवर्ग में समाजवाद में आस्था के साथ राजनीतिक चेतना का प्रसार हो रहा था।

वामपन्थी एवं जनवादी मेहनतकश जनता के विशाल आन्दोलनों तथा नक्सलवादी आन्दोलनों ने एकबारगी पूरे देश की मध्यवर्गीय जनता को झकझोर दिया था। नए लेखकों में मार्क्सवाद के प्रति रुझान तेजी पकड़ने लगा था। सातवें दशक के आरम्भ एवं मध्य में 'अस्वीकृति के नवोन्मेष' की धुंधली सामाजिक चेतना लेकर चलने वाली कविता अब अनेक सोपानों को पार करती हुई क्रान्ति के द्वार पर दस्तक दे रही थी। 'अपने हाथों में बस तेज धार वाले चाकू और जलती हुई मशाल की आवेशजन्य जरूरत' महसूस करने वाला कवि अब अधिक विकसित राजनीतिक चेतना और वैचारिक तैयारी से लैस होने लगा था। मजदूर वर्ग एवं ग्रामीण जीवन सन्दर्भों में निहित सामाजिक सम्बन्धों और अन्तर्द्वन्द्वों को अन्तर्वस्तु के रूप में ग्रहण करने की प्रवृत्ति अब कवियों मे बढ़ रही थी। नागार्जुन, केदारनाथ अग्रवाल, शमशेर, शील और त्रिलोचन जैसे पुराने प्रगतिशील कवि नई परिस्थितियों की नई समझ के साथ अधिक पैनी रचनाएँ लेकर जनवादी कविता के इस नए आन्दोलन में शरीक हो रहे थे। आठवें दशक के प्रारम्भ तक जनवादी कविता हिन्दी कविता की मुख्य धारा बन गई थी। इस दशक में कुमारेन्द्र, ज्ञानेन्द्रपति, आलोकधन्वा, श्रीराम तिवारी, शलभ श्रीराम सिंह, धूमिल, कान्तिमोहन, कुमार विकल, मनमोहन, रमेश रंजक, ऋतुराज, वेणुगोपाल, विजेन्द्र, पंकज सिंह, आनन्द प्रकाश, चंचल चौहान, राजकुमार सैनी, राजीव सक्सेना, विजेन्द्र अनिल, शशिप्रकाश श्रीहर्ष, अक्षय उपाध्याय,

जुगमन्दिर तायल, विनय श्रीकर, कौशल किशोर, अश्वघोष, नचिकेता, धनन्जय सिंह, मोहदत्त, नन्द भारद्वाज, निर्मल शर्मा, केवल गोस्वामी, निरंजन, अरुण प्रकाश आदि कवि बड़ी संख्या में इस जनवादी काव्यधारा से जुड़ते गए। देवी अब तो बन्द करो, हरिजन गाथा (नागार्जुन), लोकवार्ता तथा मनबोध (श्रीराम तिवारी), जनशक्ति (विजेन्द्र), जंगलगाथा (वेणुगोपाल), बलदेव खटिक (जगूड़ी), लाशों का बयान (श्रीहर्ष), कृष्णकान्त की खोज में दिल्ली यात्रा (दूधनाथ सिंह), गोली दागों पोस्टर (आलोक धन्वा), रेलगाड़ी, सूर्योदय,, नंगे सवालों के सामने (मनमोहन), एक सामरिक चुप्पी (कुमार विकल), नगई महरा (त्रिलोचन), फैसला (विजेन्द्र अनिल), अपना बधवा (ज्ञानेन्द्रपति), नीम का रुदन (चंचल चौहान) चंवरी, गाँव, मुक्तिगाथा, प्रक्रिया (कुमारेन्द्र), आग की गरज (नंद भारद्वाज), देश प्रेम (शलभ), माँ के लिए (निर्मल शर्मा) आदि दर्जनों महत्त्वपूर्ण कविताएँ इस बीच लिखी गई।

इंदिरा गाँधी द्वारा जनू '75 में आपातकाल की घोषणा इस आठवें दशक की बहुत महत्त्वपूर्ण घटना थी जिसने लेखकों के ही नहीं, आम जनता के सामने भी शोषक व्यवस्था के क्रूर जनविरोधी चरित्र को खोलकर सामने रख दिया। अभिव्यक्ति की स्वतंत्रता का अधिकार छीन लिया गया और विपक्ष के विरोध को कुचल दिया गया। यह हमला मुख्य रूप में जनवादी शक्तियों और उनकी गतिविधियों पर था। अभिव्यक्ति की स्वतंत्रता सच्चे अर्थों में जनवादी लेखकों से ही छीनी गई क्योंकि राजनीतिक विचार के स्तर पर वे ही सत्ता के फासिस्ट चरित्र को चुनौती दे रहे थे। बाकी तो राजनीति मात्र के विरोधी थे ही। उन्हें क्या खतरा हो सकता था। इस ऐतिहासिक घटना के उन कवियों को, जो संसद और लोकतंत्र की धारणा को ही निरर्थक समझकर उसका मजाक उड़ा रहे थे, नए सिरे से सोचने को मजबूर किया। इस दौरान लिखी गई कविताओं (उत्तरार्द्ध, युग परिबोध, आवेग, क्यों, पश्यंती आदि पत्रिकाओं में प्रकाशित) में जहाँ एक ओर स्वतन्त्रता की अदम्य लालसा, संयमित वस्तुपरक विरोध भावना तथा स्थितियों की गम्भीरता के अहसास की चेतना दृष्टिगोचर होती है वहीं दूसरी तरफ गोपन के चतुराईपूर्ण लेकिन प्रभावी शिल्प के नए-नए प्रयोग भी मिलते हैं। इस दौर में कविता अंतर्वस्तु में ठोस अनुभव, लेकिन शिल्प में कुछ-कुछ अमूर्तन की ओर झुकी। जनवादी गीतों के नए लोकधुनी प्रयोग इस बीच देखने को मिलते हैं। आपातकाल के समर्थक कवि तो इस दौर में एक भी सार्थक रचना प्रस्तुत नहीं कर पाए। आत्मविश्वासहीनता ने उन्हें समझ और अनुभव दोनों स्तरों पर कैफियत देने में चतुर, व्यक्तिवादी रुझान से

बोझिल कर दिया।

आपातकाल के बाद अभिव्यक्ति की स्वतंत्रता की वापसी के साथ ढेर सारी कविताएँ प्रकाशित हुई हैं। नई शासक पार्टी ने जनता को नए मोहभंग दिए हैं। आम आदमी भी अब यह सोचने लगा है कि खोट कहीं न कहीं इस सामाजिक आर्थिक संरचना में ही है, जिसके अधीन चल रही शासन-व्यवस्था के तंत्र में घुसते ही, सही लगने वाले व्यक्ति का सोच और व्यवहार भी गलत हो जाता है। सामाजिक जीवन की इन वस्तुपरक स्थितियों ने कवियों को बुनियादी समझ तथा कविता को गम्भीर भावभूमि पर उतारा है। अनेक सशक्त रचनाएँ इस बीच प्रकाश में आई है। आठवें दशक के नए जनवादी दौर के सभी कवियों और कविताओं के बारे में कहना यहाँ सम्भव नहीं है लेकिन कुछ सामान्य बातों का जिक्र जरूरी है।

इस दौर की जनवादी कविता की बहुत-सी अच्छाइयों की ओर जहाँ इशारा किया जाता रहा है वहाँ इसकी कुछ कमजोरियों की ओर भी ध्यान खींचा गया है। इन समीक्षकों का कहना है कि कुछ अपवादों को छोड़कर अब भी जनवादी कविता, कवि के मध्यवर्गीय संस्कारों की गिरफ्त से मुक्त नहीं हो पाई है। अनेक कविताओं में कवि विचारधारा को अनुभव का स्थानापन्न बनाकर पेश करता है। स्वाभाविक प्रक्रिया से हटकर वह विचारधारा का यह यान्त्रिक प्रयोग उसे सरलीकरणों की ओर ले जाता है। सरलीकरण के इस शार्टकट से गुजरकर उसकी रचना-प्रक्रिया सीधे क्रान्तिकारी निष्कर्ष तक पहुँच जाती है जिसे वह कविता के अन्त में सीधे-सादे बखान देता है और इस तरह की रचना क्रान्तिकारी अंतर्वस्तु और शब्दावली के भरपूर प्रयोग के बावजूद कविता नहीं बन पाती। इन कविताओं में चित्रित मजदूर या किसान और उनके संघर्ष कवि की बौद्धिक धारणा या भाववादी कल्पना का ही बोध अधिक कराते हैं। शोषित वर्ग के यथार्थ की आत्मपरक सन्दर्भों में यह व्याख्या और प्रस्तुति पूरे रचनानुभव को 'फेक' बनाकर प्रभावहीन कर देती है। प्रभातकुमार त्रिपाठी का यह कहना एक हद तक सही है कि "चाहे वेणु गोपाल की 'जंगल गाथा' हो या आलोक धन्वा की 'गोली दागो पोस्टर'–उनका असर हमारे मूल्यबोध को झकझोरने वाला नहीं है, स्नायुतन्त्र से अलग ये कविताएँ आगे जाती हैं, तो सिर्फ विचार पर अटकती हैं। असली संग्राम तो मूल्य और संस्कारों के स्तर पर लड़ा जाना है और इस दिशा में हमारी युवा रचना अभी आरम्भ बिन्दु पर ही है। ज्यादातर रचनाएँ जननायक की जुबान में अपनी भाषा रख देने की सफलता में सन्तुष्ट लगती हैं।" (कथा)

नई कविता की रचना-प्रक्रिया की वह आम कमजोरी कुछ जनवादी कविताओं में भी संक्रमित दिखलाई पड़ती है जिसके अन्तर्गत कवि परिस्थितियों की अनुभूति से प्रेरित दिखलाई नहीं पड़ता; उसकी प्रेरणा विचारों को सतही तौर पर अनुभव करने के प्रयत्न में स्फुरित होती है और तब जाकर काव्यात्मक स्थिति का निर्माण करती है। ऐसी स्थिति में वैज्ञानिक समझ का अभाव, सामाजिक यथार्थ के विशिष्ट वस्तुपरक सन्दर्भ और रचनाकार की सामान्य चेतना के बीच एक गहरा अन्तराल लाते हुए, केन्द्रीय प्रश्न को उसकी जमीन से, उसके अनुभवमूल से अलग कर देता है। यथार्थ के विशिष्ट बिम्ब देते समय कवि प्रभावित करता-सा लगता है किन्तु उस यथार्थ के प्रति आलोचनात्मक रुख अख्तियार करते ही उसकी समझ की सीमा साफ होने लगती है। इस तरह अनुभव-पक्ष तथा चिन्तन-पक्ष की अलगाव-भरी समानांतरता के कारण कविता की संरचना में बिखराव साफ तौर पर दिखने लगता है। यथार्थ के एक अनुभव को दूसरे अनुभव से जोड़ते हुए किसी समग्र सामान्य अनुभव तक पहुँचने, उस सामान्य अनुभव में विशिष्ट सच्चाई को पहचानने तथा विशिष्ट सच्चाई से दृष्टि को पाने की प्रक्रिया यहाँ रुक जाती है। यहाँ कवि की रचनाकर्म आत्मपरक सन्दर्भों में इतना लिप्त हो जाता है कि वह आत्म-सजगता से आगे बढ़कर सामाजिक यथार्थ के दूसरे महत्त्वपूर्ण पक्षों के साक्षात्कार से कतराने लगता है। आत्मपरक सन्दर्भों पर ही केन्द्रित होने की यह प्रवृत्ति उसकी दृष्टि को इतना निजबद्ध बना देती है कि उसका रचनाकर्म अपने सामाजिक उद्देश्य में पराजित हो जाता है। ऐसी रचनाओं में हम जन-जीवन के यथार्थ की अपेक्षा कवि की मानसिकता का ही परिचय अधिक पाते हैं। "ऐसी कविताओं में बार-बार पाठक के सामने कई रूपों में कवि स्वयं आता है। इन कविताओं का नायक प्रायः कवि का 'मैं' ही होता है जो बराबर विशिष्ट बना रहता है और कविता का तुम, चाहे वह व्यवस्था हो या जनता, प्रायः बनावटी और अरूप-अनाम दिखाई देता है। इन कविताओं का 'मैं' सम्मोहित शहीद के रूप में प्रकट होता है।" मैनेजर पाण्डेय। ऐसे कवियों के लिए कुमारेन्द्र की यह सलाह बहुत उचित है—

जरूरत पड़े
तो 'मैं' को निकालकर
'हम' को पोख्ता कर लेना चाहिए
'मैं' को 'हम' के लिए
मिटा दिया जा सकता है

कि 'मैं' के लिए 'हम' जरूरी—सबसे सही नाम है।

कुछ जनवादी कविताओं में अमूर्तन की प्रतीकवादी प्रवृत्ति विशेष रूप से दिखलाई पड़ी है। बहुत-सी जगहों पर इन कवियों ने अपने काव्यानुभव को सूक्ष्म वैचारिक स्तर पर प्रत्यक्ष करने की मजबूरी अनुभव की है। अनुभूति के वैचारिक संकेन्द्रण से भाषा में यथेष्ट अमूर्तता आ गई है। लेकिन इस काव्य-प्रक्रिया में (जिसकी मूल प्रकृति सामाजिक है) वस्तुपरक वैचारिक सार तत्त्व तक पहुँचने की आकांक्षा ही सक्रिय दिखलाई पड़ती है। ये कविताएँ एक निश्चित सामाजिक समझ तथा समन्वित वैचारिक परिप्रेक्ष्य से बुनी हुए हैं। हर एक कविता के पीछे सार्थक दृष्टि का एक विशिष्ट सन्दर्भ है। इस केन्द्रीय दृष्टि के मिलते ही सन्दर्भ की रोशनी में प्रतीकार्थों के स्तर एक के बाद एक खुलते चले जाते हैं। (कुमारेन्द्र की 'प्रक्रिया', 'सूरज में कितनी किरणें हैं' तथा मनमोहन की 'सूर्योदय' और 'मशाल' आदि कविताएँ)।

अमूर्तता की परतों के नीचे एक समान्तर अर्थ संसार उद्घाटित होता चलता है, जो सच्चाइयों के अपेक्षाकृत ठोस अनुभव की झलक देता है। अमूर्तता की यह स्थिति भाववादी व्यक्तिपरक कविता में मिलने वाली अमूर्तता से अलग और विशिष्ट है। व्यक्तिपरक कविता कल्पना के क्षेत्र से अमूर्तन प्राप्त करती है। इन कविताओं में कवि सामाजिक तथ्य के क्षेत्र से अमूर्तन प्राप्त करता है। तथ्य के क्षेत्र से पाया हुआ अमूर्तन, भाषा को सामाजिक यथार्थ के स्रोतों से टूटने नहीं देता जबकि कल्पना के क्षेत्र से प्राप्त अमूर्तन में इन दोनों के जुड़े रहने की गुंजाइश कम ही रहती है। फिर भी जनवादी कविता को अमूर्तन की शमशेरी अतिशयता से बचना चाहिए क्योंकि भाषा को एक सीमा के बाहर तोड़ने में सम्प्रेषण के सूत्र टूट जाते हैं—वहाँ शब्द स्वतन्त्र होकर अपनी अर्थदिशा स्वयं निर्धारित करने लगते हैं। संगीत की सीमा को छूती हुई काव्य-भाषा की यह अमूर्तन प्रक्रिया कविता को एक खतरनाक मोड़ पर ले जा सकती है। संगीत की तरह वह गुणीजनों के आनन्द की चीज हो जाती है। यह पाठक को मात्र संवेदनात्मक सुरसुरी या गणितात्मक आनन्द देकर चुक जाती है। अमूर्तन की इस स्थिति में शब्द अराजक हो उठते हैं। वे कवि के अनुभव और संवेदनागत उद्देश्य को सही और वांछित दिशा में गतिशील न कर, अर्थ की अनेक वैकल्पिक दिशाएँ खोलने लगते हैं। जनवादी कवि को इस रूपवादी महत्त्वाकांक्षा से यथासम्भव बचना होगा।

अन्त में एक जरूरी बात। केवल राजनीतिक-आर्थिक सन्दर्भों को ही अपनी अन्तर्वस्तु के रूप में ग्रहण करने के प्रति आग्रहशील जनवादी कवियों को

अपनी अन्तर्वस्तु के चयन-क्षेत्र और अनुभव जगत् का विस्तार करना होगा; प्रकृति, सौन्दर्य और मानवीय प्रेम के विविध रूपों को अपनी कविताओं का विषय बनाना होगा और इनके माध्यम से सामाजिक संघर्ष और राजनीति की बात कहने के नए कलात्मक अन्दाज पाने होंगे। पाब्लो नेरूदा, ब्रेख्त, निराला, नागार्जुन और फैज की कविताओं से जनवादी कविता को अधिक कारगर और लोकप्रिय बनाने की सीख लेनी होगी। इसी के साथ-साथ अपनी समझ को अधिकाधिक वैज्ञानिक और अनुभव को वस्तुपरक एवं मूर्त बनाने के लिए जनवादी कवियों को जीवन के स्तर पर, बुनियादी सामाजिक परिवर्तन के लिए संगठित वर्ग की संघर्ष-प्रक्रिया एवं उसकी नियति से अधिक सचेत, सक्रिय और घनिष्ठ रूपों में जुड़ना होगा। कलाकार और कार्यकर्त्ता के बीच की दूरी अब और कम होनी चाहिए।

(1977)

□

जनवादी कविता की तेज होती धार

(अरुण कमाल, अक्षय उपाध्याय और इब्बार रब्बी के कविता-संग्रहों के सन्दर्भ में)

जनवादी कविता के पिछले दौर की जिन कमजोरियों की तरफ आलोचकों ने लगातार हमारा ध्यान खींचा है, उनमें सबसे अहम है विचारधारा और अनुभव के बीच सही समीकरण का अभाव। इस दौर की अनेक रचनाओं में विचारधारा को अनुभव का स्थानापन्न बनाने की मासूम कोशिशें मिलती हैं। ऐसी कोशिशों के अन्तर्गत कवि परिस्थितियों की अनुभूति से प्रेरित दिखलाई नहीं पड़ता; उसकी प्रेरणा विचारों को सतही तौर पर अनुभव करने के प्रयत्न में स्फुरित होती है और तब जाकर काव्यगत स्थिति का निर्माण करती है। वस्तुपरक सन्दर्भ में, यथार्थ के एक अनुभव से दूसरे अनुभव को जोड़ते हुए किसी समग्र सामान्य अनुभव तक पहुँचने, उस सामान्य अनुभव से विशिष्ट सच्चाई को पहचानने तथा विशिष्ट सच्चाई से दृष्टि को पानी की प्रक्रिया यहाँ रुक जाती है। इस स्वाभाविक प्रक्रिया से हटकर कवि सीखी-सिखाई विचारधारा और यथार्थ के सीमित एवं आत्मपरक अनुभव-सन्दर्भों में ऊपरी तालमेल बैठाने की कोशिश करता है। सरलीकरण के इस शार्टकट से गुजरकर उसकी रचना-प्रक्रिया अपने अन्त में सीधे क्रान्तिकारी निष्कर्ष तक पहुँची हुई दिखलाई पड़ती है। इस ढर्रे की रचनाएँ क्रान्तिकारी अन्तर्वस्तु और तेज-तल्ख शब्दावली से भरपूर समृद्धि के बावजूद जनवादी कविता का वह असर पैदा नहीं कर पातीं जो पूरी संवेदनात्मक तीव्रता से हमारे मूल्य-बोध को झकझोर सके, हमें अपने ही ठहरे हुए संस्कारों के खिलाफ खड़ा होने में मदद दे सके।

विचारधारा को एक ऐसी इयत्ता प्राप्त सिद्ध मुद्रा में स्वीकार कर लेना जहाँ दृष्टि ने अपने संघर्ष को अन्तिम रूप से जीत लिया हो और सामाजिक

यथार्थ को बहुआयामी जटिलताओं से मुक्त, एक ऐसी सपाट स्थिर स्थिति में सरलीकृत कर लेना जिसे नजर के एक ही सपाटे में देखा-समझा जा सकता हो, आदि प्रवृत्तियों ने कविता में यथार्थ की सच्ची पकड़ को ही असम्भव नहीं बनाया बल्कि अनुभव और सोच दोनों स्तरों पर सर्जनात्मक खोज की जरूरी प्रक्रिया को एक हद तक शिथिल ही किया। अनुभव की सीमा सबसे पहले भाषा की सीमा बनती है और सर्जनात्मक सोच के उन्मुक्त आयामों को रूंध देती है। सर्जनात्मक परिप्रेक्ष्य की निजी विशिष्टता और आन्तरिक संवेदनागत दबाव के अभाव में भाषा सामाजिक अनुभव के गहरे स्रोतों से अपना अर्थ और जीवन-संस्कार प्राप्त नहीं कर पाती। जाहिर है, ऐसी स्थिति में एक लम्बी जद्दोजहद का परिणाम बनकर कवि का कोई अपना मुहावरा विकसित नहीं हो पाता। दुहराव से वह जितना बचना चाहता है उतना ही दुहराव के घेरे से लपेटने लगते हैं। स्थिर और सीमित अनुभव से उपजी और बँधी हुई भाषा के झरोखे से वह यथार्थ को देखने की कोशिश करता है इस तरह धीरे-धीरे, अनुभव की सम्पूर्णता और बहुआयामी वास्तविकता को नजरअंदाज करने का अभ्यास-सा बना लेता है। जीते-जागते मानवीय सम्बन्धों की दुनिया की अपेक्षा वह प्रत्ययों की दुनिया से अपनी शब्दीवली अर्जित करने लगता है और क्रमशः उसी पर अपनी निर्भरता तय करता चलता है। भाषा उसकी सर्जनात्मक जरूरत नहीं बनती। इस स्थिति की गिरफ्त में सामाजिक बदलाव की तीव्र और अदम्य लालसा की ऊँची से ऊँची घोषणा करनेवाले शब्द भी, कवि के किसी रचनात्मक अनुभव की उपज न होने के कारण पाठक की चेतना की ऊपरी सतह पर ही रेंगते रह जाते हैं। उसकी चेतना में किसी मानवीय अनुभव को पूरा ताप के साथ पुनरुज्जीवित नहीं कर पाते। इस दौर की कविता अपनी इन पिछली सीमाओं के खिलाफ एक कारगर लड़ाई लड़ रही है और इन कोशिशों में सफलता के पर्याप्त प्रमाण भी जुटा रही है।

जनवादी कविता के आरम्भिक दौर में अकविता के प्रभाव बहुत आसानी से रेखांकित किए जा सकते हैं। निम्न पूँजीजीवी आक्रोश, नकारवादी अराजक मानसिकता तथा सामाजिक सवालों को लेकर लोकवादी रुझान आदि प्रवृत्तियाँ चाहे-अनचाहे इस दौर की कविताओं में संक्रमित हो गई हैं। अकविता की इन प्रवृत्तियों से मुक्ति के लिए किए गए रचनात्मक संघर्ष के विभिन्न चरणों की गवाही हमें इब्बार रब्बी के कविता-संग्रह 'घोषणापत्र' की कविताओं में मिलती है। रचनात्मक संघर्ष की यह गतिशील प्रक्रिया जहाँ एक ओर निजी सन्दर्भ में कवि की मूल्य-दृष्टि और चेतना के विभिन्न विकास-स्तरों की पहचान को

सम्भव बनाती है वहीं दूसरी तरफ पिछले डेढ़ दशक में हिन्दी कविता के बदलते सरोकारों की बानगी भी प्रस्तुत करती है। एक नए कवि के खुद को लेकर, सामाजिक सवालों को लेकर तथा इन दोनों के रिश्तों को लेकर बदलते हुए सोच का नक्शा इन कविताओं में हम आसानी से तलाश कर सकते हैं। 'नीले घोड़े की अयाल पर लेटकर' सिर्फ दिवास्वप्न देखती, 'अवचेत के गर्भ कुण्डों में कैद, काली कुरूप थुलथुल नीली नसों की नदी', 'आल्बेयर कामू के प्लेग जर्जर दिनमान' और 'ईसा मसीह के बासी थूक' के बिम्बों से बनी दुनिया से निकलकर कविता इस अहसास के साथ कि "मैं समय में नहीं हूँ/अपने समय में तो बिलकुल नहीं हूँ" और 'किसी भी तरह सही नहीं हूँ' कवि को ले आई है उस दुनिया में जहाँ 'मुनाफा बिखर रहा है, मजदूरी संगठित हो रही है' और 'राजनीति फेफड़ों में बदल रही' है। अपनी एब्नार्मल आकांक्षाओं में सिर्फ 'कुकुरमुत्तों की चर्बी से मढ़ी' गुलाबी मछलियाँ, 'कील से जड़े, सीप से बेजान' विस्मय से खुले रह गए एक जोड़ी मरे हुए सफेद होंठों' और 'धूप में रखी कुनकुनाती बासी बीयर' ढूँढ़ता हुआ कवि उस सच्चाई के रूबरू आ खड़ा होता है जहाँ वह सबके अनुभव में सहभागी होकर महसूस करता है कि "हमारे स्वरों पर है उनका अधिकार/जो बोलना नहीं जानते/हमारे इन्द्रधनुष छितरे रहे वहाँ/जहाँ खिड़कियाँ कभी नहीं खुली, कभी नहीं/हमारी आँखें टटोलती रहीं वहाँ अपनी रोशनी/जहाँ नीले अँधेरे मुँह नहीं खोलते/हम नहीं रहे, अपने तो कभी भी।"

जब हम उन अनुभवों से जिनके बीच हम हैं या जो हमारे बीच हैं, मुँह मोड़कर कृत्रिम अनुभवों का जाल बुनते हैं तो भाषा भी गैरजरूरी लटकों, चकमा देकर साफ बच निकलने वाले मुहावरों तथा युक्तिकौशल से गढ़ी गई श्याब्दावली के जरिए ओछे मैनरिज्म में ढलती हुई कृत्रिम हो जाती है। किसी रचनात्मक जिम्मेदारी या सामाजिक अनुभव-मूल से कटी हुई कविता, कहने के ढंग की ज्यादा-से-ज्यादा चमत्कारपूर्ण युक्तियों की खोज में ही रस पाने लगती है। 'जाड़े की दोपहर' का चित्र देखिए—"उसने आग की उँगलियों से अँगूठी उतारने की कोशिश की/यह अजूबा देखकर/पूरी शताब्दी उँगली काटने लगी/कि उसके स्पर्श से आग परेशान थी/रोबोट जैसा वह/लालीपाप की तरह, आधे चाँद जैसे होंठ चूसता रहा/पूरी शताब्दी समझती रही कि, वह पान की गिलौरी दबाए है/और चूसता रहा होंठ आग के।" नीयत यहाँ बहुत साफ है। कवि एक सहज से प्राकृतिक दृश्य को बिम्बों के जरिए किसी दृश्यात्मक प्रभाव या प्रतीकों के सहारे किसी अन्वित विचार तक ले जाने में दिलचस्पी नहीं रखता बल्कि सबकुछ को गड्डमड्ड कर डिस्टार्शन की एक ऐसी स्थिति पैदा करना

चाहता है कि पाठक को कथ्य की मूल 'वस्तु' या दृश्य को देखने या पाने का कोई संकेत ही न मिल सके। उसे दृश्य के अनुभव की विशिष्टता को ज्यादा-से-ज्यादा संवेदनीय रूप में पाठक तक पहुँचाने की चिन्ता बिलकुल नहीं है। बल्कि वह दृश्य के अपने ऊपर पड़नेवाले वस्तुपरक प्रभाव से ज्यादा-से-ज्यादा मुक्त होकर उसे अकविता की प्रचलित हिंस्र भोगपरक शब्दावली में अनूदित करने की व्यग्रता ज्यादा महसूस करता है। लेकिन इस दौर में भी जहाँ कवि अपने सहज अनुभव को नहीं झुठलता, प्रकृति के प्रभावक्षम चित्र उकेरता है—"खिलखिलाती झील के आईने में/पत्तियों की हरी आँखें/उफ हवा की आड़ लेकर/लता तक बढ़ गई हैं, चीड़ की नर्म बाहें/ट्राम, बस, दफ्तर धुएँ से दूर; जल पंछी के डैनों की तरह काँपते हैं गाछ/चुलबुली चिड़ियों के गीत सोए हैं, सरुई सर की नीली हवा में/आओ, डूबें और खोजें उनकी लतरें/दोहरायें फिर हमारे साथ जिनको/यह खुला आकाश यह हरी चट्टान। (नीली हवा में)

कवि में ज्यों-ज्यों जिन्दगी को देखने-समझने और समाज से अपने रिश्तों को परिभाषित करने की समझ साफ होती गई है त्यों-त्यों उसका अपना निजी मुहावरा भी विकसित होता गया है। अकविता के प्रभावों को गिरफ्त से छूटकर, नजरिये के साथ-साथ उसकी भाषा में भी वह खुलापन आया है जो अनुभव को उसकी सामाजिक नींव पर पकड़ता है। 'भूख के साथ', 'खाँसती हुई नदी' और 'निजी और बहुत निजी' शीर्षकों के अन्तर्गत संकलित शुरुआती दौर की कविताओं में सामाजिक समस्याओं और रिश्तों को लेकर जो अनिश्चित, अनेकाग्र और उथली प्रतिक्रियाएँ मिलती हैं वे बाद की लम्बी रचनाओं में लगभग गैरहाजिर हैं। 'झुग्गीवालों की गीत', 'मेरा घर', 'मेज का गीत', 'घड़ी का गीत', 'बच्चा घड़ी बनाता है", 'दशक' तथा 'खबरदारी की गीत' शीर्षक रचनाओं में छेड़खानी की साधिकार आत्मीयता लिए हुए जो बेतकल्लुफ मुहावरा मिलता है वह आसानी से हासिल नहीं होता। उपरले स्तर पर यह मुहावरा निम्नमध्यवर्गीय जीवन के औसत और निहायत मामूली प्रसंगों को सहज नाटकीय ढंग से उठाकर व्यंग्यात्मक कोण देते चलनेवाला हल्का-फुल्का या एक हद तक गैरजिम्मेदार-सा मुहावरा लग सकता है, लेकिन इसके पीछे जिन्दगी के संघर्ष में सक्रिय हिस्सेदारी से मिली समझ से नियन्त्रित वह परिप्रेक्ष्य है जो कदम-दर-कदम रचना-प्रक्रिया को अनुशासित करता चलता है। उसकी रचना-दृष्टि पूरी जिम्मेदारी के साथ यथार्थ के आत्मपरक सन्दर्भों को वस्तुपरक सन्दर्भों से एकतान करती हुई, एक-दूसरे को काटते-से अनुभव-वृत्तों को एक केन्द्र पर व्यवस्थित करती हुई, बड़ी सहजता से रचनात्मक सन्तुलन की परिणति तक पहुँचती है।

सामाजिक विरूपताओं पर व्यंग्य की पहली प्रक्रिया यहाँ उलट गई है। व्यंग्य के लिए आलम्बन-आधार प्रस्तुत करनेवाली विरूपता दो भिन्न प्रक्रियाओं से—जिनके पीछे दो विरोधी दृष्टियाँ संक्रिय रहती हैं—सामने लाई जाती है। एक तो सही व्यक्ति के सामने गलत शीशा रखकर, और दूसरी गलत व्यक्ति के सामने सही शीशा रखकर। अकविता के असर में पहली स्थिति सामने आ जाती थी, अब दूसरी। शोषणमूलक व्यवस्था के दबावों से निरन्तर कष्टमय होती जा रही अपनी छोटी-सी निज़ी दुनिया को वह मूलभूत अन्तर्विरोधों में खिंचती-तनती बड़ी दुनिया के सामने रखकर, उससे जोड़कर देखता है तो छोटे-छोटे अनुभव-प्रसंग व्यंग्य के टुकड़ों में उभरने लगते हैं। संघर्ष और यातना की निजी दुनिया को व्यंग्य में ढालती यह प्रक्रिया 'मेरा घर' में बहुत सहजता से सामने आती है। नैरेटिव शिल्प को अपनाए हुए यह कविता एक निम्नमध्यवर्गीय परिवार को घर के सूक्ष्म ब्योरों के माध्यम से सामने लाती है और बहुत सहजता के साथ घर के अभावों, अभावों की गिरफ्त में मानवीय सत्त्व से रीतते फिर उसे किसी तरह थामे हुए आपसी रिश्तों तथा उनके सामाजिक कारणों के सूक्ष्म-से-सूक्ष्म स्तरों को एक मूर्त विश्वसनीयता के साथ प्रक्षेपित करती चलती है। पहला दृश्य है—"माँ बहन को गालियाँ उगल रही है, घर में सुबह हो रही है/दाएँ हाथ से दाद खुजाती है, बायाँ छाती पर रख, दमा दबाती है/मेरे फटे नेकर में सजा, भाई सीटी बजा रहा है/आँख मीचता अँगीठी झपकता है/कुर्सी का पाया अँगीठी में ठूँसती/ठिठुरती है दो गज लम्बे-चौड़े आँगन में माँ/तन पर फटा ब्लाउज नहीं है/बिना साबुन के उसे धोकर/झुलाकर अँगीठछी पर/सुखाती हुई माँ/" इस दृश्य पर वाचक की टिप्पणी है—"देखिए यह मेरा प्रिय लैंडस्केप है/इसे जड़ा है मैंने दिमाग में/इसे जड़ा है देश के निर्माताओं ने/राधाकुण्ड मोहल्ले के/रायबहादुर अवधनंदन श्रीवास्तव की हवेली के तिमंजिले पर बनी कोठरी में/रायबहादुर की कई गाँवों में जमीन है/दस दूकानें चार मकान हैं खाली पड़े हैं नीचे कमरे/लेकिन इस कोठरी का किराया है सिर्फ साठ रुपए/पिता की तनख्वाह है 125 रुपए।" इसी तरह 'दशक' में एक पत्रकार के जीवन-प्रसंगों के जरिए वर्गीय अन्तरों को बारीकी से स्पष्ट किया गया है।

'घड़ी' रब्बी का प्रिय प्रतीक है जिसका इस्तेमाल इस संकलन की दो कविताओं—'घड़ी का गीत' और 'बच्चा घड़ी बनाता है'—में किया गया है। पहली कविता में एक-दो जगह इस प्रतीक का निर्वाह शिथिलता से किया गया है, परिप्रेक्ष्य भी लड़खड़ा गया है। अकविता के अवशिष्ट प्रभाव 'लार में वर्ष लिथड़ रहे हैं' तथा 'नरम हथेलियों में समय लार की तरह जड़ा है' जैसे बिम्बों

के जरिए कविता के सहज प्रभाव को झटके देते हैं। 'बच्चा घड़ी बनाता है' में यथार्थ के सम्भावनामय रूप में 'समय की लगाम थामे' बच्चे के विकासमान रूप को, उसकी मानवीय सिसृक्षा को, संवेदनीय बिम्बों के सहारे प्रस्फुटित करती चलती यह कविता अनुभव और विचार की अन्वित समग्रता को सहज से सहज स्तर पर साध लेनेवाले रचनात्मक संयम का उदाहरण प्रस्तुत करती है। मानवीय सौन्दर्य के आद्य, सरल एवं कोमलतम रूपों को इन्द्रिय-संवेद्य बिम्बों में ढालने के ऐसे अनेक सफल प्रयोग यहाँ प्रत्यक्ष हैं। जैसे–

"यह बच्चा आदमी की कली है/जो मेरे कन्धे पर खिली है/फूल खुशबू के सिवा कहाँ बोलते हैं/वे शब्द नहीं देते/गन्ध के रंग घोलते हैं।"

अथवा–"देखो देखो/उसके होंठ धड़क रहे हैं/आँखें मुस्करा रही हैं/वह ध्वनि से सूरज रच रहा है/वह लहरों की तरह/उन्मुक्त बह रहा है/उसका हृदय होंठ हो गया है/वह इन्द्रधनुष उगल रहा है/यह हकलाना नहीं है/यहाँ टूट-फूट नहीं है/सिटकनी हटाकर/भाषा की खिड़की खोल रहा है।"

व्यक्तिगत अनुभव को व्यापक सामाजिक सन्दर्भों में फैलाकर मुक्ति की अनिवार्य संघर्ष-प्रक्रिया से संबद्ध करते हुए 'विचारों के प्रत्यक्ष यथार्थ' के रूप में भाषा का खुलापन हासिल करना जनवादी कविता की एक अहम जरूरत है। इसी जरूरत के दबाव में नए जनवादी कवि पुरानी पीढ़ी के कवियों में मुख्यतः नागार्जुन और त्रिलोचन की परम्परा से जुड़ रहे हैं। कविता को इकहरे वैचारिक संघर्ष का अस्त्र बनाने की प्रवृत्ति इधर कुछ कम हुई है। हालाँकि उसके अवशेष अभी बने हुए हैं। एक ही भाव या विचार के सूत्र से अनगिनत बुनावटें बुनने वाली कविताएँ अपने प्रभाव में सिकुड़ती गई है।

'चाक पर रखी धरती' अक्षय उपाध्याय की कविताओं का शायद पहला ही संकलन है। जहाँ तक मुझे याद है, यह शीर्षक 'धरातल' (सितम्बर, 1977) में छपी अरुण कमल की दस कविताओं को दिया गया था। उनकी 'मई का एक दिन' शीर्षक से वहीं छपी चौथी कविता में यह बिम्ब एक पंक्ति का हिस्सा भी है। खैर, ये कविताएँ निम्नमध्यवर्ग की उस जनोन्मुख मानसिकता को प्रत्यक्ष करती हैं, जो श्रमजीवी तबकों से गहरा आत्मीय लगाव रखती हुई, उनके संघर्ष में भागीदारी की सच्ची आकांक्षा से जुड़ी हुई है। अपने समग्र प्रस्ताव में ये कविताएँ एक ऐसी वैचारिक कोशिश को सामने लाती हैं जो जीवन के विविधस्तरीय व्यक्तिगत और सामूहिक अनुभवों को उनकी विशिष्टता में प्रत्यक्ष करती हुई, उनके अन्तःसम्बन्धों की तर्कसंगत व्याख्या द्वारा पाठक के मन में एक सक्रिय संवेदनशील बोधपक्ष तैयार करना चाहती है। ये कविताएँ

पूरी कोशिश से निम्नमध्यवर्गीय दुनिया के बन्द सिरे को खोलती हैं। कवि पूरी आत्मीयता से पाठक को अपने अनुभव में शरीक होने का आमंत्रण देता है। ज्यादातर कविताओं में सम्बोधन शैली का ही प्रयोग दिखलाई पड़ता है। अनेक स्थलों पर यह संवाद एकतरफा हो गया है लेकिन कहीं-कहीं जैसे 'धान रोपती स्त्री' में सहज मार्मिक रूप में प्रभावशील हो उठा है। 'धान रोपती स्त्री' धीरे-धीरे श्रमजीवी चेतना के प्रतीक में बदल जाती है–

''तुम बसंत हो/पूरी पृथ्वी का/तुम स्वप्न हो/पूरी पृथ्वी का/तुम्हारी बाँहों में छटपटाते हैं हम और/सूखते हैं हमारे गीत/बसंत पीते हुए इस मौसम में/क्यों नहीं गातीं तुम/क्यों नहीं तुम गातीं गीत हमारे?''

सम्बोधन शैली को ये कविताएँ उग्र वामपंथी कवियों की अकविता की प्रवृत्तियों को विस्तार देती हुई, उन रचनाओं से गुणात्मक रूप में भिन्न हैं जो अपनी लड़ाई को आसान बनाने के लिए एक ओर जनता तथा दूसरी ओर व्यवस्था को सम्बोधित 'तुम' में सरलीकृत करती थीं। अपने विपक्ष को ठीक से चीन्हे बिना ही शून्य को ललकारती हुई, तेज मुहावरों का तरकश खाली करती हुई यह प्रवृत्ति उस दौर के भीतर लगातार उस बचकाने श्रेष्ठता-बोध को उकसाती थी जो उसे अपने आपको सबसे ऊपर, सबको नसीहत और फटकार देनेवाले जनता के स्वयंभू मार्गदशर्क होने के भ्रम में बाँधता था। इस प्रवृत्ति में यथार्थ की पहचान को पीठ देती हुई, कवि की आत्मकेन्द्रित मानसिकता का परिचय ही अधिक मिलता है।

इन कविताओं में कवि का 'मैं' व्यक्तिगत भावावस्था के केन्द्र के रूप में नहीं बल्कि सामाजिक बदलाव के लिए संघर्षरत सामूहिक आकांक्षा के प्रक्षेप बिन्दु की तरह उभरता है। आत्मपरक सन्दर्भ से बराबर वह वस्तुपरक सन्दर्भ में आता है। 'पढ़ मेरे बेटे', 'एक वाजिब बातचीत', 'तुम नहीं मिलतीं तो', 'सीने में क्या है तुम्हारे' तथा 'कविता के मुताल्लिक-एक' में इस स्थिति को आसानी से रेखांकित किया जा सकता है। 'कविता के मुताल्लिक–एक' में देखिए–''मेरा हर गीत मेरी हर पंक्ति/उन सबके लिए है जो कहीं किसी भी जगह/आदमी को बचाने और बेहतर बनाने के लिए/पहाड़ों पर चोट कर रहे हैं/धरती के सीने को आदमी के लिए चौड़ा कर रहे हैं/मैं अपनी कविता के साथ/उनकी हर ताल पर नाच रहा हूँ/उनकी थकान से हाँफ रहा हूँ/आओ मेरी कविता के भीतरी चेहरों/आज/मैं तुम्हारे साथ तुम्हारे मोर्चे पर/अपना रक्त देना चाहता हूँ–आओ/मुझसे मेरी कविता के साथ/अपने ईंधन का काम लो।''

इस संकलन की कविताओं में ऐसे अनेक अछूते बिम्ब हैं जो बरबस ही

स्मृति में कौन्ध उठते हैं। यहाँ 'पानी में भीगते नहाए योद्धा-से' वृक्ष हैं, मेहनत के बाद पसीना पोंछती वृक्ष की सम्भावना लिए भीगी दूब है, घनी दाढ़ी के बीच बच्चों की हँसी लिए, आँखों से बोलते चुप और अपनी दुनिया टटोलते पिता' हैं और 'समुद्र के गर्भ से असंख्य पत्थर लिए/जमीन के गर्भ में कोयलों के साथ/तेल में नहाई हुई/कारखानों के बीच गर्म चाय की केतली हाथ लिए' हुए कविता है। बिम्बों के ऐन्द्रिय प्रभाव को बरकरार रखते हुए उन्हें प्रतीक में बदलने की कोशिशें 'वृक्ष', 'पुल', 'बादल', 'रात', 'चिड़िया', 'कुत्ता', 'मौसम', 'अपनी नदी के साथ' कविताओं में मिलती हैं। कहीं-कहीं इस प्रक्रिया में अलग से दिखलाई पड़नेवाला वैचारिक प्रयास प्रभाव को सहज बनाता है।

राजनीतिक विषयों या घटनाओं पर कविता लिखना दुधारी तलवार चलाने जैसा कठिन काम है। जरा भी चूके नहीं कि वार खुद अपने पर लौट आने का खतरा सन्निहित रहता है। मगर 'एक वाजिब बातचीत', 'वे फिर लौट आए हैं', 'तानाशाह जब भी आता है', 'वे घूम रहे हैं' शीर्षक रचनाओं में परिस्थिति के मूल्यांकन, सही समझ और रचनागत निर्वाह, सभी दृष्टियों से ये कविताएँ अपना प्रभाव छोड़ती हैं।

कविता ही कविता का विषय भी हो यह प्रवृत्ति बराबर देखने को मिलती रही है। मुक्तिबोध के यहाँ भी कविता और उसकी रचना-प्रक्रिया के सवालों को जगह मिली है। कविता में कविता की बात कहने की आदत इधर कुछ आम प्रवृत्ति-सी बन गई है। सही परिप्रेक्ष्य के अभाव में यह प्रवृत्ति अटपटी-सी लगने लगती है। ऐसी धारणा बनने लगती है कि पहले स्तर पर तो कवि समूची सामाजिक प्रक्रिया के केन्द्र में सांस्कृतिक संघर्ष को ही देख रहा है और दूसरे स्तर पर वह सांस्कृतिक संघर्ष के मूल में सिर्फ अपनी विधा को, यानी कविता के संघर्ष को ही देखना चाहता है। यह प्रवृत्ति आत्मकेन्द्रित या एक हद तक आत्ममुग्ध मध्यवर्गीय मनोवृत्ति के हस्तक्षेप की गवाही देती है। इस संकलन में भी जगह-जगह यह प्रवृत्ति दृष्टिगोचर होती है। 'कविता के मुताल्लिक' शीर्षक के अन्तर्गत चार कविताएँ अपनी कविता के बारे में ही हैं। एक अंश द्रष्टव्य है—"मेरी कविता! मैं जब भी तुम्हारे स्तनों को छूता हूँ/पृथ्वी काँपती है हर बार/हर बार एक ही घटना घटती है मेरे ही अन्दर/और कण्ठ नीले हो लेते हैं/नदी से निकलता है मेरा गाँव/और इसके पहले वह फिर से नदी में डूब जाए/आओ तुम आओ/हम तुम्हारे साथ मिलकर/अपने खोये हुए समुद्र को ढूँढ़ना चाहते हैं।"

इस प्रवृत्ति पर टिप्पणी करते हुए अरुण कमल ने ठीक ही लिखा है,

''आश्चर्य नहीं कि इस दौर के लगभग हर कवि ने कविता के बारे में ढेर सारी कविताएँ लिखीं। एक कवि ने दूसरे कवि के बारे में या दूसरे 'कवि के लिए' कविताएँ लिखीं और सम्भवतः अन्त-अन्त तक ये कविता की भूमिका के बारे में अनिश्चित रहे। जब कवि को शक्ति की शक्ति और भूमिका के विषय में ही सन्देह हो तो उसकी कविता कभी भी बहुत सार्थक नहीं हो सकती।''

जनवादी कविता के इस नए दौर की कविताएँ पढ़ते हुए न जाने क्यों नाजिम हिकमत की पाब्लो नेरूदा की कविताओं को लेकर की गई यह बात याद आने लगती है—''पाब्लो के कृतित्व में व्यक्त सजीव (ठोस एवं मूर्त) प्रकृति मुझे अपने बहुत करीब लगती है। यहाँ मूर्तता से मेरा अर्थ बिम्ब-रचना-विधान से न होकर पदार्थ-बोध से है—उसका आयतन, भार, रंग और गन्ध मूर्तता की एक ऐसी अनुभूति जो जब तक आप नेरूदा के काव्य-सम्मोहन में हैं, आपका साथ नहीं छोड़ती। नेरूदा गुलाब का सिर्फ वर्णन ही नहीं करते, बल्कि उनका गुलाब लाल या सफेद होता है। निश्चित, ठोस व अस्पृश्य गुलाब। वह 'किसी' सागर का जिक्र-भर नहीं करते, हमेशा काले सागर या अटलांटिक महासागर का चित्रण करते हैं...।''

नाजिम हिकमत ने जो बात सिर्फ प्रकृति के बारे में कही है उसे फैलाकर पूरे जीवन पर लागू कर देखा जा सकता है। जिन्दगी की निकटतम पहचान से आई, अनुभव की एक ऐसी ठोस, विशिष्ट और जीवन्त दृश्यमयता, जो हमारे इन्द्रिय-बोध और मूल्य-बोध को एक साथ सक्रिय कर सकें, तभी सम्भव है जब विविध स्तरीय जिन्दगी पर हमारी पकड़ ज्यादा-से-ज्यादा मजबूत हो, उसके प्रति हमारा लगाव गहरी से गहरी आत्मीयता के साथ सक्रिय हो। लगातार अमानवीय होते जाते संसार के बीच जिन्दगी के मानवीय सत्त्व को बचाए रखने की तीव्र लालसा और उसे पराभूत करनेवाली शक्तियों से जूझने का संकल्प ही इस अन्तरंग मार्मिक पहचान को सम्भव बनाते हैं।

कवि की खुद अपनी ही मानसिकता में घुस-पैठ कर संस्कारों और आकांक्षाओं में जड़ जमाए बैठे व्यवस्था के अमूर्त प्रभावों तथा विचारधारा के यान्त्रिक रूपों से लगातार संघर्ष करते हुए उपलब्ध की जाने वाली सही और स्पष्ट दृष्टि ही मुख्य अन्तर्विरोधों की रोशनी में यथार्थ के बारीक से बारीक स्तर को सर्वांगीण पहचान के साथ प्रत्यक्ष करती चलती है। इस स्थिति में विचारधारा, कवि के सोच और दृष्टि को अलग से निर्देश देते दिलखने वाली भूमिका छोड़कर आत्मीय आन्तरीकरण की प्रक्रिया से गुजरकर—सहज स्वाभाविक रूप में खुद कवि की नजर बन जाती है। यह स्थिति रचना-प्रक्रिया को भी वह

स्वाभाविक सहजता दे देती है जिसके प्रभाव में कवि अनुभव को उसकी मूर्त संश्लिष्टता में उभारता है। शार्टकट अपनाकर अनुभव की मूर्त विशिष्टता का व्याख्यात्मक विलयन अथवा आवेगात्मक सरलीकरण नहीं करता। अनुभव की जटिलता को उसी के स्तर पर जाकर पहचानने और प्रस्तुत करने की यह आकांक्षा कवि को अभिव्यक्ति के अपने उपकरणों के बारे में भी नए सिरे से सोचने को मजबूर करती है। वह अपने कलात्मक उपकरणों की धार ज्यादा से ज्यादा तेज बनाए रखने की कोशिश करता है।

'अपनी केवल धार' अरुण कमल की कविताओं का पहला संकलन ही है। लेकिन पहले संकलन में ही इतनी अच्छी कविताएँ देकर उन्होंने स्वयं को जनवादी कवियों की नई पीढ़ी के एक महत्त्वपूर्ण संभावनाओं वाले हस्ताक्षर के रूप में प्रतिष्ठित कर लिया है। पूर्ववर्ती दौर की सीमाओं को रेखांकित करते हुए, अरुण कमल ने बड़े सचेत ढंग से अपनी रचना-दृष्टि विकसित की है। पूर्वग्रह (39-40) में 'इधर की हिन्दी कविता' पर टिप्पणी करते हुए उन्होंने गोली और बारूद के धुएँ से भरी' तथा 'शयनागार से लेकर शस्त्रागार तक का निर्द्वंद्व भाव से चक्कर काट आने वाली' अतिक्रान्तिकारी तेवर की उस काव्य-प्रवृत्ति की तीखी आलोचना की है जो 'एक ही साँस में बिल्कुल सपाट ढंग से कुछ राजनीतिक वक्तव्य और दूसरी साँस में अत्यन्त गुप्त बिम्बों का प्रयोग' करती हुई अन्त में अनिवार्यतः 'लाल सूरज का उदय' करवाती थी। इन कविताओं को 'पढ़ते हुए भारतीय जीवन का जरा भी अन्दाज' मुश्किल था।

अरुण कमल कविता की भाषा को लेकर अत्यन्त जागरूक एवं संवेदनशील ढंग से सोचते हैं। लोकजीवन में अपनी गहरी जड़े फैलाकर जीवन-रस खींचती हुई भाषा का वह खाँटी रूप उन्हें प्रिय है जो नागार्जुन और त्रिलोचन के यहाँ मिलता है। अरुण का विचार है कि "जीवन के हर पक्ष की, हर क्षण की अपनी भाषा होती है। जैसे ही जीवन के दृश्य बदलें, भाषा भी साथ-साथ बदले!"...."भाषा की लय पकड़ने के लिए भाषा के स्रोत जीवन की लय पकड़ना जरूरी है, नहीं तो एक कृत्रिम लय भाषा की अन्दरूनी लय को झाँक लेगी।" (बात मेरी कविता है)

सभी कविताओं में एक-सी भाषा कवि कब बोलते हैं? जब बहुआयामी जिन्दगी और उसके जटिल संघर्ष से उनका रिश्ता कम-से-कम होता है। जब वे एक सुरक्षात्मक दूरी से यथार्थ पर टिप्पणी करने लगते हैं और पाठक या श्रोता के रूप में वह जनता दूर-दूर तक उनकी कल्पना में नहीं होती जिसके बारे में कविता लिखी जा रही है और जिस तक कविता को पहुँचना है। अरुण कमल

इस दिशा में बहुत सावधानी बरतते हैं। यथार्थ के सारतत्त्व को वे उसी के बीच सिरजती हुई भाषा में पकड़ते हैं—बौद्धिक अवधारणाओं से निर्मित प्रतीकों और बिम्बों की दूरी से नहीं। सामान्य-से लगने वाले स्थानीय दृश्यों या अनुभव-प्रसंगों को लेकर वे अपनी कविता शुरू करते हैं; रोज-ब-रोज के जीवन या प्रकृति-चित्रों का एक व्यवस्थित पर आसान-सा ब्योरा आगे बढ़ने लगता है और उन्हीं मामूली दृश्यों, अनुभवों और भाव-प्रसंगों के बीच से आकार पाते सामाजिक सम्बन्धों की प्रक्रिया अपनी मूर्त पहचान के साथ उभरने लगती है। इस प्रक्रिया में एक-एक शब्द अपने आलोकित अर्थ से कदम-दर-कदम इस पहचान को सम्भव बनाता चलता है। 'यात्रा', 'धरती और भार', 'ओह बेचारी कुबड़ी बुढ़िया', 'जिद्दी लतर', 'दरजिन', 'अहिंसा और भीख माँगते बच्चे', 'हम यहीं रहते हैं', 'असंवैधानिक मौत', 'कल्याणी' तथा 'खुशबू रचते हैं हाथ' में इस प्रक्रिया को बखूबी पहचाना जा सकता है। 'एक असंवैधानिक मौत' में बीच सड़क पर भूख से मरते एक आदमी के दम तोड़ने के समूचे दृश्य को पूरी भयावहता में आँक दिया गया है। कविता की शुरुआत इस ब्योरे से होती है—''वह आदमी/बीच सड़क पर/औन्धे मुँह पड़ा था/और गुबड़ियों में/अंटके जल को/अपनी रूखड़ी सफेद जीभ से/चाट रहा था।'' उसका पेट पिचककर 'सिर्फ सूखा पत्ता' बन गया था। इसी स्थल पर कवि इस दृश्य के लिए जिम्मेदार व्यवस्था के शोषणमूलक चरित्र पर तल्खी भरा व्यंग्य करता है—''यह कितनी अजीब बात है। कि आदमी पीपल के सूखे पत्ते की तरह/लोकतंत्र और समाजवाद/दो पन्नों के बीच सुरक्षित है।'' इस स्थल पर यह टिप्पणी कविता के परिदृश्य की आन्तरिक जरूरत बनकर उभरती है; अनुभव को सही परिप्रेक्ष्य देती है; और सबसे महत्त्वपूर्ण भूमिका इस अर्थ में निभाती है कि दर्शक के मन में करुणा के प्रसार को बरजाती हुई वह घृणा सिर उठा लेती है जो अपने आलंबन को चीन्ह लेती है। इसके बाद कवि मरते हुए उस व्यक्ति के चेहरे को देखता है—''चेहरे को/वृक्ष की टहनियों की तरह स्पष्ट/सूखी नसों और उन झुर्बियों को'' जिनके लिए सिर्फ यही एक विशेषण मिला—''जमीन से उखड़ही हुई रेशेदार जड़ें।'' कितने सधे हुए ढंग से कवि बिम्ब के बढ़ते जाते संवेगात्मक प्रभाव को अन्तिम पंक्ति में इन्द्रिय-बोध के प्राथमिक धरातल से उठाकर सामाजिक विचार के धरातल परं ले आता है। इन्द्रिय-बोध को मूल्य-बोध से अनुशासित करता है। वह पात्र को फिर सामाजिक सम्बन्धों की वर्गीय दूरियों के बीच ले आता है—''कई लोगों ने कहा—उसने शराब पी है/भूख और शराब/लेकिन गन्ध नहीं थी शराब की/गन्ध थी बीज की तरह फटी आँखों, फटे होंठों, फटी नसों/और चार रोज से खाली अंतड़ियों में/हुक्के की तरह

गुड़गुड़ाती/फेफड़ों से आई एक फेफड़ा हवा की।"

कविता की दृश्यमयता जिस नाटकीय दुखांत पर खत्म होती है वह बहुत देर तक हमें सन्न बनाए रखता है—"जमीन पर टिकी हथेलियों पर/बल देकर वह उचका/और आँखों को रबर की तरह खींचते हुए गर्दन ऊपर उठाई/सिर्फ एक आवाज हुई सूखे फल के फटने की—/वह आदमी बरछे की तरह जमीन पर पड़ गया था।"

बहुत देर तक हमारी आँखों के सामने अँधेरा तना रहता है और बरछे की कौन्ध बार-बार हमारी कल्पना में लपक मारती है।

व्यवस्था पर जनसंघर्षों के संगठित दबावों और प्रतिकार में, उसके खुलते बर्बर तानाशाही चरित्र को 'शहंशाह मैकबेथ' और 'बच्चा हँसता क्यों है?' में बड़े प्रभावी ढंग से उभरा गया है। सत्ता के अमानवीय रूप को 'बच्चा हँसता क्यों है?' में एक मर्मभेदी प्रसंग के जरिए प्रत्यक्ष किया गया है। पटना के पास एक अदालत में पुलिस ने तीन साल और छह महीने की उम्र के दो बच्चों को राष्ट्रविरोधी गतिविधि के आरोप में मुकद्दमे के लिए हाजिर किया था। इसी घटना पर यह कविता लिखी गई है।

छोटे-से-छोटे अनुभव के बीच भी द्वन्द्वात्मक रिश्तों की वस्तुपरक पहचान उभार देना इस कवि के लिए सहज-स्वाभाविक क्रिया है। अनेक स्थलों पर यह पहचान बिम्बों के गत्यात्मक टकराव में प्रतिबिम्बित होती है—"गरजता है गगन/और बिजलियों को देह में सोखने को उद्यत/गरजते हैं धरती की ओर से/ये वृक्ष" या "जिन्हें कभी जीवन में मिला नहीं/सुख से भोजन जो जून/वे औरतें गाती हैं छप्पन व्यंजनों के गीत।" तथा "इसके पहले कि तुम उगो/ओ बीज/मैंने तुम्हें मिट्टी से ढाँपा था।" या "अभी भी जीवित हैं चरण-चिह्न चाँदी में कढ़े/लाल पत्थरों में बँधी है शान्ति असीम अपूर्व/मन्दिर के बाहर खड़े हैं भिखमंगे/चील की तरह झपट्टा मरते बैच्चे।" अथवा "दुनिया की सारी गन्दगी के बीच/दुनिया की सारी खुशबू/रचते रहते हैं हाथ।"

चाहे 'झरना' हो या टेलीफोन के तार', 'करमा का गीत' हो या 'आँधी की एक रात' सभी में दृश्यमय आवेग एक अन्तर्वर्ती लय को सिरजता है। 'करमा का गीत' में यह दृश्य :

"चाँदनी में हिलती है परछाईं/कन्धो-से-कन्धों पर बँधते हैं हाथ/बंधती है पंखुड़ी-से-पंखुड़ी/जल की धारा-सा फूटता है/एक साथ कण्ठों से राग/...उठते हैं स्वर/छितराती है धरती पर/राई-सी पाँवों की थाप।"

बहुस्तरीय यथार्थ का कोई भी चरित्र, घटना या दृश्य अरुण कमल की

कविता का विषय हो सकता है—अपनी विशिष्ट पहचान को सुरक्षित रखते हुए। यहाँ कलकत्ते के कारखाने में बहाल जलंधर का एक मजदूर है, डोल हाथ में टाँगे नल पर पानी भरने जाती गर्भवती भौजी है, गाँव में बिजली लगाने का विरोध करते आदिवासी हैं; बोकारो, पथड्डा, बढ़हिया, विश्रामपुर में मारे गए मजदूर हैं, गली की बर्तन माँजनेवाली कुबड़ी बुढ़िया है, संस्कार-गीतों में सोने की थाली में छप्पनों व्यंजन माँगनेवाली गरीब औरतें हैं; इसके-उसके बेटे-बेटियों को ट्यूशन पढ़ाता रिटायर्ड स्कूल मास्टर है; नए फैशन से नावाकिफ दरजिन है। ये सभी जीवन-इकाइयाँ मिलकर भारतीय जन-समाज का एक सामूहिक नक्शा बनाती हैं।

अलग-अलग जीवन इकाइयों को अपने एक ही सामाजिक उत्स की पहचान से जोड़कर उपलब्ध उद्देश्य की एकता का भाव जिस सहज प्रतीक पद्धति से 'जितना दो आँखें' कविता में व्यंजित हुआ है कलात्मक संयम से वह दुर्लभ ही है—''क्या हुआ जो/अलग-अलग हम उगे/अलग फल लगे/अलग फूल कढ़े/पत्ते अलग टहनियाँ/'''किसी दिन तो कभी तो/बढ़ी होंगी जड़ें अन्दर/और चलकर पिया होगा/एक जल-कुण्ड से जल/कहीं सुदूर पृथ्वी में जब हमारे रोम अन्तिम/मिले होंगे/तब अचानक खिली होंगी फुनगियाँ तक/एक ही तो मूल में हम/एम ही है भूमि-जल संसार अपना/एक ही अन्तःप्रदेश/उतने ही अलग/उतने ही एक/जितना दो आँखें।''

एक सौंपी हुई मूल्य-व्यवस्था के अधीन अपनी सच्ची पहचान से विमुख, यातना के अलग-अलग दायरों में घूमती हुई इन जिन्दगियों को, एक संगठित-सामूहिक भावभूमि में आबद्ध कर, कवि उन अमानवीय शक्तियों के खिलाफ खड़ा करना चाहता है जो मानवीय सम्बन्धों की इस दुनिया को 'बन्दूक की नली' से देखती हैं और मनुष्यता को महज 'मांस के एक गोले' में तब्दील करना चाहती हैं।

(1983)

□

गिरिजाकुमार माथुर की समाजोन्मुख काव्य-दृष्टि

गिरिजाकुमार माथुर एक समर्थ कवि होने के साथ-साथ एक जागरूक काव्य-चिन्तक भी हैं। अपने अनेक निबन्धों में उन्होंने काव्य-सृजन की प्रक्रिया, प्रेरणा एवं प्रयोजनों पर विचार करते हुए, नए काव्य की उपलब्धियों एवं सम्भावनाओं का मार्मिक विश्लेषण किया है। वे उन गिने-चुने नए कवियों में एक हैं जिन्होंने काव्य के शाश्वत मानदण्डों में आस्था रखते हुए, वस्तु एवं शैली की नई भावभूमियों की खोज का आग्रह किया। काव्य में परम्परा एवं प्रयोग की नई सन्तुलन भूमि की खोज में वे नई कविता के दोषों के प्रति कभी उदासीन नहीं रहे। अपने दोषों के प्रति आत्म-सजगता की यह भावना और निरन्तर आत्मपरिष्कार की यह अदम्य आकांक्षा बहुत कम नए कवियों में मिलती है। यहाँ हम उनकी काव्य-दृष्टि के कतिपय चिन्तन-सूत्रों पर विचार करते हैं।

गिरिजाकुमार माथुर मानव-मूल्यों के प्रति दायित्व चेतना को ही आधुनिक कविता का सबसे महत्त्वपूर्ण विषय मानते हैं। उनका विचार है कि नई कविता में मानव-इकाई को केन्द्र तथा समाज के व्यापक सन्दर्भ से संयुक्त करके रखने का प्रयास किया गया है। उनका कथन है कि 'नई कविता' में एक ओर सामाजिक दायित्वों की जागरूकता और प्रगतिवादी विचारधारा के पृष्ठ में उदित वस्तुपरक दृष्टि तथा व्यापक मानवीयता का समावेश हुआ था तो दूसरी ओर व्यक्ति और इकाई को प्राथमिकता दी गई थी। नई कविता का क्रमशः विकसित स्वर व्यक्ति की पावनता और सामाजिक गरिमा की आकांक्षा का ही स्वर है।" (नई कविता, अंक 5-6, पृ. 44) उनका विश्वास है कि वास्तविक मानव को उसकी समस्त श्रेष्ठता और निम्नताओं के साथ अभिव्यकत करना अधिक संगत है। आदमी को गलित, गर्हित के साथ अंगीकार कर गले लगाना

बड़े साहस का काम है। इसे कोई विषपायी शिव ही कर सकता है, दूसरी की सामर्थ्य नहीं। वे जीवन के किसी भी छोटे-से-छोटे पक्ष और साधारण से साधारण विषय को काव्य की गरिमा के अयोग्य नहीं मानते। (धूप के धान, पृ. 13) इनकी दृष्टि में 'काव्य के लिए' उन सभी पक्षों और प्रवृत्तियों के तत्त्व ग्राह्य हैं, जिनका रास्ता मानवीयता, सामाजिक न्याय और जीवन भविष्य की आस्था से होकर जाता है।' (धूप के धान, पृ. 9) किन्तु यहीं वे आज के नए कवियों की उस प्रवृत्ति की भी आलोचना करते हैं जो समस्त मानवीय श्रेष्ठता को तिलांजलि देकर जीवन के गलित एवं गर्हित पक्ष की यथार्थ अभिव्यक्ति को ही अपना एकमात्र उद्देश्य मानकर चलती है। उनका कथन है कि 'हमें यह स्वीकार करना होगा कि विकृति का मुँह उघाड़कर देखने की साहसपूर्ण प्रक्रिया में बहुत सा कृतित्व उसी में उलझ कर रह गया तथा वाममार्गी साधना की तरह विकृति में रस लेने लगा। आत्मग्लानि की अभिव्यक्ति को ही महत्त्वपूर्ण मान बैठा। किन्तु आत्मग्लानि काव्योचित तो क्या मानवोचित भावना भी नहीं है, घिघियाती हुई पराजित मनोवृत्ति का लक्षण है जो दूसरों में सम्वेदना के स्थान पर दया उत्पन्न करना चाहती है।' (नई कविता, अंक 5-6, पृ. 44)

गिरिजाकुमार माथुर का मानवता और उसके उज्ज्वल भविष्य में गहरा विश्वास है। वे आधुनिक युग-जीवन में विघटन की अपेक्षा विघटित तत्त्वों में नई सन्तुलन भूमि की खोज और अनास्था, नैराश्य एवं अवसाद की जगह आस्था, आशा एवं विश्वास को अधिक महत्त्व देते हैं। वे आज के अधिकांश नए कवियों की आत्मग्लानि एवं आत्म-वक्तव्य (स्टेटमेंट) देने की प्रवृत्ति के घोर विरोधी हैं। वे मानते हैं कि नई कविता में इस प्रकार के वक्तव्यों, यथा, "मैं कुत्ता हूँ 'लाश हूँ, गलितांग हूँ, वमन हूँ, फेंका हुआ भ्रूण हूँ, शहीद हूँ, खण्डित हूँ, ओरे, ओ, हे पिता, है पूर्वज, दर्द, दर्द, दर्द," आदि की पुष्कलता रही है। उनका निश्चित मत है कि पहले तो स्टेटमेंट कविता नहीं हो सकता। फिर यदि स्टेटमेंट यह हो कि "मैं खण्डित हूँ, भग्न हूँ, लाश हूँ", तो उसका उत्तर यह होगा, "ठीक है होंगे, आप अपने को जो चाहे समझें, दुनिया को उससे क्या लेना-देना है।" प्रश्न यह नहीं है कि आप वास्तव में किस परिस्थिति में पड़कर क्या हो गए हैं, बल्कि यह है कि उस परिस्थिति के प्रति आपकी क्या प्रतिक्रिया है, दुनिया को आप वहाँ से क्या देना चाहते हैं? परिस्थिति की तीखी चोटों से आपको क्या अनुभूति हुई तथा व्यापक जीवन और मानवीयता के लिए आपका दाय क्या है?" (नई कविता, अंक 5-6, पृ. 46)

वे मन को अधिक पैना रखकर सूक्ष्म अनुभूतियों के स्तर पर वस्तुस्थिति

को पकड़ना आवश्यक समझते हैं जिनसे मन के असंख्य आयामों के भावान्दोलनों को अभिव्यक्ति में उतारा जा सकता है। दूसरे शब्दों में उनका निश्छल आत्माभिव्यक्ति में विश्वास है जो अनुभूति के स्तर पर भोगे हुए सत्य को ही अभिव्यक्त करती है, किसी आरोपित या उधर लिए हुए वस्तुसत्य को हनीं।

माथुर काव्य में विषय की अपेक्षा कलागत माध्यमों या तकनीक को अधिक महत्त्व देते हैं। कलागत माध्यमों और शैलियों को वे सामाजिक प्रक्रिया का अवशेष (Residue) मानते हैं। उनके अनुसार सामाजिक स्थितियों और चेतनाओं के परिवर्तन के साथ कला-माध्यम, शैली, प्रकार, छन्द आदि सहगामी विचरण प्रक्रिया (कान्कामीटैण्ट वैरियेशन) के सिद्धान्त से बदलते और स्वरूप पाते जाते हैं। समाज के जीवन संक्रमण की स्थिति से कला-माध्यम बिखरने लगते हैं तथा सामाजिक जीवन की स्थिरता से कला-प्रतिमानों में दृढ़ता एवं स्थिरता आती है। इसका प्रतिफलन रीति के रूप में दिखता है। वे आधुनिकता को युग की चेतना समस्या, निकायों के अनुरूप सम्वेदना (Sensibility), दृष्टिकोण, प्रतिक्रिया तथा अभिव्यंजना में निहित मानते हैं और उनका विश्वास है कि नवीन औद्योगिक युग की माँग त्वरित माध्यमों की होने के कारण खण्ड काव्य, साँग कविता और क्रमबद्ध लिरिक आधुनिक नहीं कहा जा सकता। उनका निष्कर्ष है कि नई कविता के माध्यमों की प्रकृति हमारे देश के सामाजिक और आधुनिक औद्योगिक विकास के अनुरूप है।

गिरिजाकुमार की काव्य-दृष्टि माध्यम पर अंधिक बल देती है। वह शिल्प-विधानक ी नवीनता एवं ताजगी में विश्वास रखती है। पर आज की अधिकांश नई कविताओं को देखकर माथुर जी तीव्रता के साथ यह महसूस करने लगे हैं कि "नई कविता के माध्यमों तथा शिल्प और शैली के उपयोग में अवरोध उत्पन्न हो गया है। इस अवरोध के फलस्वरूप नई कविता एक ढाँचे में ही बंध गई है।" उन्हें यह आभासित होता है कि "जैसे यह सारी सैकड़ों कविताएँ एक ही कवि की लिखी हुई हैं, सिर्फ लेखकों की जगह कुछ काल्पनिक नाम गढ़ कर रख लिए गए हैं, जो अदल-बदल कर छपते रहते हैं। इसका कारण यह है कि अधिकतर कविताओं में प्रतीक, उपमान, शब्दावली, कथ्यशैली, ऑटोमैटिक ढंग से प्रचलित सत्य-वचन, जैसे दर्द, मूल्य, कुण्ठा, प्रभु आदि पौराणिक या महाभारतकालीन सन्दर्भ, यहाँ तक कि शीर्षक छपाने का ढंग और पढ़ने का दर्द भरा, अफअर्दी, रोमानी तरीका भी एक-सा हो गया है।"

नई कविता की इस नई रूढ़िबद्धता और पुनरावृत्ति को वे उसके विकास

में सबसे बड़ा बाधक कारण मानते हैं। उनकी काव्य-दृष्टि में पुनरावृत्ति पतनोन्मुखता का प्रथम लक्षण है जो प्रेरणा के स्रोत की शुष्कता को द्योतित करता है। ऐसी स्थिति में कवि की दृष्टि धुंधली हो जाती है, नए क्षितिज दृष्टि से ओझल हो जाते हैं। परिणामतः अनुभूतियों की सीमा संकुचित हो जाती है, उक्ति-चमत्कार की प्रवृत्ति प्रबल हो उठती है तथा परम्परा की सीमित उपलब्धियों के आधार पर कलाकारिता को प्रोत्साहन मिलता है। वे स्वीकार करते हैं कि ये सभी लक्षण अधिकांश नई कविताओं में उपस्थित हैं और नई कविता की अहंता, एकांतिक तल्लीनता एवं आत्मग्लानि विहित प्रवृत्ति में समाविष्ट हैं। पर उनका सहज विश्वास है कि अब उक्त प्रवृत्ति अपनी चरम सीमा पर पहुँच गई है तथा उसका शीघ्र ही अवसान होने वाला है।

गिरिजाकुमार काव्य को सर्वग्राह्य बनाने में विश्वास रखते हैं। "जटिल अनुभवों को सहज रूप में अभिव्यक्ति प्रदान करना वे साहित्यकार का प्रमुख लक्षण मानते हैं।" अधिकांश नए कवियों की भाँति वे जटिलता को काव्य का प्राणतत्त्व या कलाकार की आन्तरिक विवशता और आपद्धर्म नहीं मानते। उनकी काव्य-दृष्टि दुरूहता को साहित्य की श्रेष्ठता का निकष मानने का विरोध करती है। उनका विचार है कि अत्यन्त जटिल अनुभवों को सर्वग्राह्य रूप में व्यंजित करना तथा जटिलताओं मूल में निहित सार्वजनीन सत्य के सूत्र को प्रकट करना ही श्रेष्ठ साहित्य का लक्षण है। वे स्वीकार करते हैं कि यदि कवि-मानस में उलझन, जटिलता विद्यमान है तो उसका प्रभाव अभिव्यंजना के उपकरणों की अस्वाभाविकता, अपूर्णता, भग्नता तथा रूप-व्यक्तित्व-विहीनता में ही अभिव्यक्त होगा। जिसके परिणामस्वरूप भाषा जानबूझकर बिगाड़ी हुई या कृत्रिम हो जाएगी, प्रतीक श्रमसाध्य, चेष्टित और निरर्थक होंगे, उपमान तारतम्य विहीन हो जाएँगे और छन्द के नाम पर भ्रष्ट गद्य भी मिलना मुश्किल हो जाएगा। उनका दृढ़ विश्वास है कि 'यदि नए कृतिकार को काव्य-साहित्य में अपना गम्भीर योगदान देना है तो इन कमजोरियों से उसे ऊपर उठना होगा।" (धूप के धान, पृ. 12)

गिरिजाकुमार माथुर इसी स्वच्छ एवं अतिवाद-मुक्त काव्य-दृष्टि को लेकर काव्य-सृजन में प्रवृत्त हुए हैं। उन्हें काव्य के परम्परागत मौलिक मानदण्डों का तिरस्कार नहीं किया। परम्परागत मूल्यों एवं मान्यताओं को आत्मसात करके ही वे काव्य में वस्तु तथा शैली-शिल्प की नई भावभूमियों की खोज में निकले हैं। कविताओं में कवि की काव्य-चेतना गहरे आत्मसम्वेदन और आत्मनिष्ठ अनुभूतियों के स्तर से उठकर, व्यापक सामाजिक भूमि पर समष्टि-सत्य का प्रकाश करती

है। वह अपने अति वैयक्तिक स्तरों के सन्नाटे में खोकर अपने सुख-दुःख का अरण्य रोदन ही नहीं करती अपितु सामाजिक चेतना की उन अछूती धरतियों को छूने का प्रयास करती है जहाँ व्यक्ति अपने सुख-दुःख को समष्टि के व्यापक हित के लिए वलिदान कर देता है। अनेक स्थलों पर गिरिजाकुमार माथुर ने व्यक्ति यथार्थ से सामाजिक यंथार्थ की ओर बढ़ने का प्रयास किया है। अनेक कविताओं में उनहोंने आधुनिक युग जीवन के वर्तमान संघर्षो को सफल अभिव्यक्ति दी है। 'मशीन का पुर्जा', 'क्रानिक मरीज', 'व्यक्तित्व का मध्यान्तर', 'पहिए', 'एशिया का जागरण' और 'प्रौढ़ रोमांस' आदि कविताओं में इस अभिव्यक्ति की ओजिस्वता को देखा जा सकता है। इन कविताओं में वर्तमान जीवन की कटुता, संघर्प, घुटन और अवसाद की छायाएँ अपनी सम्पूर्ण तिक्तता के साथ उभर आई हैं। एक-दो कविताओं में उन्होंने पहियों और पंखों पर भागने वाली यान्त्रिक सभ्यता के शिकंजे में दम तोड़ती हुई मानवीय सम्वेदनाओं को अभिव्यक्ति दी है। आधुनिक जीवन में लौह-यन्त्रों की सभ्यता ने मानव को विलकुल सम्वेदनहीन और आत्मचेतनाहीन वना दिया है। आधुनिक जीवन की इस यान्त्रिकता को कवि ने तीव्रता के साथ महसूस किया है–

लोहे के दिल दिमाग हाथ इस्पात के
निरवधि समय को जो अंकों में बाँधते
... ...
चलते हैं तार खिंचे मध्यवर्ग के पुतले
रोल्ड गोल्ड का कल्चर, चमकते मुलम्मे से
लोहा सीमेन्ट, काँच कोलतार
आत्मा विहीन एक दैत्य महाकार।

(शिलापंख चमकीले)

'मशीन का पुर्जा', क्रानिक मरीज आदि कविताओं के माध्यम से उन्होंने आज के जीवन के वर्गगत वैषम्य को अभिव्यक्ति दी है। यहाँ के जीवन की विशृंखलता एवं टूटन के स्वर स्पष्ट सुनाई पड़ते हैं–

अब घबराहट
बेचैनी, बोरियत
आशंका, आकुलता, चिन्ता, अनास्था,
क्षणजीवी, त्वचासुखी
बदमिजाज, नुक्ताचीं
अपने में लीन

किन्तु आत्मविश्वासहीन
तबीयत है काँटे पर
दोष सभी रखता है
किस्मत के माथे पर।
(शिलापंख चमकीले)

यहाँ कवि ने आधुनिक सामान्य जीवन को एक क्रानिक मरीज के रूप में चित्रित किया है। आज के मध्यवर्ग की बेचैनी एवं घबराहट से भरी मानसिक अवस्था यहाँ साकार हो गई है। कुछ जगह कवि ने युग जीवन के यथार्थ की पृष्ठ-भूमि में आर्थिक विषमता से पिसते हुए मध्यवर्ग की आशा-आकांक्षाओं, विफलता-निराशाओं, स्वप्न और असन्तोष को बड़ी मार्मिकता से उभारा है–

कुहरा भरा भोर जाड़ों का
सारा नगर लिहाफों में सिकुड़ा सोता है,
पर वह मजबूरी से कँपता उठ आया है,
दोनों बाँह कसे छाती पर,
उसकी फाइल-सी भारी आँखों के नीचे
रातों जगी हुई कालस है
पीले से गालों पर है कुछ शेव बढ़ी-सी
मसली हुई कमीज के कफ में
बटनों के बदले दो डोरे बंधे हुए हैं।
रफू किया उसका वह स्वेटर,
तीन सर्दियाँ देख चुका है
... ...

बाहर महलों पर मिठास है फैली-फैली
क्रीम सेंट की खुशबू भरी मोटरें जातीं।

(नाश और निर्माण)

पर कवि की वर्ग-वैषम्य की यह अनुभूति वर्ग-संघर्ष की ओर प्रेरित नहीं करती। वह एक भावमूलक सामाजिक चेतना से अनुस्यूत है। लेकिन सामाजिक यथार्थ की अभिव्यक्ति का यह स्वर सतही और आरोपित न होकर संयत एवं स्वानुभूत है। उसकी संघर्ष-चेतना विध्वंसक न होकर निर्माणपरक है–

दुःखों से कर युद्ध
परिस्थितियों से लड़कर
और जूझ कर भारी से अंधड़ से

केवल मिथ्या आदर्शों से नहीं
न ही कोरी रंगीन कल्पनाओं से
किन्तु जिन्दगी की मिठास का रस लेने को
हमने कटुता से खुलकर संघर्ष किया है।

(धूप के धान)

उनके कवि को मानस की मौलिक विशिष्टताओं में पूर्ण विश्वास है। अपने चारों ओर फैली हुई अनास्था से उत्पन्न अस्थायी अंधकार के बावजूद उसकी दृष्टि मानव विकास के ज्योतिष्पथ की ओर लगी हुई है। अस्तित्व के संकट के भीषण क्षणों की चुनौती को स्वीकार कर उसने मानवात्मा की अपराजेयता को वाणी देने का प्रयास किया है। वह रह-रहकर मानव-मूल्यों की ध्वजा लेकर टूटते-हारते किन्तु निरन्तर जूझते हुए लोगों के अभिषेक का मंगलमय संकल्प दुहराता है–

गति व्यर्थ गई, उपलब्धि हीन साधना रही
मन में लेकिन सन्ध्या की लाली बाकी है।
इस लाली का मैं तिलक करूँ हर माथे पर
दूँ उन सबको जो पीड़ित हैं मेरे समान
दुःख, दर्द, अभाव भोग कर भी जो झुके नहीं
जो सजा भोगते रहे सदा सच कहने की
जो प्रभुता पद आतंकों से नत हुए नहीं,
जो विफल रहे पर कृपा न माँगी घिघियाकर
जो किसी मूल्य पर भी शरणागत हुए नहीं।

(शिलापंख चमकीले)

मानव भविष्य के प्रति आशा, आस्था एवं विश्वास के ये उदात्त स्वर जितने गिरिजाकुमार की कविता में मिलते हैं उतने किसी भी नए कवि को कविताओं में नहीं। उनकी यह आस्था आरोपित या प्रचारात्मक नहीं, बल्कि सहज एवं स्वानुभूत है। 'पहिये', 'नई भारती', 'एशिया का जागरण', लोहमकड़ी का जाल', 'सूरज का पहिया' तथा 'नई आग की खोज' आदि कविताओं में अनेक स्थलों पर उनकी जन-भविष्य या मानव-भविष्य के प्रति यह शुभाकांक्षा बड़ी सहजता के साथ प्रकट हुई है–

1. वह पास लिए आता है मनुज समाज नया
जब दुःख की सत्ता भर जाएगी
पीले बासी फूलों-सी (धूप के धान)

... ...

2. ये अम्बर चुम्बी दीवारें
नीली पड़कर गिर जाएँगी,,
और भरे पत्थर-सा यह युग बन जाएगा
नई जिंदगी की अविजेय नींव का पत्थर।

(नाश और निर्माण)

... ...

3. जन-जन का जीवन गीत बने
उठते स्वर का यह गीत नया,
हर चरणों की है चाप नई,
हर मंजिल का संगीत नया।

(नाश और निर्माण)

मानव भविष्य में आशा, आस्था एवं विश्वास के ऐसे दृढ़ एवं सशक्त स्वर नई कविता में बहुत कम मिलते हैं। आधुनिक युग-जीवन में व्याप्त अनास्था, अविश्वास एवं अवसाद के अंधकार को दूर करने के लिए, गिरिजाकुमार की काव्य-दृष्टि आस्था एवं विश्वास की ज्योति की खोज में भारत के वैभवपूर्ण अतीत की ओर भी मुड़ी है। उन्होंने 'राम', 'बुद्ध', 'कबीर' आदि ऐतिहासिक विभूतियों का गौरव-गान कर यह प्रत्यत्न किया है कि आधुनिक युग का मानव इन उदात्त चरित्रों पर संसक्त होकर अपनी चेतना को संघर्ष एवं वासना के तनाव से मुक्त कर सके। वह अपने को अतीत से निर्ममतापूर्वक न काट ले बल्कि अपने को परम्परा का ही अविच्छिन्न अंग समझते हुए अतीत के उदात्त आदर्शों के प्रकाश की सहायता से आज के संक्रान्तियुगीन अंधकार में अपना सही रास्ता खोजने का प्रयास करे।

सामाजिक अनुभूति के इस स्तर पर उसकी रोमांस भावना में भी अन्त आ गया है। उनकी एक-दो कविताओं में वस्तुवादी दृष्टिकोण के रोमांसवादी तत्त्व भी दृष्टिगोचर होते हैं। यहाँ उन्होंने यथार्थ और रोमान के समन्वय का सफल प्रयास किया है, कैशोर्य भावुकता से प्रेरित रोमांस भावना का उन्होंने यथार्थ के कठोर धरातल पर वस्तुगत परीक्षण किया है। अपनी प्रसिद्ध रचना में 'प्रौढ़ रोमांस' में उनका यही प्रयत्न लक्षित होता है। यहाँ वे व्यक्तिगत प्रेम और रोमांस की भावना को छोड़कर सामाजिक कर्तव्य की ओर उन्मुख होने का सन्देश देते हैं–

हमको भी है ज्ञान विरह का और मिलन का···

…हम मन में सुधि रखकर भी हैं कर्मशील
हैं संघर्षों में डूबे-भूले
हम डटकर जीवन में युद्ध कर रहे प्रतिपल
आज हमारे सम्मुख और समस्याएँ हैं
प्रश्न दूसरे—घर के, बाहर के, समाज के
मुल्क और दीगर मुल्कों के।
(धूप के धान)

उपर्युक्त सभी वातों के अतिरिक्त गिरिजाकुमार माथुर की सामाजिक चेतना की सबसे महत्त्वपूर्ण विशेपता यह है कि उनकी सामाजिक अनुभूति का अनुभव-क्षेत्र वहुत व्यापक है। उनकी सामाजिक दृष्टि व्यक्ति, समाज और राष्ट्र की सीमाओं को पार कर अन्तर्राष्ट्रीय भूमि पर पहुँची है। वे सम्पूर्ण मानवता को एक समंजस अविभाज्य इकाई के रूप में देखते हैं। उनकी दृष्टि में समस्त विश्व अंगी है। उसके किसी भी अंग की कोई विकृति या दुःख-दर्द उनकी सहानुभूति का विपय है। उन्होंने समस्त विश्व को अखण्ड रूप में देखा है और उसकी आत्मा को अभिव्यक्ति दी है। 'एशिया का जागरण', 'अदन पर वम-वर्पा', 'हब्स देश', 'नई भारती', 'पहिए' आदि कविताओं में उन्होंने अन्यास, अत्याचार एवं दमन के विरुद्ध संघर्प करती हुई मानवता के दुःख, आशा एवं उल्लास को वाणी दी है।

इन कविताओं में मानव-मूल्यों के प्रति उनकी दायित्व चेतना स्पप्ट रूप में उभर कर सामने आई है। स्वातन्त्र्य मूल्य में विश्वास और सामान्य जन की मुक्ति के आग्रह के स्वर इन रचनाओं में पूरी शक्ति एवं दृढ़ता के साथ फूटे हैं। माटी की महिमा से मण्डित मानव संस्कृति के प्रति कवि का अनुराग यहाँ तीव्रता के साथ व्यंजित हुआ है—

ये पहिए हैं आधार सभ्यता संस्कृति के
प्रस्तर युग से जो ले आए हैं ऐटम तक
इस दुनिया का कारवाँ अमर
ये रुके नहीं पथ के ऊपर
आने वाले सामाजिक समता फूलों में
… … …
लेते हैं स्वर्ग उतार विचारों के नभ से।

(धूप के धान)

यहाँ माथुर जी का मानव की शक्ति, सामर्थ्य एवं अनवरत गतिशीता में

अटल विश्वास ध्वनित हुआ है। इस स्तर पर वे वैज्ञानिक सभ्यता के विकास को मानव की अदम्य शक्ति एवं साहस का प्रतीक मानते हैं। वैज्ञानिक आविष्कारों को वे प्रकृति पर मानव की विजय का प्रतीक मानकर चले हैं। अपनी बाद की 'पृथ्वीकल्प', 'कल्पान्तर' और 'कालदृष्टि' आदि रचनाओं में वे इन वैज्ञानिक उपलब्धियों को आशा, आस्था एवं उल्लास की दृष्टि से ही देखते हैं, अन्य कवियों की भाँति शंका एवं भय की दृष्टि से नहीं। वे इन वैज्ञानिक उपलब्धियों के धरातल पर विश्वासपूर्वक खड़े हुए आधुनिक मानव के जीवन को एक नया ताप और एक नई दीप्ति देना चाहते हैं–

इन्सानी मूल्यों के डाल सोन-तार नए
जीवन को फिर विराट गीत का अलाप दो
अग्नि दो, तपन दो, नया ताप दो।

(शिलापंख चमकीले)

(1963)

□

मानवीय आस्था का प्रगतिशील स्वर

पिछले दिनों लेखकों की एक पूरी जमात ने आधुनिकता की धारणा और नवलेखन के नाम पर इस बात को बड़े जोर-शोर से उठाया कि ''साहित्य का कोई सामाजिक अभिप्राय या उद्‌देश्य नहीं होता और अगर होता भी हो तो उसका अहसास होना लेखक के लिए गैरजरूरी ही नहीं, बल्कि खतरनाक भी है।'' कला और साहित्य की स्वायत्तता का नारा देकर यह नव लेखक-समूह समाज की विविध जटिलताओं और व्यवस्था के मूलभूत अन्तर्विरोधों से जनता का ध्यान हटाकर उसे अवनर्मिल अनुभवों के एक ऐसे अजनबी संसार मे भटका देने की कोशिश में लगा रहा ताकि वह सामाजिक संघर्ष के जीवित सन्दर्भ से बिलकुल कट जाए। इस प्रकार यह लेखक-वर्ग अपने विशिष्ट वर्ग-चरित्र के आधार पर व्यवस्था के वर्गहित को साधता रहा। पूँजीवादी व्यवस्था के अमानवीय वर्गहितों की इस साधना ने उसकी साहित्य-दृष्टि को भी इस कदर अमानवीय बना दिया कि वह जीते-जागते मानव-समाज को 'भीड़' में सरलीकृत करके नए साहित्य को 'भीड़ के विरुद्ध एक शब्द' के रूप में परिभाषित करने लगा। सामान्य जन के संघर्ष और उसकी चुनौतियों के प्रति ठण्डी उदासीनता की यह चालाक मुद्रा वास्तव में यथास्थिति को बनाए रखने का साहित्यिक षड्‌यन्त्र थी। नए कवियों-लेखकों की यह समझ, नई परिस्थितियों में किसी भी तरह अपने आपको रखने की ह्रासोन्मुखी बूर्ज्वा मूल्य-व्यवस्था की मानसिकता से प्रेरित थी। ऐतिहासिक विवेक के अभाव में यथार्थ की सत्यतापूर्वक प्रतिबिम्बित करने की प्रगतिशील क्षमताएँ खोकर यह लेखन स्वस्थ साहित्य के विकास के पाँव की बेड़ी बन गया।

पूँजीवादी व्यवस्था की सबसे अधिक सावधान कोशिश यही रहती है कि समाज में सही सोच का वातावरण पैदा न हो पाए, क्योंकि सही सोच सही कर्म के रास्ते खोल देती है। इसलिए वह जाने-अनजाने एक ऐसे लेखक वर्ग का पोषण करती रहती है जो कहीं न ले जाने वाली बौद्धिक समस्याओं के

निरर्थक गणित में खुद फँसे और दूसरों को फँसाए रखे। ये लेखक जनता का ध्यान फौरी सामाजिक समस्याओं और प्रगति के लिए संघर्ष की ओर से दूसरी दिशा में फेरने की चेष्टा करते रहते हैं। साथ ही राजनीति-विरोध के बहाने समाज के निर्माण में जनता की सक्रिय हिस्सेदारी में भी अवरोध उत्पन्न करते हैं। इसीलिए इनकी कृतियों में निराशावाद, भविष्य में अनास्था और जीवन के सत्य से अर्थहीन विधावाद की दलदल में भागने की इच्छा की गूँज रहती है। इसीलिए इनका सोच और सर्जन हमें सिर्फ विकृतियों को सहन करना सिखाता है। नलेखन के आन्दोलन से जुड़े साहित्य के एक बड़े हिस्से में समकालीन मनुष्य की स्थिति और नियति को किसी समग्र या ठोस ऐतिहासिक परिप्रेक्ष्य में रखकर देखने की कोशिश बहुत कम मिलती है। वहाँ अन्तर्गुहावासी मानव के अन्तर्मन के विश्लेषण और समाज से कटे व्यक्ति के अहं के गौरवान्वयन के प्रति जितनी ललक है उतनी संकल्पशील और संघर्षरत मनुष्य के लिए नहीं। नए कवि और कथाकार अपने मनोजगत् के विघटन का अपने चारों ओर के वातावरण पर, यथार्थ और काल्पनिक आरोपण कर अमूर्त अवसादों की अभिव्यक्ति और इससे भी अधिक काल्पनिक अस्तित्व-संकट एवं सत्ता-लोप से घबराकर अपनी मानसिक विकृतियों को पकड़ने की जी तोड़ चेष्टा करते रहे हैं। ऐसा साहित्य जनता के मस्तिष्क में जहर घोलने के साथ उसे बौद्धिक रूप से निरस्त करने में भी आंशिक सफलता पा चुका है। प्रेस, सिनेमा, रेडियो, टेलीविजन आदि आम प्रचार के सभी माध्यमों पर ऐसे साहित्य की बहुतायत में खरीद व्यवस्था के वर्ग-चरित्र को भी खुलकर सामने आने का मौका देती रही है। उसके इरादों के बारो में किसी भ्रम के बने रहने की गुंजाइश शायद कभी नहीं रही।

इस किस्म के नवलेखन के जवाब में समानान्तर गति से वह प्रगतिशील लेखन भी सक्रिय रहा जो 'पलायन के आदर्शीकृत रास्ते' खोजने के बजाय उन सवालों से जूझ रहा था जो आम आदमी की सामाजिक जिन्दगी से सीधा ताल्लुक रखते हैं। यह लेखन सामाजिक यथार्थ की प्रकृति तथा साहित्यकार की दायित्वपूर्ण भूमिका आदि मुद्दों पर गम्भीरता से विचार कर नए साहित्य के नाम पर शब्द-छल द्वारा कुहासा फैलाने वाली प्रगतिगामी शक्तियों को सही जवाब दे रहा था। रामविलास शर्मा, रांगेय राघव, नागार्जुन, त्रिलोचन, शिवदानसिंह चौहान, केदार और मुक्तिबोध आदि इस साहित्य-धारा के प्रमुख लेखक थे। इन लेखकों ने अपने लेखन के माध्यम से साहित्य की उस जनवादी दृष्टि को विकसित किया जो सामाजिक प्रवाह और सामाजिक सम्बन्धों को भी स्पष्ट

करती थी। यह दृष्टि सामाजिक यथार्थ को ज्यों-का-त्यों सामने लाने की जगह, उसका ऐतिहासिक परिप्रेक्ष्य में मूल्यांकन करती हुई तात्कालिक अन्तर्विरोधों तथा मूल अन्तर्विरोधों से उनके सम्बन्धों की विवेचना प्रस्तुत कर वस्तुगत यथार्थ को सामूहिक प्रत्यक्षीकरण से जोड़ती थी। इस यथार्थ का सत्य तटस्थ न होकर पक्षधर था, जो प्रगति के समर्थन, वहन और निर्माण का विश्वासी था। इन जनवादी साहित्यकारों ने यथार्थ को गतिशील रूप में, उसके क्रान्तिकारी विकास को दृष्टि में रखते हुए चित्रित किया। इनका लेखन यथार्थ को सामाजिक प्रवाह से काटकर अशक्त और स्थिर रूप में, फ्रेम में जड़ी तस्वीर की तरह कील में नहीं टाँग देता, बल्कि पूँजीवादी शोषण के विरुद्ध सर्वहारा क्रान्ति का पक्षधर बन, यथार्थ में संघर्ष की चेतना में शामिल करने का कलात्मक प्रयत्न करता है। इनकी रचनाएँ यथार्थ को ऐतिहासिक विवेक से जोड़कर समकालीन मानवीय स्थिति के अहसास को प्रासंगिक और गहरा बनाती हैं। वे अपने समय का साक्ष्य होने के साथ अपने समय में हिस्सा लेती हैं, जूझती हैं, उलझती हैं और इस तरह अपने सामाजिक अनुभव को एक सर्जनात्मक सार्थकता तक ले जाती हैं। कमलेश जी का समूचा रचना-कर्म इसी किस्म के प्रतिबद्ध लेखन से प्रभावित रहा। सामाजिक न्याय के आदर्श के प्रति समर्पित जनवादी लेखकों की परम्परा में उनका नाम कई दृष्टियों से महत्त्वपूर्ण है। वे उन बहुत थोड़े-से प्रगतिशील कवियों में एक थे जिनके पैर नई कविता की वेगवती प्रतिगामी धारा में भी नहीं उखड़े। हजार तरह की साहित्यिक कूटनीतियों, सस्ते प्रचार और नित नए नारों के कोलाहल के बीच भी उन्होंने अपने सच्चे प्रगतिशील चरित्र को बनाए रखा। बूर्ज्वा तन्त्र के इन सभी आकर्षणों से विरत उनका कवि-व्यक्तित्व अपनी समाजोन्मुखी काव्य साधना में निरन्तर व्यस्त रहा। 'धरती पर उतरो' तथा 'तू युवक है' संकलनों की कविताओं में कमलेश जी के कवि-व्यक्तित्व की यही ईमानदारी हर शब्द के आर-पार झलकती है।

कमलेश जी ने अपने समय की चुनौतियों और व्यवस्था के चरित्र को बखूबी समझा था। देश के आर्थिक-सामाजिक तन्त्र और शासकीय राजनीति के छद्म का नक्शा उनके तईं बिलकुल साफ था। बूर्ज्वा-सामन्तीय वर्ग आर्थिक-सामाजिक ढाँचे पर एकाधिकार जमाए हुए था और सांस्कृतिक स्तर पर ह्रासोन्मुखी बूर्ज्वा मूल्य-व्यवस्था तथा नवपुनरुत्थानवादी सामन्तीय मूल्य-व्यवस्था का प्रचार-पोषण कर रहा था। समाजवाद का नारा देकर पूँजीवादी उद्योगों का विकास हो रहा था। शोषणमुक्त समाजवादी व्यवस्था के नाम पर योजनापूर्वक अमीर को अधिक अमीर और गरीब को भुखमरी के नजदीक पहुँचाया जा रहा

था। मुनाफाखोरी, रिश्वत और चोरबाजारी समाज के नैतिक आधार को खोखला करके जनता में मानसिक विक्षोभ और अनिश्चितता की भावना को बढ़ा रही थीं। भारतीय पूँजीवाद ने पाश्चात्य देशों के पूँजीवाद के सार्थ पार्टनरशिप में वंधकर देश के उद्योग और व्यापार पर अपनी इजारेदारी कायम कर ली थी और इस इजारेदारी पर आवरण डालने के लिए वह प्रचार के उन प्रमुख साधनों पर भी अपनी इजारेदारी कायम करने की पूरी कोशिश में लगा था, जिनके द्वारा कन्फ्यूजन की एक ऐसी संस्कृति का प्रचार किया जा सके जिससे लोगों का विवेक, यथार्थ-बोध और सम्वेदना की प्रासंगिकता कुण्ठित हो जाए और वे अपने वर्ग-हित को समझने में असमर्थ होकर अनास्था और अवसाद की अमूर्तताओं में भटक जाएँ। यह संस्कृति सामान्य मनुष्य को वरावर यही महसूस करने के लिए प्रेरित कर रही थी कि वह मशीन का एक पुर्जा है। अपने वर्ग-हित के वरण की स्वतन्त्रता और निर्णय-शक्ति उसके लिए दुर्लभ है। कमलेश जी के सम्वेदनशील कवि ने ऐसी घाल-मेल सामाजिक मूल्य-व्यवस्था के खतरों को भलीभाँति पहचाना था। वे सीधे सर्वहारा वर्ग से आए थे। अन्य प्रगतिशील कवियों की तरह उन्हें अपने मध्यवर्गीय संस्कारों के खिलाफ लम्बी लड़ाई लड़कर 'डिक्लास' होने की प्रक्रिया से गुजरने की जहमत नहीं उठानी पड़ी। ऐसी लड़ाई ने बहुतों को तो प्रक्रिया के वीच ही में तोड़ दिया था। शायद इसीलिए कमलेश जी में सर्वहारा का बेबाक लहजा और सहज खरापन शुरू से आखीर तक बना रहा। सामाजिक विसंगतियों की पहचान और उनके कारणों की पड़ताल में उनकी दृष्टि और वाणी समान रूप से तेज रहीं। 'धरती पर उतरो' की भूमिका में उनका यह कथन आज भी क्रान्ति की गोल-मोल बातें करने और व्यवस्था पर दाएँ-बाएँ होकर प्रहार करने वाले प्रगतिशील को काफी कुछ सिखा सकता है, "इस संग्रह की अधिकांश रचनाएँ स्वतन्त्रता-प्राप्ति के पश्चात् अपने देश की जनता की दयनीय अवस्था से सम्बन्ध रखती हैं। स्वतन्त्रता-प्राप्ति के फलस्वरूप जिस स्वर्गीय सुख की आशा हमारी जनता को थी उसका आज कहीं पता नहीं है। इसके विपरीत देश में ऐसा विषम वातावरण उत्पन्न हो गया है कि नैतिक पतन, भ्रटाचार और स्वार्थपरता के घटाटोप से भयभीत मनुष्य को कहीं भी आशा की वह किरण नहीं दिखाई देती, जिसके प्रकाश में वह पूरी जीवन-यात्रा तो दूर, एक पग भी आगे बढ़ा सके।...स्वतन्त्र भारत की जनता को सबसे बड़ी निराशा अपने जननायकों के वर्तमान जीवन से हुई है। कल के सत्य और अहिंसा के पुजारी आज असत्य और हिंसा के आधार पर पदों से चिपके रहने को ही जीवन का लक्ष्य समझने लगे हैं।...त्याग

और तपस्या के स्थान पर विलास और अहम्मन्यता को अने जीवन का अंग बनाकर वे इतना से इतने दूर हो गए हैं कि उसकी भूख, बीमारी और बेकारी का अनुभव ही उन्हें नहीं हो पाता। परिणाम यह हुआ है कि ह्रास का अजगर नए भारत के विकास की सम्भावनाओं को निगलने लगा है। इस स्थिति का अधिक समय तक बने रहना बड़ा घातक होगा, इसलिए आज इस परिस्थिति से मुक्ति पाने की तैयारी करना प्रत्येक भारतीय का धर्म है।'' ऐसी विषम स्थिति में कवि-कर्म की सार्थकता को परिभाषित करते हुए आगे उनका कहना है कि ''कवि के नाते मेरी तो यही मान्यता है कि आज कविता का इससे बड़ा कोई उपयोग नहीं है कि वह सार्वभौम क्रान्ति के लिए वातावरण तैयार करे और जनता को उसके वर्तमान की परिस्थितियों तथा भविष्य की सम्भावनाओं से अवगत कराए।'' 'सिंहासन भू-लुण्ठित होंगे', 'धरती पर उतरो', 'मुक्ति के बाद', 'आज कहानी कह न सकूँगा', 'ओ मिट्टी के पुतलो जागो', 'अभी दीपक जलाने का समय आया नहीं साथी' तथा 'जब गुलाम था' जैसी अनेक कविताओं में कवि-कर्म की यह सार्थकता तेजस्वी शब्दों में ढल गई है। उदाहरण के लिए :

मुक्त हुआ है हिन्द
युगों के बाद
... ...
लेकिन कवि का मन उदास है
वही पुरानी अमिट प्यास है
शोषण की चक्की में दोनों पाट वही हैं
पूँजीपतियों के, धनियों के ठाट वही हैं
वही पुराने हत्यारे अत्याचारी काले शासन की
भीषण छाया अपनी माया डाल रही है
जनता के आकुल प्राणों पर

सामाजिक यथार्थ और उसकी चुनौतियों के प्रति 'सर्वहारा दृष्टि' का अपनाव कमलेश जी की कविताओं को दूसरी बहुत-सी प्रगतिशील रचनाओं से अलग और विशिष्ट बना देता है। सव्रहारा की समस्याओं को वे बौद्धिक मध्यमवर्गीय दृष्टि से नहीं, बल्कि सव्रहारा दृष्टि से देखते हैं, इसीलिए प्रेमचन्द उनको बहुत प्रिय रहे हैं। 'प्रेमचन्द के प्रति' कविता में उनकी पसन्द का यह कारण और अधिक साफ हुआ है :

ओ दरिद्र भारत के प्रतिनिधि
बैठ सजे ड्राइंग रूमों में
तुमने चिन्तन नहीं किया था
कृषक और मजदूरों की दलितावस्था का
और न सस्ती भावुकता की मस्ती लेकर
तुमने जगती में विप्लव करने की सोची
... ...
यही सोचकर तुमने सच्चे
कृषक और मजदूरों (जैसा)
जीवन जीकर
पीकर उनके ही जैसे पीड़ा के विष को
उनके सुख-दुःख का साथी बन
अपनी कृतियों में यथार्थ जीवन को ढाला।

सर्वहारा का लहजा कमलेश की खास विशेषता है। सर्वहारा वर्ग को उसी की भाषा के दर्पण में उसका यथार्थ दिखलाना उनका आदर्श था। अपनी कविताओं के बारे में उनका कहना है, "इन कविताओं में कहीं-कहीं ऐसा तीखापन आ गया है, जो कटुता की सीमा को स्पर्श करता जान पड़ता है।... लेकिन ऐसा जान-बूझकर नहीं किया गया।...मैं स्वयं शोषित, पीड़ित और अभिशप्त स्वतन्त्र भारत की इकाई हूँ, इसलिए भावावेश में वाणी ने जो कहना चाहा, कह दिया। उस पर रोक लगाना कवि की हत्या होता, जो कम-से-कम मैं नहीं कर सकता।...मेरी सम्मति में आज सत्य की अभिव्यक्ति जितने खुले रूप में आवश्यक है उतनी पहले कभी नहीं थी।"

किन्तु मेरे प्राण की आवाज, हाँ आवाज है यह
नाज है इस पर कि मेरी वेदना का राज है यह

कल्पना की डोर के सहारे आकाश छूने के अभिलाषी कवियों और कलाकारों से तो उनका एक ही निवेदन है :

वैभव अंजलि का जल बन क्षण-क्षण में छूट रहा है
श्रम के हाथों पूजा का पापी घट फूट रहा है
झोंपड़ियों की लपट नागिनें बन डसती लोगों को
जिसे देख साम्राज्यवाद का दृढ़ गढ़ टूट रहा है
... ...
शुतुर्मुर्ग की भाँति मुँह छिपा रूढ़ि-रेत में अपना

और अधिक तुम नहीं देख सकते नन्दन का सपना
... ...

सोने के पिंजरे के शुक बन बासी गीत न गाओ
मिट्टी की महिमा के स्वर से अपने कण्ठ सजाओ
मानव होकर मानव के मन का सन्ताप हरो
बहुत उड़ लिए अम्बर में अब धरती पर उतरो।

यह व्यंग्य आक्रमण के बढ़ते दायरे में आज के उन सभी लेखकों-चिन्तकों को समेट लेता है जो वर्तमान मूल्य-व्यवस्था की गिरफ्त में फँसने के कारण उच्चवर्ग के साथ आत्मीयकरण की वजह से तथा उसी वर्ग की जीवन-पद्धति को अपनाकर करोड़ों के सर्वहारा जीवन के साथ एकतान न होकर सामाजिक यथार्थ से आँखें चुरा रहे हैं। समकालीन यथार्थ की चुनौतियों के प्रति बहरे होकर खुद स्थापित व्यवस्था बनते जा रहे हैं।

कविता में दृष्टि का होना बहुत जरूरी है, अनुभूति मात्र की अभिव्यक्ति पर्याप्त नहीं है। बिना एक स्पष्ट सामाजिक दृष्टि के अनुभूति को परिप्रेक्ष्य नहीं मिल पाता; जो उन्हें महत्त्वपूर्ण बनाता है। परिप्रेक्ष्य को पाने के लिए कवि को किसी-न-किसी विचारधारा से जुड़ना अवश्य पड़ेगा। क्योंकि किसी निश्चित विचारधारा के अभाव में वह सामाजिक यथार्थ को न तो सही रूप में आँक सकता है और न ही इतिहास-प्रवाह में उसकी सही भूमिका की सम्भावनाओं को रेखांकित कर सकता है। यह काम तभी सम्भव है जब लेखक सर्वहारा-हितों के प्रति पूरी तरह संकल्पित और समर्पित हो। तभी वह सामाजिक यथार्थ की टकराहट से पैदा हुए विचारों को भौतिक शक्ति में परिणत कर सकता है। 'मार्क्सवादी' विचारधारा से जुड़कर कमलेश जी ने उस व्यापक दृष्टि को पाने की कोशिश की जो सामाजिक यथार्थ में अन्तर्निहित द्वन्द्वों और अन्तर्विरोधों को मूल आधार पर पकड़ती है; जो सभी अनुभवों को समेटती हुई उनके पारस्परिक सम्बन्धों को आँकने और पहचानने वाला परिप्रेक्ष्य विकसित करती है। हालाँकि इस कोशिश में उन्हें आंशिक सफलता ही मिल पाई है; फिर भी वे पन्तजी-जैसे उन बहुत-से आरामपसन्द प्रगतिशील कवियों से बेहतर हैं जिन्होंने शोषित वर्ग को बौद्धिक सहानुभूति और स्तरीय सम्वेदनाएँ प्रदान करने और उसके भविष्य के प्रति शुभाकांक्षा व्यक्त कर देने में ही अपने कर्तव्य की इतिश्री समझ ली थी। उनकी कविताओं में मानवीय आस्था का प्रगतिशील स्वर अधिक सहज और ईमानदार है शायद इसीलिए वह ऐसा प्रेरक और विश्वसनीय भी है कि सामान्य जन कवि के अनुभव में शरीक होकर, उसके

इस स्वर में अपना स्वर भी शामिल करने की मजबूर हो जाता है—

नई सृष्टि की रचना के हित तुम भी कुछ सामान करो
धरती को नवजीवन देने अपना जीवन दान करो
जीर्ण विषमता के खंडहर का अब न सहारा लो भाई
साम्य-नींव पर मानव के हित नया भवन निर्माण करो
... ...

मिट्टी का विश्वास सजग हो गीत प्रगति के गाओ तुम
अपनी नित नूतन रचना से भू को स्वर्ग बनाओ तुम
अब अदृष्ट की डोर पकड़कर भटको मत सूनेपन में
पौरुष का प्रदीप ले जग को अभिनव पथ दिखलाओ तुम

(1972)

□

दूसरे लोकतन्त्र की तलाश में

रघुवीर सहाय की कविता 'आत्महत्या के विरुद्ध' की सुपरिचित पंक्तियाँ हैं :

कुछ होगा कुछ होगा अगर मैं बोलूँगा
न टूटे न टूटे तिलिस्म सत्ता का मेरे अन्दर एक कायर
टूटेगा टूट
मेरे मन टूट एक बार सही तरह
अच्छी तरह टूट मत झूठमूठ ऊब मत रूठ
मत डूब सिर्फ टूट

सामूहिक चुप्पी के एक आतंक भरे माहौल के बीच बोल उठने—अमानवीय परिदृश्य में हस्तक्षेप की वैयक्तिक भूमिका निभाने—का यह नैतिक संकल्प, जरूरी पहल का सबसे पहला तकाजा कवि खुद से करता है। यह तकाजा सामूहिक कायरता के विरुद्ध व्यक्ति के साहस के प्रयोग का तकाजा है। समूची आजादी को हासिल करने की लम्बी लड़ाई लड़ने के लिए अभिव्यक्ति की आजादी को पाने और उसके सही इस्तेमाल का तकाजा है। लेकिन, इस सबके लिए सबसे जरूरी है उस मन का 'सही तरह' और 'अच्छी तरह' टूटना यानी आत्मसंघर्ष की ठोस प्रक्रिया में उस मानसिक गठन का टूटना जो इस सामाजिक ढाँचे और इसके लम्बे इतिहास ने उसे सौंपा है। दूसरों की कायरता तोड़ने से पहले अपने ही मानसिक गठन में जड़ जमाए बैठे उस संस्कारी 'कायर' को तोड़ना, जो बुनियादी मानवीय मूल्यों और सामाजिक अधिकारों पर सत्ता के हमले की हर परिस्थिति में तटस्थ मौन की ओढ़ी मुद्रा में आत्मसुरक्षा ढूँढ़ता है। कवि को मालूम हैं, वैयक्तिक साहस और इससे प्रेरित पहल की सीमाएँ। लेकिन, उसका जोर इसी बात पर है कि यह मानसिक गठन और इसमें संस्कार-स्थित कायरता ही सर्वाधिकारवादी सत्ता की सबसे बड़ी शक्ति है। इसलिए सामूहिक वाणी पर अंकुश लगाने वाली समाज-स्थित सत्ता के खिलाफ

लड़ने के लिए, व्यक्ति की वाणी पर भीतर से अंकुश लगाने वाली मनःस्थित कायरता का टूटना जरूरी है। मौजूदा दौर में इतिहास के दबावों के प्रति—उनकी विशिष्ट पहचान के साथ—अपने को यथासम्भव खुला रखते हुए सत्ता और वाणी के द्वन्द्व को तीव्रता की भिन्न स्थितियों में पकड़ने वाला यह स्वर कवि के रचनागत आग्रह का प्रतिनिधि स्वर है। एक जगह उसने खुद स्वीकार किया है—''राज्य और शक्ति के सम्बन्ध को अधिकाधिक समझना आधुनिक सम्वेदना की शर्त है। इस शर्त से कतराना मनुष्य की आज की अवस्था को मनुष्य की सामर्थ्य से बाहर मानकर चलने के बराबर है। वैसा मान लें तो फिर कुछ रचने को रह ही नहीं जाता···सत्ता और वाणी का द्वन्द्व तीव्रतर होता जा रहा है और संस्थानों की वृद्धि, जो संगठित समाज में अनिवार्य है, सत्ता को वाणी के मुकाबले अधिकाधिक शक्तिवान बनाती जा रही है : इस आक्रमण के सामने लिखते रहना और अपने लिए हर बार अद्वितीय लिखते रहना लेखक के लिए जीवित रहने का अन्तिम उपाय है। अन्य वे सब उपाय जो राज्य के अधिकारों को सीमित और भाषा को जीवित रखने में सहायक हों, लेखक को वैसे ही करने चाहिए जैसे औरों को करने चाहिए।'' (रास्ता इधर से है)

रघुवीर सहाय अपने शुरुआती दौर से ही—कविता के भीतर भी और बाहर भी—समाज और राज्य से रचना के सम्बन्ध के खुलासे पर जोर देते आए हैं। हालाँकि उनका यह आग्रह उनके उन मित्रों को हमेशा परेशानी में डालता रहा है जो नई कविता को बुनियादी तौर पर राजनीति का विरोधी मानते थे और इनके बीच किसी भी तरह के रिश्ते की चर्चा को अप्रासंगिक समझते थे। रघुवीर सहाय का कहना है कि राजनीति से अपना सम्बन्ध छिपाकर रखना लेखक को सम्भव ही नहीं है। साहित्य के समाज और राज्य से सम्बन्ध का प्रश्न कोई अराजनीतिक प्रश्न नहीं है, वह समाज में मनुष्य की परिस्थितियों और उसके भविष्य का निर्णय करता है। ''···वर्तमान में मानव परिस्थिति को मानव नियति मान लेना—उसे ज्यों-का-त्यों स्वीकार कर लेना और उससे अपने को बाहर रखकर उसका समर्थक वर्णन या आलेखन कर देना—अनजाने या जानबूझकर मानव-भविष्य की अनन्त सम्भावनाओं को अस्वीकार करना और मानव भविष्य को अवरुद्ध कर देने वाले मूल्यों और विचारों का पक्षधर होना है।'' अपने एक साक्षात्कार में मौजूदा दौर पर उनकी टिप्पणी है, ''अगर अपने देश के सन्दर्भ में देखें तो हमारे यहाँ जो शान्ति का ढाँचा बना हुआ है या हमारा जो राजनीति संगठन है, ऊपर से नीचे तक इस सबको यानी यह जो पूरी व्यवस्था है···मनुष्य और मनुष्य के बीच की गैर-बराबरी को मिटाने के

लिए यह व्यवस्था बिलकुल बेकार है···मेरा कर्म है लिखना या···सचाई को ढूँढ़ना और पकड़ना। ऐसा काम करने वाला आदमी किसी समाज में उस वक्त अपने को बहुत असहाय और अपूर्ण अनुभव करने लगता है जबकि राजनीति रचनात्मक रूप में खुलकर न हो रही हो, अच्छी तरह राजनीति न हो रही हो, काफी राजनीति न हो रही हो।" एक और जगह उनका कथन है कि "कलाकार के लिए मेरी समझ में एक ही सही रवैया यह है कि आज देश में कुन्द होती जा रही राजनीति में तेजी आए, जान पड़े, क्योंकि आज सामूहिक कायरता व्यक्ति के साहस के लिए हमारे देश में जितना बड़ा खतरा बन गई है उतनी हमारी जान में कभी न थी।"

व्यक्ति के निजी अनुभव-सन्दर्भों से लेकर व्यापक सामाजिक सन्दर्भों तक फैली समस्याओं को सही जमीन पर और वस्तुपरक ढंग से समझने के लिए मौजूदा राजनीति और उसे संचालित करनेवाली शक्तियों की ठोस जानकारी और उसके प्रति अपना रवैया निश्चित करने की जरूरत को रेखांकित करने वाले इस दृष्टिकोण ने रघुवीर सहाय को शुरुआती दौर में ही अपने समकालीन नई कवितावादियों से कुछ अलग-सा कर दिया था। नई कविता का रचना-संसार अपने विशिष्ट चरित्र में एक ओर पूँजीवाद की गिरफ्त में राजसत्ता की बिना शंका-सन्देह के स्वीकृति, दूसरी ओर साम्यवाद और संगठित सामाजिक चेतना के विरोध तथा तीसरी ओर अन्तर्मुखी व्यक्तिवादी दर्शन के त्रिकोण में बंधा हुआ अनुभव-संसार था। नई कविता का राजनीति विरोध खुले तौर पर उस राजनीति का विरोध था जो सामाजिक ढाँचे को बदलने की प्रक्रिया से जुड़ती थी। राजनीति-विरोध की इस धारणा के पीछे जहाँ एक ओर शीतयुद्ध की अन्तर्राष्ट्रीय राजनीति का सीधा प्रभाव था वहीं दूसरी तरफ आजादी के बाद निरन्तर विकास कर रहे उस मध्यवर्ग के भ्रम भी मौजूद थे जो आजादी की लड़ाई का पूरा श्रेय पूँजीपति वर्ग की प्रतिनिधि कांग्रेस को देते हुए उसे एक लम्बे समय तक जन्ता के हितों का प्रतिनिधि मानता रहा और उसकी नीतियों के तहत तेजी से होने वाले पूँजीजीवी वर्ग के विकास को जनता और राष्ट्र के विकास के रूप में परिभाषित करता रहा था। राजनीतिक, सामाजिक, सांस्कृतिक स्तर पर शासक वर्ग का सोच ही उस पर हावी था। यह सोच सुविधाजनक था और निरापद भी। बारीकी से देखने पर हम पाते हैं कि कुछ तो आजादी के आन्दोलन के दौरान विकसित स्वस्थ मानवीय मूल्यों की विरासत के प्रति आस्था भाव से, कुछ समाजवादी विचारों के अध्ययन से तथा बहुत कुछ कांग्रेस की नीतियों और नेहरूशाही व्यवस्था के विपक्ष में विकसित लोहियावादी

राजनीति के प्रभाव की वजह से रघुवीर सहाय का सोच नई कविता के आम सोच से थोड़े भिन्न स्तर पर सक्रिय रहा। 1951 में 'प्रतीक' के सम्पादकीय में उन्होंने लिखा था, "व्यक्तित्व के टुकड़े कर देने वाली पूँजीवादी जीवन व्यवस्था हमारी जिजीविषा के टुकड़े नहीं कर पाती, यह सही है, परन्तु उसे व्यर्थ कर देती है। दोहरे या तिहरे व्यक्तित्व की अवश्यंभाविता स्वीकार भी कर लें तो जीने का काम कुछ सरल नहीं हो जाता।"

'सीढ़ियों पर धूप' संकलन की 'हमने यह देखा' कविता को गौर से देखें तो साफ दिखलाई पड़ता है कि कवि बड़ी सहजता से रोजमर्रा की जिन्दगी के सामान्य से अनुभवों को उठताा है; उनमें प्रतिबिम्बित सामाजिक रिश्तों और उनके पीछे के सोच को लेकर सवाल पर सवाल खड़े करता हुआ एक आलोचनात्मक परिप्रेक्ष्य के जरिए सामाजिक ढाँचे की बुनियादी कमजोरियों तक पहुँच जाता है। बात शुरू होती है—"यह क्या है जो इस जूते में गड़ता है। यह कील कहाँ से रोज निकल आती है" जैसे साधारण सवाल से और धीरे-धीरे श्रम के शोषण की प्रक्रिया और गैर-बराबरी के बुनियादी यकीन पर टिके सामाजिक ढाँचे और उससे नियन्त्रित जीवन-मूल्यों तथा व्यवहार के रूपों की तीखी आलोचना का परिप्रेक्ष्य उभरने लगता है, स्थिति के लिए जिम्मेदार शक्तियों की पहचान मुकम्मल होने लगती है, "इस कष्ट उठाने का कोई मतलब है/या है यह केवल अत्याचार किसी का/...हम ही क्यों यह तकलीफ उठाते जाएँ/दुःख देने वाले दुःख दें और हमारे उस दुःख के गौरव की कविताएँ गाएँ! यह है अभिजात तरीके की मक्कारी/इसमें सब दुःख हैं, केवल यही नहीं है—अपमान, अकेलापन, फाका, बीमारी" दुःख के किसी सामान्य अनुभव को तर्कसंगत प्रश्नाकुलता और शोषित के साथ बुनियादी सहानुभूति के स्तर से उपजी अपनी पक्षधरता के सहारे, कवि उसकी सामाजिक जड़ों से जोड़कर सम्पूर्णतः प्रत्यक्ष करता है। यथार्थ की सौंपी हुई पहचान और अनुभव की अब तक दी गई व्याख्या से अलग अपनी पहचान और अपनी व्याख्या की खोज की इस प्रक्रिया में वह खुद को बदला हुआ पाता है। कविता के अन्त तक अनुभव की यह साझेदारी एक हमबद्ध निश्चय की साझेदारी में बदल जाती है:

हमको तो अपने हम सब मिलने चाहिए
हम तो सारा का सारा लेंगे जीवन
'कम-से-कम' वाली बात न हमसे कहिए

इसी दौर की अन्य कविताएँ जैसे 'दुनिया', 'सभी लुजलुजे हैं' तथा 'पढ़िए गीता' अपने आप में बन्द उस निश्चित दुनिया पर तीखी व्यंगात्मक

टिप्पणी करती हैं जिसके भीतर कभी यह शंका या जिज्ञासा उठती ही नहीं कि उसके विश्वास और व्यवहार गलत हैं या ठीक है। लेकिन, आखिरी कविता को छोड़कर, इन कविताओं में जो मुहावरा अपनाया गया है, नएपन के आकर्षण के बावजूद चिन्त्य है। जहाँ बात कहने का ढंग बात को ही ढक ले, सुनने पर बात भूल जाए और कहने का लहजा याद रह जाए तो समझिए नए-से-नया प्रयोग भी मैनिरिज्म में ढलकर अपनी सार्थक भूमिका से कट जाता है। असंगत दुनिया की तीखी-से-तीखी आलोचना भी एक सजी-सँवरी गाली बन जाती है। अमानवीयता का विरोध नहीं उस विरोध की अदा—नाज-नखरों की तरह पाठक का ध्यान अपनी ओर खींचने लगती है। यह मुहावरा जहाँ एक ओर व्यंग्य के आलंबन की सरलीकृत कर, पहचान के अयोग्य बनाता है वहीं दूसरी तरफ असंगत और विरूप को सहज आस्वाद्य का रूप दे देता है।

'आत्महत्या के विरुद्ध' में कवि अपने राजनीतिक मन्तव्यों के साथ खुलकर सामने आता है। उसकी बुनियादी चिन्ता है मौजूदा भारतीय सन्दर्भ में लोकतन्त्र की स्थिति और उसका भविष्य। लोक और तन्त्र के बीच लगातार बढ़ती दूरी उसकी चिन्ता का मुख्य विषय है। उसकी दृष्टि में "लोकतन्त्र—मोटे, बहुत मोटे तौर पर लोकतन्त्र ने हमें इन्सान की शानदार जिन्दगी और कुत्ते की मौत के बीच चाँप लिया है।...विराट् भीड़ों के समाज को बदलने का आज सिर्फ एक साधन है : वह है उस सत्ता का उपयोग जो समुदाय का एक-एक व्यक्ति अलग-अलग निर्णयों से कुछ हाथों में देता है। सरकार, जो राज्य की प्रतिनिधि है, जो समाज की प्रतिनधि है। जैसी भी वह हो सकती है—अधूरी, अूटी, नकली, मिलावटी, मूर्ख—अकेला कारगर साधन भीड़ के हाथ में हें मैं इस साधन के अधिक-से-अधिक सही इस्तेमाल के लिए लड़े बिना नहीं रह सकता।" भीड़ यानी एक हद तक राजनीतिक चेतना से शून्य अथवा पिछड़े चेतना-स्तर पर जीने वाली उस जनता पर, जो व्यवस्था को अपना सबकुछ सौंपकर सब दुःख नियति मानकर झेलती रहती है, कवि को गहरी सहानुभूति के बावजूद बार-बार गुस्सा आता है : "एक मेरी मुश्किल है जनता/जिससे मुझे नफरत है सच्ची और निस्संग/जिस पर मेरा क्रोध बार-बार न्योछावर होता है।"

इस जनता के अलग-अलग हिस्सों पर व्यवस्था का हमला कहाँ-कहाँ और किन-किन रूपों में है उन्हें मूर्त स्थितियों में प्रत्यक्ष किया गया है। यहाँ न व्यवस्था अमूर्त है और न जनता। कवि वह शॉर्टकट नहीं चुनता जिसके जरिए दोनों को प्रतीकों में रिड्यूस कर लड़ाई को आसान बनाया जाता है और इस तरह सामाजिक सम्बन्धों और संघर्ष के एक जटिल संसार में प्रवेश की हेहमत

से छुट्टी मिल जाती है। 'अकाल', 'मेरा प्रतिनिधि', 'आत्महत्या के विरुद्ध', 'फिल्म के बाद चीख', 'एक अधेड़ भारतीय आत्मा', सभी कविताओं में व्यवस्था और जनता के बीच के रिश्तों को—बहुत मामूली स्थितियों के सीधे-सादे ब्योरों और चरित्रों के सामान्य से रेखांकन के द्वारा एक द्वन्द्वात्मक सेटिंग के बीच उभारा गया है। बहुत सधे हुए ढंग से—दृष्टिकोण और दृश्य के बीच जक्स्टापोजीशन द्वारा—प्रभाव को वांछित दिशा के विपरीत होने से रोका गया है। बहुत शान्त और अनुत्तेजित स्वर अपनाते हुए भी ये कविताएँ न तो एक भावुकताजन्य प्रभाव में बाँधकर हमें डुबोती हैं और न ही तटस्थ बने रहने देतीं। ये कविताएँ हमें सार्थक ढंग से उत्तेजित कर देती हैं। किसी सधे हुए कलाकार द्वारा एक ही झटके में सीधी रेखा खींच देने का कौशल इन कविताओं की भाषा में है। मारिनेती के शब्दों का इस्तेमाल करें तो 'यह भाषा स्थिति की इमर्जेंसी को व्यक्त करने के लिए ज्यादा-से-ज्यादा सुनिश्चित और चुस्त शब्दों और संकेतों का कम-से-कम इस्तेमाल करनेवाली तार की भाषा है जो संयत मितकथन से ही अमित आतुरता और आवेश को सक्रिय करती है।' यह भाषा अलंकारों, चित्रों, विशेषणों और उपमाओं का कम-से-कम इस्तेमाल करती है। काव्यात्मकता की कम-से-कम परतें चढ़ीं, तद्‌भव शब्दावली का भरपूर इस्तेमाल करनेवाली यह भाषा मुहावरों के जरिये दैनन्दिन अभिव्यक्ति के सबसे सहज और प्रचलित स्तर को पकड़ती है। इस भाषा में एक अन्तर्वर्ती और दूरगामी व्यंजना है जो कभी महज अभिधाओं की टकराहट से, कभी क्रियापदों के विशिष्ट प्रयोग से, कभी आकस्मिक तुक मिल जाने से और कभी नामों के शब्दों के रूप में इस्तेमाल से आई है। नितान्त गद्यवत पंक्तियों के प्रभाव को काव्य-लय के प्रभाव में ढाल देना—जैसे 'मैदान में' और 'तेरे कन्धे में'—रघुवीर सहाय की भाषा में ही सध पाता है। अनुभव को प्रतीक की दूरी से पकड़ने की कोशिश यहाँ कम-से-कम है।

'मेरा प्रतिनिधि', 'आत्महत्या के विरुद्ध', 'फिल्म के बाद चीख' जैसी अपेक्षाकृत लम्बी कविताओं में कवि अमूमन यथार्थ के महत्त्वपूर्ण पक्षों और अपनी दृष्टि से प्रतिनिधि रूपों को अपरिचित ब्योरों में उभारता है जिसके माध्यम से कवि यथार्थ की अपनी निजी व्याख्या और दृष्टिकोण के सामने लाता है। अनेक बार यह पात्र 'मैं' होता है जो व्यक्ति-सूचक नहीं बल्कि हस्तक्षेप की सामूहिक आकांक्षा के प्रक्षेप बिन्दु की तरह उभरता है। इस पात्र के विचारों की दिशा पकड़ते हुए पाठक अपने आपको मौजूदा सामाजिक ढाँचे के विरोध में खड़ा पाता है। इस तरह कविता के भीतर अपनी मौजूदगी बनाकर कवि

दृश्य-सूत्रों के जोड़ते और लगातार उन पर टिप्पणी करते हुए पाठक की चेतना को प्रभाव की सही दिशा में गतिशील करता है। तनाव और विश्रान्ति की द्वन्द्वात्मक गतिशील उपस्थितियाँ कविता के प्रभाव को सघन बनाती हैं। 'आत्महत्या के विरुद्ध' में चिट्ठी लिखते हुए छुटकी का पूछना, 'एक अधेड़ भारतीय आत्मा' में खुली हुई खिड़की से आती है माँ की याद, ऐसे ही आत्मीय प्रसंग हैं जो रचना के भीतर तनाव की सबसे घनीभूत स्थिति के बीच प्रकट होते हैं। संघर्ष के बीच मानवीय रिश्तों की यह पहचान उस आत्मीय दुनिया को सामने लाती है जिसे बचाने के लिए ही संघर्ष की जरूरत महसूस होती है।

'हँसो हँसो जल्दी हँसो' की कविताएँ, सामाजिक और व्यक्तिगत चेहरों के बीच ज्यादा-से-ज्यादा दूरी बनाए रखने और उसे बेहद जरूरी मानने वाले जीवन व्यवहार तथा मूल्यहीनता के आम माहौल की तीखी आलोचना करती हैं। जीवन के सभी पक्षों में नैतिक गिरावट के निर्लज्ज स्वीकार तथा सोच और व्यवहार में सिनिकल रवैये के विस्तार से समाज में मूल्यहीनता का ऐसा वातावरण बनाया जाता है जिसके बीच विवेकपूर्ण सोच और मानवीय व्यवहार हास्यास्पद से लगने लगें। "निर्धन जनता का शोषण है/कहकर आप हँसे/लोकतन्त्र का अन्तिम क्षण है/कहकर आप हँसे/सबके सब भ्रष्टाचारी हैं/कहकर आप हँसे/चारों ओर बड़ी लाचारी/कहकर आप हँसे/कितने आप सुरक्षित होंगे/मैं सोचने लगा/ सहसा मुझे अकेला पाकर/फिर से आप हँसे।"

'हँसी' के यहाँ अनेक प्रयोग हैं जो अपने व्यंजना-गर्भ रूपों में व्यक्तियों, प्रवृत्तियों और व्यवहारों की विशिष्टताओं को व्यंग्यात्मक सन्दर्भ में उभारते हैं। 'हँसी' चेहरे पर एक और चेहरा है जिसे कवि पूरे गुस्से से नोचकर फेंक देना चाहता है। 'चेहरा' इस संकलन की एक महत्त्वपूर्ण कविता है। कविता पढ़ते हुए लगता है कि हम जीवन की किसी घटना विशेष से संबद्ध चित्रों का एलबम देख रहे हैं। यथार्थ के किसी एक पक्ष का चित्र सामने आता है। कवि उस पर सामान्य-सी टिप्पणी करता है और पन्ना पलट देता है। दूसरा चित्र सामने आ जाता है और यही प्रक्रिया आगे बढ़ती चलती है। व्यवस्था से जुड़े सुन्दर, ताकतवर तने हुए क्रूर चेहरों और लम्बे समय से उसकी मार खाते, झुर्रियाँ भरे हुए दुबले-साँवले, सूखे-भरे शरीरों पर फटी आँखों वाले सफेद पड़े चेहरों का अन्तर साफ होने लगता है। इन चित्रों के बीच यह चित्र भी है जो घनी होती जा रही घुटन के बीच ताजा हवा के झोंके की मानिन्द आता है और खुशबू बिखेरकर चला जाता है : "खेत में सजी हुई क्यारियाँ थीं/उनमें पानी भरा था/मैंने हाथ से उन्हें पटीला/अँखुए झाँकते दिखाई दिए/सपना था

यह/धीरे से बदल गया।"

रघुवीर सहाय से अब तक एक शिकायत है, और एक हद तक वाजिब शिकायत है कि वे संघर्षरत तबकों के यथार्थ को एक सुरक्षात्मक दूरी से देखते रहे हैं, दर्शकीय अलगाव उनमें नहीं रहा है, पर जितना लगाव होना चाहिए उतने की गवाही नहीं मिलती। संघर्ष में जूझती जनता की विचारधारा और उसकी संगठित राजनीति के प्रति एक संशय और एक हद तक अस्वीकार का भाव उनमें रहा है। इसीलिए उनके यहाँ व्यवस्था पर संगठित दबाव डालती हुई जनता की कोई तस्वीर नहीं है। जनता शुरू से अब तक भीड़ में ही सरलीकृत होती रही है, लोकतन्त्र में संसद की विचित्र शिष्टाचारपूर्ण उदासीनता पर बार-बार बल के बावजूद—वहाँ और बाहर—विपक्ष की भूमिका को लेकर, लोकतन्त्र से ज्यादा से ज्यादा सही इस्तेमाल के लिए उसके संघर्ष के बारे में कुछ भी नहीं कहा गया है। उसकी चेतना में लगातार हो रहे विकास का कोई स्तर यहाँ नहीं दीखता। विभिन्न राजनीतिक आन्दोलनों और उनके माध्यम से आ रहे सकारात्मक परिवर्तनों की जाँच करने का प्रयास यहाँ नहीं है। व्यवस्था के लगातार आक्रामक होते हुए रूप और उसके द्वारा किए गए अत्याचार के चिह्न यहाँ बहुतायत में हैं, पर प्रतिरोध की शक्लें यहाँ नहीं मिलतीं। जनता के विभिन्न हिस्सों के जीवन और मानसिक गठन पर पूँजीवादी व्यवस्था के हमले की अनेक शक्लें यहाँ हैं, पर खुद व्यवस्था के आन्तरिक संकट और बिखराव को सामने नहीं लाया गया है। यहीं मध्यवर्गीय भावबोध से एक हद तक मुक्त और एक हद तक उसके अधीन व्यक्ति के लोकवादी राजनीतिक रुझान और सामान्य बोध के स्तर पर ही सक्रिय वैचारिक आधार की सीमाएँ ही स्पष्ट होती हैं जो पूरी ईमानदारी के बावजूद एक हद से आगे बढ़कर न तो यथार्थ को देखना चाहती हैं और न ही बदलना। लेकिन, यह सच है कि रघुवीर सहाय अपनी इन सीमाओं को पहंचानते हुए उनके खिलाफ लगातार संघर्ष करते रहे हैं। उनके ताजा कविता संकलन 'लोग भूल गए हैं' की रचनाएँ इस तथ्य के पक्ष में पर्याप्त प्रमाण जुटाती हैं, कवि के शब्दों में ही कहें तो ये कविताएँ "मंझधार से या कहें कि बीच भंवर से लिखी हुई कविताएँ हैं।" उसका विश्वास है कि अपनी कविता के वर्तमान दौर में से एक बार बाहर आकर अपना अधूरापन पाठकों को दिखाने के पीछे समाज के वर्तमान दौर का एक दबाव है जो कवि पर पड़ रहा है। अपने को पूरा करना अपने अधूरेपन को समाज के सामने परीक्षा और पड़ताल के वास्ते लाए बिना आज सम्भव नहीं रह गया है।

आज के समाज का मानस यही है तुम कहते हो इस कविता में
बगैर यह जाने कि तुम कितना कम इस समाज को जानते हो
....
हम लिखते हैं कि
उसकी स्मृतियों में फिलहाल एक चीख और गिड़गिड़ाहट की हिंसा है
उसकी आँखों में कल की छीना-झपटी और भागमभाग का
पैबंद इतिहास
उसके भीतर शब्दरहित भय और जख्मी आग है
... ...
यह तो हम लिखते हैं पर उस व्यक्ति में हैं
जो शब्द वे हम जानते नहीं
जो शब्द हम जानते हैं उसकी अभिव्यक्ति नहीं
विज्ञापन हमारा है।

उपभोक्ता संस्कृति मनुष्य की पीड़ा और उसके संघर्ष को किस अमानवीयता से कला के मुनाफाखोर रूप में ढालकर खरीदने-बेचने की चीज बना देती है, इस प्रवृत्ति का तीखा निषेध 'रंगों का हमला' और 'कैमरे में बन्द अपाहिज' शीर्षक की कविताओं में मिलता है। ये कविताएँ अपने आक्रमण का दायरा लगातार बढ़ाती हुई समूची पूँजीवादी मूल्य-व्यवस्था और मनुष्य के प्रति उसके दृष्टिकोण की निर्मम आलोचना में बदल जाती हैं–

''यदि तुम रंगों का यह हमला रोक सको/तो रोको वरना/मत आँको तस्वीरें/कम से कम/विरोध में/और अगर चेहरे गढ़ने हों तो/अत्याचारी के चेहरे खोजो/अत्याचार के नहीं/इसको हम जानते बहुत हैं, वह अब भी/छिपता फिरता है।''

(1983)

□

गीत–कवि रमेश रंजक

रमेश रंजक पर लिखने की बात जब-जब भी सोची है एक अजीब-सी दुविधा अपनी गिरफ्त में लेने लगती है। एक नहीं अनेक दृश्य कतार बाँधकर स्मृति के आगे ठहर जाते हैं, सम पर लौटकर ठहरी तान की तरह। सैकड़ों नहीं, हजारों की संख्या में—उच्चभ्रू बुद्धिजीवियों से लेकर मजदूर-किसानों तक सभी तबकों के श्रोताओं की जुटी भीड़ के समक्ष रंजक का गीत-पाठ। अपने साथ बहा ले जाने वाले कंठ का जादू एक लयात्मक सम्मोहन में सबको बाँध लेता है। इस सम्मोहन के प्रभाव में अनायास ही हम अपने आपको कवि के अनुभव में, उसकी पक्षधरता में शरीक पाते हैं। कभी चेहरा भावदीप्त हो उठता है, कभी रक्तकणों में झनझनाहट-सी महसूस होने लगती है, कभी विषाद घेर लेता है और कभी मुट्ठियाँ किसने लगती हैं। जहाँ कविता अपने कथ्य की पूरी क्षमता और समूचे संवेदनात्मक प्रभाव के साथ उन तक पहुँच रही है जिन तक कवि पहुँचाना चाहता है तो फिर कहने और सुनने वाले के बीच किसी दुभाषिये की जरूरत क्यों? प्रतीकों की व्याख्या, बिम्बों की संवेद्यता, यथार्थ के मर्म की पहचान और विचारधारा की संगति की लम्बी-चौड़ी चर्चा के जरिए कवि की बात को जनता को पूरी तरह से समझा देने के लिए आग्रही व्याख्याकार आलोचक की जरूरत क्यों? दुभाषिये को खुद अपनी भूमिका गैरजरूरी लगने लगती है। अपने एक शेर में रमेश रंजक इसी बात को बड़ी तल्खी से कहते हैं—

जो बात धारदार है, वो रू-ब-रू कहो
वर्ना बिखेर देंगे ये जालिम दुभाषिये

लोक जीवन को ही अपनी शक्ति का सबसे बड़ा स्रोत और उसी से अपनी सर्जनात्मक ऊर्जा खींचने वाले कवि में ही ऐसा आत्मविश्वास मिल सकता है। नेरूदा की ये पंक्तियाँ कितनी सही हैं—"जनता मेरे जीवन का

सबसे बड़ा पाठ रही है, जब भी मैं इसके बीच आ जाता हूँ तो बिल्कुल बदला हुआ महसूस करता हूँ। मुझे लगता है कि मैं इस अनिवार्य बहुमत का एक अंश हूँ, मानवता के इस महान वृक्ष का एक पत्ता हूँ।''

मेरे एक मित्र ने मुझसे एक बार पूछा, ''इस दौर में अपने आपको जनता का कवि घोषित करने वालों की संख्या कितनी बड़ी है! पर सच-सच बतलाइए ऐसे कितने हैं जिन्हें स्वयं जनता अपना कवि समझती हैं? ''नागार्जुन से शुरुआत करके जो नाम मैंने गिनवाने शुरू किए उनमें पाँच-छह के बाद ही रमेश रंजक का नाम आया। इस नामावली में नाम उन्हीं के थे जिन्होंने इस दौर में कविता के लोकबद्ध समूह-चरित्र की रक्षा की है या केदार के शब्दों में कहें तो जिन्होंने ''कविताई को किसान की तरह बोया और पाया है।'' पौधा लगाने वाला जानता है कि जड़ें जितनी दूर तक फैल कर अपनी जमीन पकड़ेंगी पेड़ उतना ही ताकतवर और दीर्घजीवी घनापन लिए हुए होगा। और पेड़ जड़ को सींचने से ही बढ़ेगा फूल-पत्तियों को छींटे मार कर नहीं।

लोक जीवन और उसके संघर्षकारी रूपों से जुड़कर कविता के समूह-चरित्र की वापसी के लिए संघर्ष करने वाले इन कवियों ने लोकमानस को चिरकाल से स्पन्दित करने वाले लयात्मक रूपों को आज के सन्दर्भ में उपलब्ध किया। लय-स्वरूपों की विविधता हमारे देश में लोक संगीत की ऐसी अनन्य दुर्लभ विशिष्टता है जिस पर दुनिया के बड़े-से-बड़े संगीतशास्त्री मुग्ध रहे हैं, आज भी हैं। गायकी से लेकर वाद्य-संगीत तक नये रूपों के न जाने कितने परमुटेशन्स-काम्बीनेशन्स हमारे यहाँ मिलते हैं। अवनद्ध वाद्यों का विभिन्न लयों में कल्पनाशक्ति का प्रस्तार भारत में ही सम्भव हुआ है। हमारे लोक संगीत में निश्चित कालमाप का निर्वाह करते हुए असंख्य क्लिष्ट लय-स्वरूपों का सर्जन चर्म वाद्यों पर सम्भव हुआ है। 'म्यूजिक आव इंडिया' में हरबर्ट पोप ली ने खुले मन से स्वीकार किया है कि 'भारतीय लोक जीवन की आत्मा में निहित लयात्मकता अत्यन्त गहन है।' उन्होंने एक ऐसे लोकवादक का उल्लेख किया है जिसने मिट्टी के तेल के खाली पीपे पर असंख्य लयात्मक स्वरूपों को सर्जित कर दिखाया था। जो दूसरे देश के किसी संगीतकार के लिए बड़े आश्चर्य की चीज हो सकती है पर यहाँ सहज सम्भव है। चाहे नागार्जुन हों या त्रिलोचन, शील हों या केदार, या मौजूदा दौर में जनवादी मूल्यों के लिए सांस्कृतिक संघर्ष में जूझ रहे सभी छोटे-बड़े गीतकार भारतीय लोक-जीवन में अभिन्न रूप से जुड़ी इस अन्तर्वर्ती लय की असंख्य विविधताओं के सहारे ही हमारे मूल मानवीय स्पन्दनों को जिजीविषा के लड़खड़ाते, गिरते, गिरकर फिर

उठते-तनते रूपों को सामने लाते रहे हैं, ला रहे हैं। स्वरों और लयों की सूक्ष्मता के ज्ञान और उनके विशिष्ट व्यावहारिक प्रयोगां में रमेश रंजक ने जो दक्षता हासिल की है उससे जहाँ एक ओर संगीत की जानकारी ने मदद की है वहीं दूसरी तरफ लोक जीवन और उसके सांस्कृतिक कलापों से उनके गहरे आत्मीय जुड़ाव का भी पूरा असर रहा है। इधर के गीतकारों में संगीत की बारीक जानकारी और उसका उपयोग, मेरी समझ से दो ही में मिलता है—गिरिजाकुमार माथुर और रमेश रंजक में। गिरिजा कुमार ने अब रास्ता बदल लिया है। गाकर सुनाना अब उनके लिए सम्भव नहीं रहा। रमेश रंजक को सुनते हुए लगता है कि वे कवि और संगीतकार की सन्धिरेखा पर खड़े हैं। जानकारों का कहना है कि संगीत की तकनीक के हिसाब से यानी स्वर-सौष्ठव, लयकारी, राग के स्वरूप, तिहाइयों व खटके आदि का पूरा आनन्द रमेश रंजक की गीत-प्रस्तुति में मिलता है। लोक-संगीत की गहरी जानकारी की वजह से उलट चाल बदलने, टेक उठाने तथा चरमोत्कर्ष पर लाने का उनका अपना सधा हुआ ढंग रहता है। धुनों के प्रयोग में भी रंजक काफी सचेत जान पड़ते हैं। प्रयोग में आते-आते कोई धुन जब इतनी रंजक, सुगेय तथा लगभग स्थायी बन जाती है कि जन सामान्य उसे सरलतापर्वूक अपनी मानसिकता में अंगीकार कर सके, तब वह लोक संगीत का रूप ले लेती है। रागदारी में ताल की ठाह, दुगुन, आड़ आदि प्रकार करने होते हैं लेकिन लोक गायकी में यह काम भिन्न-भिन्न प्रकार से चाल बदलकर लिया जाता है। मध्य एवं द्रुत लय की दादरा तथा कहरवा तालें लोक संगीत को आशुरंजक और सर्वोपयोगी एक साथ बनाती हैं। रमेश रंजक ने मुख्यतः इन्हीं तालों का प्रयोग किया है। इन्होंने अपनी कुछ मौलिक धुनों की भी रचना की है जैसे 'केवट-प्रसंग', 'धरती की गीत', 'महँगाई का गीत', 'गरीबों का गीत' आदि में। धुन के बारे में रंजक का कहना है कि 'धुन वह रीढ़ है जिस पर गीत अपने ढाँचे को खड़ा करता है। चूँकि यह धुन अपने जन-संस्कृति के जातीय संस्कारों को गहरी पर्तों से फूटकर आती है इसीलिए हम प्रायः धुन, लय एवं छन्द के आधार पर ही यह मालूम कर सकते हैं कि अमुक धुन, अमुक अंचल विशेष की धुन है—जैसे ब्रज में 'रसिया' की है या 'मल्हार' की, भोजपुरी की 'कजरी' की है अथवा 'विरहा' की। धुन की तह में निहित लय के आघात सूत्र को पकड़ कर हम अंचल विशेष के विशिष्ट भाषागत संस्कारों और सांस्कृतिक चेतना के स्तरों तक पहुँच सकते हैं। लेकिन इस प्रयास के पीछे कलादृष्टि ही नहीं सचेत सामाजिक दृष्टि भी सक्रिय रहती है। रंजक की राय में, "यह कार्य उन गीत-कवियों द्वारा ही सम्भव हो सकता

है जो मूलतः मेहनतकश जनता के जीवन से किसी-न-किसी रूप में संबद्ध रहते हैं या रहे हों। ये ही गीत-कवित्त जनता के जीवन में दृश्यों, संस्कारों, मुहावरे एवं अभिव्यक्ति-'पद्धति को अपने अनुभव का अंग बना सकते हैं और उन्हें ठीक-ठीक लोकवाणी दे सकते हैं भले ही वे कवि अशिक्षित एवं अल्-पशिक्षित क्यों न हों।''

इस सन्दर्भ में मुझे नई कविता का वह पिछला दौर याद आता है जब कविता को उसके सार्थक सामाजिक उद्देश्य से काटने की हर सम्भव चाल चली जा रही थी। 'कविता बनाम गीत' की बेतलब बहसें चलाई जा रही थीं। मुंशी लक्ष्मीकांत वर्मा ने तो पता नहीं सदाशयता के किस मूड में गीत को आत्महत्या कर लेने की दोस्ताना सलाह दी थी। उर्दू की बहर और लोक गीतों की लय पर अनेक गीत लिखने वाले 'अज्ञेय' तब भी गीत के विरोधी थे, आज भी अपना बैर बाकायदा निबाह रहे हैं। उनकी नजर में गीत बहुलांश में आज भी 'ताल और लय' के नाम पर 'चारों खूँट बराबर करने' के प्रति आग्रहशील एक ऐसा माध्यम है जो आधुनिक मनुष्य के 'जटिल अनुभव की सम्पूर्णता' को व्यक्त करने में पूरी तरह से अक्षम है। धर्मवीर 'भारती' का उदाहरण तो उनकी निर्लज्जता में बेहद दयनीय हो गया है। बात-बात में लोक जीवन की महक और प्रामाणिक लोकानुभव और भारतीय पहचान की दुहाई देने वाले भारती जी ने सन् पचास के आस-पासएक गीत लिखा था—'गोरी-गोरी सौन्धी धरती कारे-कारे बीज—बदरा पानी दे' जो अपनी रचना से दस वर्ष पूर्व आर. आल्वारिस फ्लोरा के 'द सोवर' शीर्षक से 'on the white field, black little seeds let it rain! rain!!' के रूप में डडले फिल्ट्स द्वारा सम्पादित 'Anthology of contemporary Latin American Poetry' में प्रकाशित हो चुका था। जिस जमीन पर हम खड़े हैं उसकी गन्ध को पहचानने के लिए इतनी लम्बी परिक्रमा सचमुच हैरत में डालने वाली है। दोष फिर भी गीत का ही है, जो पैरों तले की जमीन को दिखने ही नहीं देता। आज भी एक ऐसे अनेक कवि-समीक्षक हैं जो गीत को मौलिक रूप में रूमानी और आज के सन्दर्भ में एक अपर्याप्त विधा मानते हैं। हालाँकि कवि सम्मेलनी गीतकारों की तुरन्त सिद्ध फूहड़ तुकबन्दी और कथ्यगत निम्नस्तरीयता ने इस धारणा को पर्याप्त बल दिया है लेकिन गीत विधा को ही हेय मान लेना इस देश की अधिसंख्य जनता की भावनाओं को ठेस पहुँचाना ही है। विधाओं को एक-दूसरे के बरबस खड़ा करने वाली प्रवृत्तियों को देखकर मुझे अक्सर रवीन्द्रनाथ ठाकुर की एक बात याद आ जती है—'घुड़सवार सेना भी सेना है और पैदल सेना भी सेना

है—उनका आधारगत मेल कहाँ पर है? जहाँ पर लड़ाई करके जीतना ही उन दोनों की साधना का लक्ष्य है। काव्य का लक्ष्य है हृदय जीतना—चाहे पद्य के घोड़े पर चढ़ कर हो, चाहे गद्य के पैरों को चलाकर हो। हार का मतलब हार है, चाहे वह घोड़े पर चढ़कर हो और चाहे पाँव पियादे चलकर।''

बुनियादी सामाजिक बदलाव के उद्देश्य को दृष्टि में रखते हुए यदि हमें अपनी रचनाशीलता के साथ, जनता को बदलने के लिए जनता के बीच उतरना है तो हमें कविता को उसका समूह-चरित्र और लोक संस्कार वापस देना होगा, उसकी गेयता को पुनः लौटाना होगा। छन्दों में लोक जीवन की लय को पुनः जगाना होगा। तभी हमारा सामाजिक कथ्य एक सहज आवेग से जुड़ता हुआ लोकचित्त को एक तीव्र रागात्मक स्तर (highly passionate level) पर ले जाकर मुक्ति के विचार से जोड़ेगा। रचना में बात जब वेग को ग्रहण करती है तभी वह हमारे आन्दोलित चित्त में सीधी प्रवेश करती हुई अपने स्पन्दन और हमारे स्पन्दन को मिलाकर विचार की एक वेललेंग्थ पर ले आती है। इस स्तर पर वह विचार हमारी स्मृति का अनिवार्य हिस्सा बन जाता है। कथ्य को वेग देकर समष्टिचित्त की सामग्री बना देने के लिए छन्द और लय की जरूरत हर युग की कविता ने महसूस की है। एक महान् कवि के शब्दों में : 'छन्द धनुष की वह डोरी है, जो बात को तीर के समान लक्ष्य के मर्म पर फेंकती है।' लय मस्तिष्क को सही मार्ग पर लाने में महत्त्वपूर्ण योग देती है। जब लय कथ्य को सहारा देती है या उसे उत्तेजित मात्र करती है तो कविता पुनर्बल प्राप्त वक्तव्य (Reinforeced statement) की तीव्र प्रभावक्षमता हासिल करती है। इसके प्रभाववृत्त के अधीन, एक तीव्रतम मूड में हम विचार को सोचते ही नहीं बल्कि अपने मानसिक संवेदन में स्नायुओं में उसे महसूस तक करते प्रतीत होते हैं।

कविता के समूह-चरित्र को लौटाने की इस अहम जरूरत को सामने रखते ही रमेश रंजक के रचना-कर्म की प्रासंगिता और सार्थकता के अनेक पहलू खुलने लगते हैं। उनकी विकास-यात्रा को हम हिन्दी गीत की विकास-यात्रा के ऐतिहासिक सन्दर्भ में रखकर ही आँक सकते हैं। छायावाद और उत्तर छायावादी प्रवृत्तियों ने जो विरासत हिन्दी गीत को दी थी एक सीमा तक उसके निर्वाह और अनुकरण से हटकर लम्बे आत्मसंघर्ष द्वारा जो नई जमीन रमेश रंजक ने इस विधा को दी है उसका अंपना इतिहास है। रचनात्मक आत्मसंघर्ष की पहली गवाही हमें उनके तीसरे गीत-संकलन (काल 1969-73) में मिलती है। गीत के प्रचलित रोमानी दृष्टिकोण और वायवी कल्पना-संसार के

खिलाफ निर्णय का स्वर पन्द्रहवें गीत की इन पंक्तियों में देखिए—

सामंती रंगों को आँखों में बाँधना
बेमानी लगता है
शहर की हवाओं से भीतर का गाँव
उपले की आँच-सा सुलगता है।

इस निर्णय के साथ ही यह गीतकार नए कथ्य और नए औजारों की तलाश में जुटता है। पर दूर नहीं जाना पड़ता, यह सब कुछ उसी जमीन से जुड़कर मिल जाता है। जिसने उसे एक अंकुर-सा संघर्षरत व्यक्तित्व दिया है। इसी आत्मसंघर्ष का सकारात्मक परिणाम है यह गीत :

ओ! सृजन के बीज
कद को छोड़
पतझर सिर चढ़ा है।

रमेश रंजक की पक्षधरता का खुला रूप 'मिट्टी बोलती है' की रचनाओं में मिलता है। आपातकाल में अपनी भयावह क्रूरताओं में प्रत्यक्ष सत्ता को जन-विरोधी तानाशाही चरित्र के खिलाफ मेहनतकश जनता के संकल्प को अपनी ही मूल्य व्यवस्था में कैद उसकी यातनाओं को वाणी देनेवाले चित्र यहाँ कदम-कदम पर मिलते हैं। कविता का बेखौफ जुझारू चरित्र यहाँ पूरी शक्ति के साथ मुखर है : ''चंद बुलडोजर/सड़क की पीठ पर तैनात/हाँफती-सी/काँपती-सी/आदमी की जात/उफ! कलम होते हुए/पाबंदियों में रह रहा हूँ/रह रहा हूँ/या सभी चुप हैं, मगर सबको अंधेरा खल रहा है/दिया भयभीत-सा/क्यों जल रहा है,'' यह परिवेश कवि के लिए असह्य है। इसके अमानवीय परिदृश्य में किसी सार्थक-संगठित हस्तक्षेप की कामना उसे नई प्रेरणा से भर देती है :

1. **अब यहाँ से तीर-सी आवाज देना लाजमी है**
2. **डर के आग जलाओ, कद्दावर शब्दों को लाओ**
   फिर देखो—अपनी जमीन का
   कितना बड़ा जिगर लगता है
   तुमको नाहक डर लगता है
3. **मारता है वक्त चोटें, सिर उठाता हूँ**
   और अपना दर्द सारा भूल जाता हूँ
   संगठन यह वक्त का पंजा मरोड़ेगा
   रूढ़ियों के जंगली नाखून तोड़ेगा

मुझे इस संकलन के अन्त की तीन कविताएँ 'ऐसा होता है', 'वह

आदमी' तथा 'चील जब घोंसला बनाती है' बेहद पसन्द हैं। सामान्य से लगने वाले प्रसंगों, प्राकृतिक दृश्य-खण्डों और अतिपरिचित प्रतीकों के जरिए—बिना किसी भावुक अतिशयता और वैचारिक अतिरंजना के—गम्भीर राजनीतिक अभिप्रायों को एक अन्वित समग्रता में कैसे व्यक्त किया जा सकता है, सहज से सहज बिम्ब किस तरह ऐन्द्रिय बोध और मूल्य-बोध को एक साथ सक्रिय करता है, यह इन कविताओं में देखा-समझा जा सकता है। इस तरह की एक और कविता है जो इस संकलन से बाहर है—'पहिए जब लीक को काटते हैं'। 'इतिहास दुबारा लिखो' रंजक का सबसे महत्त्वपूर्ण संकलन है। इस संकलन के गीतों का रचनाकाल और आपातकाल का दौर ही है। यहाँ राजनीतिक अभिप्राय पूरी तरह से खुलकर सामने आए हैं। समझ की स्पष्टता के साथ मुहावरे में धार तेज हुई है : "तम से लड़ता हुआ सवेरा/'मैं' का खण्डहर 'हम' का घेरा/तहखानों के राज खोलती/शैली जिसकी आज जरूरत/पत्थर शब्दों में गढ़ मूरत, जिसमें दीखे जग की मूरत/कागज में मत देख महूरत।"

इस संकलन के अनेक गीत जैसे 'बैल नहीं हैं', 'दमन की चक्की', 'मुफलिसी का गीत', 'रेल का चक्का जाम हुआ', 'आग का गीत', 'लावा उठेगा' तथा 'हड़ताल का गीत' विभिन्न आन्दोलनों के दौरान मेहनतकशों की जुबान पर रहे हैं। ये गीत सिर्फ संवेदनात्मक उत्तेजन या उत्तेजनात्मक उद्‌गारों द्वारा शुद्ध आवेग की स्थिति ही पैदा कर हमें आविष्ट नहीं करते बल्कि हमारी उत्तेजित भावदशाओं को एक संगत वैचारिक क्रम में लाकर एक निश्चित लक्ष्य की ओर सक्रिय और दिशाबद्ध करते हैं।

ब्रज की रसिया, भोजपुरी बिरहा आदि लोकधुनों पर आधारित, तालबद्ध गीत जैसे—'किसान-पतोहू का गीत', 'राज मजूरिन की होली', 'बालविवाहिता' का गीत', 'गरीब की ज्यौनार', 'अछूत कन्या की मल्हार', 'होली-1976', 'फसल कटाई का गीत', 'कचहरी के मारे का गीत', 'सावन की बदरिया' तथा 'गरीबों का गीत' जनवादी गीत-परम्परा को रमेश रंजक की सबसे महत्त्वपूर्ण देन हैं। इस जमीन पर लेख के शुरू में काफी कुछ कहा जा चुका है। इन गीतों में गीतकार, लगातार सचेत हो रहे उस औसत भारतीय किसान की मनोभूमिका में उतरकर बदलते यथार्थ के मर्म को उकेरता है। रमेश रंजक के रचनाकार की यही मौलिक भावभूमि है। लेकिन इस औसत किसान की भाव प्रणाली और चिन्तन-प्रक्रिया को वह ज्यों का त्यों नहीं अपनाता बल्कि उसके रूढ़ संस्कारों और निषेधात्मक भाव-पक्षों के प्रति निर्मम आलोचनात्मक रुख अख्तियार कर उसके संघर्षों के उपयोगी सकारात्मक पक्षों से जुडऩ्ता है। इस भावभूमि से

जहाँ भी वह दूर जाता है उसकी सीमाएँ उजागर होने लगती है। लोकगीतों को वह कच्चे माल के रूप में ग्रहण करता है, इनकी अनगढ़ता को कलात्मक परिष्कार एवं संवेदनात्मक संस्कार देकर वह अपने रचनात्मक उद्देश्य के अनुकूल इन्हें नया व्यक्तित्व देता है। वैसे भी लोकगीत शुरू से ही लोकमानस की मुक्ति कामना की, काल्पनिक ही सही, पर स्वच्छन्द अभिव्यक्ति रहे हैं। इन गीतों में जनता ने अपनी कल्पना की तृप्ति ढूँढ़ी है। इनमें सामान्य मनुष्य के उन क्षणों का भावनात्मक इतिहास है जिनमें वह अपनी लालसा, उमंग, उल्लास, प्रेम और घृणा आदि भावों को प्रकट करने में समाज द्वारा थोपे गए कृत्रिम बन्धनों को स्वीकार नहीं करता। इनके माध्यम से यदि हम आज की सामाजिक-राजनीतिक मुक्ति की बात कहें तो क्या कम प्रभावशाली रहेगी? लोकजीवन की यह शैली सक्रिय रूप से सर्जनात्मक है। हमें इसकी सर्जनात्मक ऊर्जा का बेहतर से बेहतर उपयोग करना चाहिए। तभी हम लोकचित्त को एक सही आन्दोलनकारी मानसिक भूमिका में ढालने में समर्थ होंगे। इस प्रक्रिया में लोकजीवन की अन्तर्वर्ती लय में एकतान वह नई गीत-भाषा जन्म लेगी जो आज के सर्जनात्मक आवेग को, आनेवाली पीढ़ियों को एक स्मरणीय विरासत के रूप में सौंपेगी। निश्चित रूप से यह भाषा लम्बे संघर्ष से उपलब्ध उन शब्दों की आँच से ताप ग्रहण करेगी जिनके बारे में रमेश रंजक की कामना है : "शब्द समय पी जाएँ किन्तु मरें नहीं। लाखों पतझर आएँ किन्तु झरें नहीं।"

कवि की इन पंक्तियों, जिनमें आज के समस्त जनवादी गीतकारों की आकांक्षा सम्मिलित है, के साथ हम अपनी बात खत्म करेंगे :

चेहरा जिस पर धूल पड़ी है झीनी-झीनी-सी
जिसके नीचे आग दबी है नई रोशनी की
मेरा गीत न गा पाया यदि दर्द आदमी का
अगर नहीं कर पाया थमे पसीने का टीका
लाख मिले मुझको बाजारू जीत कुछ नहीं

(1980)

□

कन्धे पर सूरज

'कन्धे पर सूरज' डॉ. रामदरश मिश्र का चौथा कविता-संकलन है। जरूरी है कि इन कविताओं पर कुछ कहने से पहले कवि के अब तक के रचना-कर्म की उन खूबियों को समझ लिया जाए, जिनका विकास इस संकलन की रचनाओं में देखा जा सकता है। कवि के समूचे लेखकीय व्यक्तित्व की विकास-प्रक्रिया की पहचान के व्यापक सन्दर्भों में ही इस दौर की रचनागत बारीकियों की पड़ताल सम्भव है।

रामदरशजी के पिछले पच्चीस वर्षीय लेखन का एक विशिष्ट प्रगतिशील चरित्र रहा है। पूर्ण प्रतिबद्धता उनके लेखन में भले ही कभी न रही हो लेकिन संघर्षरत तवकों के प्रति हार्दिक सहानुभूति का भाव इनकी प्रत्येक कृति में दिखलाई पड़ता है। मानवीय मूल्यों के प्रति भावात्मक प्रतिश्रुति ने रामदरशजी की रचना-दृष्टि को हर जगह उस मानवीय विवेकशीलता से जोड़ा है जो सामाजिक यथार्थ की द्वन्द्वात्मक स्थितियों में—विना किसी अतिरिक्त आयास के—शोपित वर्ग के प्रति अपनी सहानुभूति निर्धारित और व्यक्त करती चलती है। 'नई कविता' के उस दौर में भी जब एक बड़ा लेखक-समूह 'अस्तित्व' को जीवन से बहुत ऊपर घोपित करता हुआ सामाजिक यथार्थ से 'पलायन के आदर्शीकृत रास्ते' खोज रहा था; पश्चिम की ह्रासोन्मुख पूँजीजीवी संस्कृति से उधार लेकर पूरी सम्भ्रान्तता से मृत्यु-भय, संत्रास, अजनवीपन या आत्मनिर्वासन से कुण्ठित जिन्दगी के काल्पनिक बिम्ब अंकित कर रहा था; जब कला की स्वायत्तता तथा व्यक्ति की स्वतन्त्रता का नारा देकर व्यवस्था के मूलभूत अन्तर्विरोधों से पाठक का ध्यान हटाकर उसे अनुभवों के एक ऐसे अजनबी संसार में भटका देने की कोशिशें की जा रही थीं ताकि वह सही सोच और सामाजिक संघर्ष के जीवित सन्दर्भ से बिल्कुल कट जाए; तब रामतदरशजी उस दौर में भी 'नींव के पत्थर', 'सत्य से साक्षात्कार' तथा 'आत्महत्या के पहले'

जैसी प्रगतिशील यथार्थवादी कविताएँ लिख रहे थे। रहस्यवादी तो वे किसी स्तर पर रहे ही नहीं हैं। इससे पहले कविता-संकलन 'पक गई है धूप' की भूमिका में उन्होंने स्वयं लिखा है, "मुख्य प्रश्न तो यह है कि कलाकार अपने जीवन्त परिवेश को कहाँ तक जी सका है, उसके और अपने बीच के तनावों, दवावों, संगति-असंगति, संघटन-विघटन को कहाँ तक, कितनी दूर तक महसूस कर सका है।...मैंने अपने परिवेश-जन्य अनुभवों को सदा महत्त्व दिया है इसलिए न तो मैंने बहुत-से आधुनिक कहे जा सकने वाले कलाकारों की तरह विश्व के अनुभवहीन यथार्थ को अपने से पैबन्द की तरह जोड़ा है और न अकवितावादियों या इस तरह की अन्य स्वकेन्द्रित, अस्वीकृतिमयी, छद्म धाराओं के कवियों की तरह परिवेश को अस्वीकारा ही है।" मेरा अपना ख्याल है कि रामदरश मिश्र साफ तौर पर, अज्ञेय और भारती की व्यक्तिवादी धारा से अलग परम्परा के कवि हैं।

यदि गौर से देखें तो रामदरशजी के समूचे रचनात्मक लेखन के केन्द्र में एक खास व्यक्ति का चेहरा है। कहानी, उपन्यास, कविता सभी में यह चेहरा अपने विशिष्ट व्यक्तित्व के साथ मौजूद है। अपनी अतिरिक्त संवेदनशीलता के कारण कविता में तो इस चेहरे को और अधिक आसानी से पहचाना जा सकता है। 'पथ के गीत' से लेकर 'कन्धे पर सूरज' तक सभी रचनाओं में यह चेहरा अपनी पहचान विकसित कर रहा है। यह चेहरा है एक ऐसे संवेदनशील व्यक्ति का जो महानगरीय परिवेश की जटिलताओं के बीच अपने को विस्थापित अनुभव करता है, यन्त्र-सभ्यता की गिरफ्त में कसी जिन्दगी के खिंचावों और तनावों के बीच झटके खाते हुए एक अजीब-सी घुटन महसूस करता है। इस घुटन से उबरने के लिए वह अपने गंवई-जवार की उस सौन्धी महक से जुड़ना चाहता है जो उसकी स्मृति में, उसके संस्कारों में कहीं गहरे बसी हुई है। धरती की यह सौन्धी महक वर्तमान के अजाने दवावों और भयों से उसे मुक्त कर, ले जाती है उस खुले प्राकृतिक परिवेश में जहाँ सूरज है, आईने-जैसा चाँद है, जंगल है, अजनबी हवाएँ हैं, धूप है, ताल है, पहाड़ी झील है, बहती नदी है, विस्तृत आकाश है, यायावर बादल, गुलमुहर के फूल-सा दिन तथा फागुनी शाम है और है 'वसन्त' (जो मिश्रजी की कविताओं में सबसे ज्यादा आया है)। प्रकृति में मुक्ति खोजने का यह प्रयास ठीक वैसा ही नहीं है जैसा कि 'द वर्ल्ड इज टू मच विद अस' की चिन्ता से भरे रोमाण्टिक कवियों तथा कुछ अंशों में उनसे प्रेरित 'बाले तेरे बाल-जाल में कैसे उलझा दूँ लोचन' की दुविधापूर्ण स्थिति में पड़े हुए कुछ छायावादी कवियों में था। गुणात्मक दृष्टि से यह एक

भिन्न रचनात्मक दृष्टि और अनुभव-स्तर है। यहाँ कवि गाँव को महज प्रकृति नहीं मानता। उसके तईं गाँव जीवन्त सामाजिक परिवेश और एक ठोस अनुभव संसार है। इस परिवेश में वह मूल्यों की खोज करता है और अनुभवों के बीच नए-पुराने सामाजिक सम्वन्धों की पहचान और उनके टकराव की स्थितियों को प्रत्यक्ष करता है। शायद यही वजह है कि ग्रामीण परिवेश और प्रकृति के दृश्यों की सहज सामान्य संयोजना में भी उसकी कविता की अर्थ-प्रक्रिया दुहरे-तिहरे स्तरों पर सक्रिय हो उठती है :

1. आकाश में फसल लहलहा रही है
धरती बंजर पड़ी है
हवाएँ हँसिया लिए घूम रही हैं। (मेरा आकाश)

2. आकाश की खिलती धूप में
रंग-बिरंगे पंख उड़ रहे हैं
नंगी डालियों पर लाल-लाल पत्ते बिछे हैं
एक जीवन दूसरे जीवन की आँच से जुड़ता चला गया है
और वसंत आ गया है। (मेरा आकाश)

पिछले दिनों साहित्य में और खास तौर पर कविता एवं गीत में गाँव वनाम शहर की वात जोर-शोर से चलाई गई थी और आज की राजनीति में भी निहित स्वार्थों वाले प्रतिक्रियावादी लोग इसे उठा रहे हैं। गाँव बनाम शहर की समस्या गलत सन्दर्भों में उठने पर एक प्रगतिविरोधी रवैया बन जाती है। विज्ञान और तकनीकी के विकास के जरिए शहर और महानगर सामाजिक यथार्थ और मानवी सम्बन्धों के नए रूपों को सामने ला रहे हैं। सामाजिक विकास की द्रुततर प्रक्रिया के दौरान मानवीय न्याय के लिए निर्णायक संघर्ष और उनमें जूझते हुए वर्ग इन्हीं महानगरों में देखे जा सकते हैं। भविष्य की मानवीय व्यवस्था की आशा इन्हीं महानगरों में केन्द्रित है। ऐसी हालत में समूचे महानगरीय परिवेश को कारखानों के गन्दे शोर, धूल, धुएँ, भीड़ से अंटा हुआ या यान्त्रिक, अमानवीय एवं घुटन से भरा हुआ घोषित कर अस्वीकृत कर देना उस भाववादी और अन्ततः इतिहास-विरोधी रुख का परिणाम है जो अनुभूति को एकांगी ढंग से अतिरंजित करती हुई यथार्थ के पहलू को सम्पूर्ण मान लेती है और इस तरह विचार और यथार्थ के बीच अलगाव पैदा कर देती है। शहर बनाम गाँव की यह बहस कई बार यह सन्देह पैदा करती है कि इस तरह के लोग कहीं इतिहास के चक्र की गति को उलटकर पूँजीवाद से समाजवाद की अगली स्थिति में आने के बजाय सामन्तवाद की पहले गई-बीती स्थिति में

ले जाने का प्रतिक्रियावादी षड्यन्त्र तो नहीं कर रहे हैं।

महानगरीय परिवेश में आत्मनिर्वासन के इस अनुभव के अपने कारण, अपना स्वभाव और अपनी विशेष स्थिति है जो वर्तमान समाज में ढाँचे और उसके अन्तर्विरोधों से उत्पन्न हुई है। "इस निर्वासन का सामाजिक और इससे भी अधिक आर्थिक सन्दर्भ है। मशीनीकरण की प्रक्रिया में फँस कर, महानगर की घोर विषमता में रहता हुआ आदमी एक 'डिप्रेशन' महसूस करता है। चूँकि उसका अपनी मेहनत से पैदा की गई वस्तु से कोई लगाव नहीं होता, यन्त्रों की तरह सम्बन्धहीनता और जड़ता उसमें समाती जाती है, जो सारे सामाजिक सम्बन्धों और दायित्वों तक फैल जाती है।" यह परायापन पूँजीवादी सभ्यता की ही देन है, जिसमें सभी ठोस परिस्थितियाँ और समूचा वातावरण आदमी को बराबर यह महसूस करवाते रहते हैं कि वह एक ऐसे निर्वैयक्तिक ढाँचे–अप्रेटस–पर निर्भर है जो उसके बाहर (और उसके भीतर भी) चालू है, और जो बिना उसकी संचेतना और सहयोग के उसे चलाता है।

यह खुशी की बात है कि 'कन्धे पर सूरज' की इन कविताओं में कवि महानगर से भाग कर ग्रामीण प्रकृति के आँचल में दुबकने की प्रवृत्ति तथा गाँव बनाम शहर की बेमतलब बहसों के माहौल को काफी पीछे छोड़ आया है। यहाँ वह अपने आपको उस स्पर्शबिन्दु पर खड़ा पाता है जहाँ एक ही आर्थिक-सामाजिक संरचना के अधीन शहर और गाँव के दोनों यथार्थ-वृत्त अपनी समानान्तर घुटन को पूरी भयावहता में प्रत्यक्ष करते हैं। उसे महसूस होता है कि

अब गाँव हो या शहर

... ...

सब पर एक ही घिसा हुआ विराट मौसम बिछा हुआ है
और एक घरघराती मशीन दौड़ रही है।

इस दृष्टि से 'गठरी' इस संकलन की एक महत्त्वपूर्ण कविता है।

मुक्तिबोध ने एक जगह लिखा है कि 'मैं कलाकार की स्थानान्तरगामी प्रवृत्ति (माइग्रेशन इंस्टिक्ट) पर जोर देता हूँ। आज के वैविध्यमय, उलझन भरे, रंग-बिरंगे जीवन को यदि देखना है तो अपने वैयक्तिक क्षेत्र से एक बार तो उड़ कर बाहर जाना ही होगा। बिना उसके, इस विशाल जीवन-समुद्र की परिसीमा, उसके तट-प्रदेशों के भूखण्ड आँखों से ओट ही रह जाएँगे। कला का केन्द्र व्यक्ति है, पर उसी केन्द्र को अब दिशाव्यापी करने की आवश्यकता है।' मुक्तिबोध की इस बात को यहाँ दोहराने की एक खास मकसद है। अपने बहुत-से समकालीनों की तरह रामदरश जी का कवि भी यथार्थ की उस

भावाकुल व्यक्तिवादी समझ की गिरफ्त में रहा है जो सामाजिक मूल्यों के केन्द्र में व्यक्ति को ही रखकर सोचती है; मध्यवर्गीय यथार्थ को ही स्वायत्त और सम्पूर्ण समझती है तथा मानव-मुक्ति की चेतना को दृष्टिसम्पन्न, संगठित प्रयास की जगह अकेले आदमी की अपने तक सीमित भावपरक संघर्ष-चेतना के रूप में परिभाषित करती है। यथार्थ को अपनी निजी वैचारिक जरूरतों के दायरें में परिभाषित एवं प्रस्तुत करने वाली इस मध्यवर्गीय दृष्टि के प्रभाव में कवि समाज और व्यक्ति के बीच के जटिल सम्बन्धों को वैज्ञानिक विवेक की रोशनी में परखने की वजाए निजी तथा सामूहिक जीवन के तथ्यों का सीधे-सीधे समीकरण बैठाने लगता है। जाहिर है कि ऐसे किसी भी समीकरण या महज आरोपण में व्यक्ति और समाज अपनी अलगाव-भरी समानान्तरता बनाए रख कर एक-दूसरे से टकराने की नाटकीयता में ढल जाते हैं। अपने विरोधी परिवेश की अमानवीय परिस्थितियों से कवि व्यक्तिगत स्तर पर निपटने की बेचैनी से भर उठता है और सामाजिक परिवर्तन के ऐतिहासिक विवेक-सम्मत संगठित, सामूहिक प्रयासों के विरोध की मुद्रा अख्तियार करता है। रामदरश जी की पिछली कविताओं (फिर वहीं लोग) में और यहाँ भी (साक्षात्कार, वसंत की सुबह आदि) सब जुलूसों तथा सभी झण्डों को यकसाँ मानकर सबका समान भाव से विरोध बार-बार दिखलाई पड़ता है। यह मुमकिन है और इतिहास में कई वार ऐसी स्थितियाँ आती हैं जब हम संघर्प के परिवर्तन की तीव्र आकांक्षा के बावजूद मौजूदा प्रयत्नों और उनके पीछे की राजनीतिक समझ और कार्यनीति के प्रति आलोचनात्मक रुख अपनाते हैं लेकिन यह स्थिति अल्पकालिक और प्रासंगिक होती है। पर यहाँ यह स्थिति 12-14 वर्षों की अवधि में अति व्याप्त है। सामान्य निष्कर्प यही निकलता है कि राजनीतिक प्रयत्नों के प्रति कवि की यह प्रतिक्रिया यथार्थ की वस्तुनिष्ठ समझ की देन न होकर उसके संस्कारों में कहीं गहरे बसी हुई, राजनीति मात्र के प्रति तीव्र नफरत की ही उपज है। यह नफरत बारह वर्प पहले लिखी गई कविता 'फिर वही लोग' में भी है और उन्नीस सौ सत्तर में लिखी गई 'वसंत की सुवह' में भी :

लेकिन सावधान रहना हवा,
तुम्हारी आवाज को नारा
और तुम्हारे पंखों को झण्डा बना देने वाले
बहुत से वसंत पूजक मिलेंगे।

वास्तव में ऐसी प्रतिक्रियाएँ मध्यवर्गीय विभ्रमों में कैद व्यक्ति की उस सामान्य राजनीतिक समझ के ही प्रमाण जुटाती हैं जो बुनियादी सामाजिक

परिवर्तन का एक स्वतःस्फूर्त प्रक्रिया मान कर चलती है। अपने जीवन और रचनागत व्यवहार में यह समझ प्रतिक्रियावादी बूर्ज्वा मानसिकता के उस अदृश्य हस्तक्षेप की शिकार हो जाती है जो बहुत वारीक और चालाक तरीके से हमारी सारी रचनात्मकता को एक खास दिशा और वर्गहित में मोड़ देता है। रचना-प्रक्रिया की दृष्टि से भी ऐसी प्रतिक्रियाएँ कविता की भीतरी रचनात्मक जरूरतों को पूरा करने की जगह वैचारिक संघटन के अभाव तथा संवेदनात्मक पैटर्न के अधूरेपन को ही सामने लाती हैं। वैज्ञानिक समझ के अभाव में, सामाजिक यथार्थ के वस्तुगत सन्दर्भ और रचनाकार की विच्छिन्न चेतना के बीच एक बड़ी दरार पड़ जाती है। आत्मनिरूपण की अकेली चिन्ता कवि को आत्मसजग प्रतिक्रियाओं से आगे नहीं बढ़ने देती तथा उसका पूरा रचना-कर्म आत्मपरक परिणतियों पर केन्द्रित होकर अपनी अलग-थलग स्थिति को जस्टीफाई करने की प्रक्रिया में व्यस्त हो जाता है।

और मैं फिर नहीं जा पाऊँगा
कागजों के पार।
लेकिन मेरे जीने के लिए यह बोध कम तो नहीं
कि वह मुझसे छूटा नहीं है।

लेकिन 'कन्धे पर सूरज' की कुछ कविताओं जैसे 'गठरी', 'लौट आया हूँ मेरे देश', 'वह इस मौसम में आता है', 'दो किनारे', 'तुमने कहा था' में आत्मसंघर्ष की वह प्रक्रिया स्पष्ट होने लगी है जहाँ कवि 'अपने वैयक्तिक क्षेत्र से उड़कर बाहर आने' की कोशिश कर रहा है। आत्मनिरूपण से आगे बढ़कर आत्मसाक्षात्कार की यह प्रक्रिया उसे अपनी सीमाओं के बारे में नए सिरे से, पर पूरी ईमानदारी के साथ सोचने को विवश करती है : 'मैंने कमरे में/खिड़की के सामने एक वड़ा-सा आईना लगा रखा है/सुबह से शाम तक/आईने के एक किनारे बैठा/देखता रहता हूँ/आईने में गिरती सारी सड़क को/छायाएँ/छायाएँ/छायाएँ/अन्त में/मैं इन सारी कुरूप छायाओं को बटोर कर/समाज पर चीखता हूँ/और कविता करता हूँ/और न जाने क्यों/खुद आईने के सामने आने में डरता हूँ।'

'आत्मसाक्षात्कार' की इस प्रक्रिया के दौरान वह अपने भीतर के उस मानवीय सत्त्व को सक्रिय पाता है जो उसे अपने चारों ओर फैले परिवेश, जिसके अन्तर्गत 'हर आदमी स्वतन्त्र होने के लिए छटपटा रहा है।' जिसके साये में 'एक मौन आतंक घूमता है हवाओं पर, प्लेग की तरह/छायाएँ छायाओं से कराती हुई निकल जाती हैं।' जहाँ 'मौसम का हर फूल किसी डर से काँपता

है' की अमानवीयता के खिलाफ भावनात्मक हस्तक्षेप के निर्णय से जुड़ता है। इस संकलन की वे कविताएँ काफी जानदार हैं जो कवि ने आपातकाल के दौरान लिखी हैं। 'जंगल में', 'रूपान्तर' तथा 'कविता का आकाश विस्तृत हो गया है' जैसी कविताओं में कवि की वेबसी, तिलमिलाहट और तीखे अस्वीकार की मुद्राएँ अपने काव्यात्मक अनुशासन में काफी प्रभावशील हो उठी हैं। मुझे व्यक्तिगत रूप से इस संकलन की अन्तिम कविता वहुत प्रिय है। अपनी निजवद्धता से टूट कर वाहर आने के कवि के निजी इस अनुभव में, पूरी आत्मीयता के साथ हम सब भी शरीक हो सकते हैं :

बाहर निकलो
देखो,
बन्द दिशाओं को तोड़ती
धूलभरी हवाएँ बह रही हैं
उदास लय में झरते चले जा रहे हैं पत्ते...
आकाश में लदा हुआ लम्बा-सा सन्नाटा
चट्टान की तरह यहाँ-वहाँ दरक रहा है
एक बेचैनी लगातार चक्कर काट रही है—
सारे ठहरावों के बीच
जमी हुई आँखें अपने से ही लड़ती हुई
अपने से बाहर आना चाहती हैं।
आ गुजरो इनसे
तब तुम्हें दिखाई पड़ेंगी/धूल भरी हवाओं के भीतर बहती
रंगों की छोटी-छोटी नदियाँ
... ...
नंगे पेड़ों के बीच कसमसाता
लाल-लाल आभाओं का एक नया आकाश।

(1978)

□

बीस साल का सफर

जैसा कि अनेक मर्तबा हमारी रोजमर्रा की जिन्दगी में होता है, कोई व्यक्ति अपनी शख्सियत के कुछ खास प्रभावों के जरिये, पहले परिचय में ही हमें आत्मीय लगने लगता है। इस परिचय को विस्तार देने के लिए तथा उसकी शख्सियत के अनदेखे पहलुओं को जानने के लिए हम उससे दोवारा मिलने की जरूरत महसूस करने लगते हैं। कभी-कभी, किसी कवि की कविताओं से प्रथम परिचय में भी ऐसा ही महसूस होता है। कुलदीप सलिल की कविताओं को पढ़कर आत्मीय लगाव का कुछ ऐसा ही अनुभव हुआ। आम आदमी की जिन्दगी से जुड़ी सुख-दुःख की सामान्य अनुभव-स्थितियों के बीच, सामाजिक सम्वन्धों की विशिष्टता को पहचानने तथा अमानवीय परिस्थितियों के बीच मानवीय सत्त्व एवं जिजीविपा के संघर्षरत रूपों को उभारने की सहज आकांक्षा से प्रेरित ये कविताएँ, मुहावरे की ताजगी के बल पर एकवारगी ही हमारा ध्यान खींच लेती है।

ये कविताएँ एक हद तक लीक से हटी हुई कविताएँ हैं। लीक से हटी हुई इस अर्थ में कि ये कवि की मानसिकता की उस खास बुनावट को सामने लाती हैं जहाँ वे तमाम आग्रह गैरहाजिर हैं जो पिछले दौर में कविता को लेकर उठी वहुत-सी वहसों के दौरान मजवूत हुए थे। आज की कविता के पिछले इतिहास से ऐसी वेखबर स्थिति में कवि ने सामाजिक सच्चाइयों को देखने-परखने और कहने का एक खास नजरिया, एक खास अंदाज और मुहावरा विकसित किया है। विना किसी लम्वी वैचारिक भूमिका के, विना किसी आलंकारिक ताम-झाम के, कवि बड़ी सहजता से अपनी स्मृति की गाँठें खोलता है। इन गाँठों के खुलते ही अनुभवों की एक ऐसी जानी-पहचानी आत्मीय दुनिया खुल जाती है जिसमें कवि का आस-पड़ौस है, परिवार है, कभी न भूले जा सकने वाले दृश्य हैं, जिन्दगी पर अमिट छाप छोड़ जाने वाले सम्बन्धों की यह दुनिया

अपने खुलने के क्रम में सामाजिक सम्बन्धों को भी खोलती चलती है; निजी अनुभव-सन्दर्भों को फैलाकर देखते हुए समाज के एक बड़े हिस्से के सुख-दुःख को महसूस करती है; मानवीय सम्बन्धों के प्रति हमें अधिक संवेदनशील बनाती है :

अपने दर्द से देखा है जब-जब गैरों का दर्द भी
बस आँख से आँख तक ही
दूर लगा है—
यहाँ तो, अपना खून बोलता है।

दर्द के निजी अनुभव का फैलकर पीड़ा के सामाजिक अनुभव में बदल जाना—इस प्रक्रिया में कविता संवेदना का वह मानवीय आयाम ग्रहण करती है, जो उसे निजबद्ध संसार से निकालकर बाह्य परिवेश में सार्थक मूल्य खोजने को प्रेरित करता है। परिवेश में अर्थ की यह खोज धीरे-धीरे कवि की चेतना को आत्म-जिज्ञासा के उस वृत्त में खींच लाती है जहाँ वह अपने भीतर अस्तित्व और उसकी सामाजिक सार्थकता से जुड़े प्रश्नों का सामना करता है :

दुःखों से भरी दुनिया में/किसी के दर्द से कभी
कोई टीस मिलती/दर्द का दस्तूर बदलने के लिए
अगर कहीं कूदे होते/वक्त कटी के लिए
कभी कैंसर, कभी अलसर की/क्यों जरूरत पड़ती!

एक खास परिवेश में जहाँ, 'बाजार में लुटती दौलत, कहीं दूर चमकते सोने पर, सबसे ज्यादा, सबसे पहले कब्जा करने' की, 'पड़ोसियों की छत को अपने छज्जे से नीचा दिखाने' की होड़ है। अपनी ही आकांक्षाओं में कैद एक ऐसी जिन्दगी जहाँ 'सारी उड़ान सब्जी के थैले में सिमट आई है, और प्रतिभा पूरी प्रखरता से दूसरों की जूठन चाटने में व्यस्त है' तथा दूसरी तरफ 'जहाँ जुल्म हमेशा की तरह आज भी एक चुनौती है'; जहाँ 'नुकीली बल्लम, भरी बन्दूक' के साथ आज भी सामन्त 'अपने हाथों से छाती तान कर खड़ा है', और जहाँ अब भी 'माई-बाप की शान में हुई गुस्ताखी के लिए' बेगारियों की मुश्कें बँधती हैं। ऐसे परिवेश में कवि, वास्तविकता के मुख्य पक्षों के द्वन्द्वात्मक सम्बन्ध तथा उनके आपसी टकराव की स्थितियों को नजरअंदाज कर, अपनी अलग-थलग स्थिति को जस्टीफाई करने या उसे 'अजनबीपन' का दार्शनिक आवरण देने का चतुराईपूर्ण प्रयत्न नहीं करता बल्कि इन हालात के बीच अपनी स्थिति तथा अपनी भूमिका को लेकर गहरे आत्मसंघर्ष की प्रक्रिया से जुड़ता है। आत्मसंघर्ष की यह प्रक्रिया उसे उस मानवीय विवेक तक लाती है

जहाँ उसे अपना अब तक का 'अकेला सफर' बेमानी लगने लगता है :

काश, बाहर खुले में
किसी कारवां से अपना भी
कोई नाता होता,
धरती-सा बड़ा कोई सपना लेते
और करोड़ों पाँवों पर हम
चलते हुए कभी न थकते।

मुक्तिबोध ने कहा था, 'मुक्ति के रास्ते अकेले में नहीं मिलते'। उसके लिए समाज के संघर्षरत तवकों के संगठित प्रयासों से जुड़ना पड़ता है। इन प्रयासों से जुड़ने की प्रक्रिया में पहली लड़ाई हमें खुद अपने भीतर, अपने मध्यवर्गीय संस्कारों से लड़नी है। मानवीय विवेक की रोशनी में अपनी अब तक की जिन्दगी के जीवन-मूल्यों की विसंगतियों को पहचानकर, सामाजिक बदलाव के लिए अपने को बदलना है :

जिन्दा रहने के लिए, ऐ दोस्त
अब तक कही इस जिन्दगी को
अभी, आज ही मरना होगा।

क्योंकि :

हमारे लिए अब
आज के, बन्दगी के वहशी सवालों को
खयालों की गुफाओं से जगाकर एक बार
दो-दो हाथ करने के सिवा
चारा नहीं हैं।

'सलिल' की इन कविताओं में एक बेचैन मानवीय स्वर है। जीवन के प्रति एक ऐसी 'पैशन' जो उसके भीतर के मानवीय को पूरी मजबूती से पकड़ना चाहती है और अमानवीय से उलझना चाहती है। वैसे आम तौर पर इन कविताओं में सामाजिक यथार्थ को एक हद तक भावुक तरीके से देखने और अनुत्तेजित ढंग से कह देने की कोशिश ही अधिक मिलती है। इसीलिए इन कविताओं में वह आवेग और तीव्रता नहीं है, जो हमें विचार और भावना के संश्लिष्ट स्तर पर पूरी शक्ति से खींच सकती है। यहाँ सर्जनात्मक स्तर पर मुख्यतः दो ही कोशिशें कारगर हैं—एक तो अपने सपनों के समाज को घर और परिवार की-सी आत्मीयता के साथ रचने की आकांक्षा तथा दूसरी वर्तमान समाज में इस मानवीय आकांक्षा को कुण्ठित करनेवाली शक्तियों की जुदा-जुदा

शक्तों की पहचान। इन कोशिशों के पीछे एक ऐसा मानवीय परिप्रेक्ष्य सक्रिय है जो एक हद तक कवि की दृष्टि का, उसमें सोच का आन्तरिक आधार बन गया है। इस परिप्रेक्ष्य के अनुशासन में कवि जो भी अनुभव-स्थिति चुनता है—चाहे वह प्रकृति की हो, चाहे घर-परिवार, आस-पड़ोस, दफ्तर, गाँव-महानगर, वर्तमान या अतीत की हो उसमें से एक सामाजिक अभिप्राय उभरता चलता है। सामाजिक अन्तर्विरोध कवि की दृष्टि से कभी ओझल नहीं होते। आम आदमी का दर्द पार्श्वसंगीत की तरह हर दृश्य में सुनाई पड़ता है। 'टूटी-फूटी चट्टानों के बीच', 'बवंडर', 'काफिला', 'जाड़े की शाम', 'गाँव से दूर', 'टिमटिमाते चेहरे', 'आखिरी हथियार' तथा 'बीस साल का सफर' जैसी कविताओं में इस मानवीय परिप्रेक्ष्य को देखा जा सकता है। 'टूटी-फूटी चट्टानों के बीच' तो इस दृष्टि से शायद इस संकलन की सर्वश्रेष्ठ कविता है। जहाँ यह परिप्रेक्ष्य सक्रिय नहीं रहा वहाँ कई कविताएँ कमजोर भी पड़ गई हैं, जैसे 'मनाली-एक', 'चट्टानों का साया', 'यूनिवर्सिटी खुलने पर', 'आभास' आदि। 'मनाली-एक' में मानवीय सौन्दर्य के प्रति कवि का सैलानी दृष्टिकोण अटपटा लगता है। इस संकलन में 'दरवान', 'बुरे दिनों से लड़ाई', 'वहादुर', 'बदतमीज' तथा 'दूसरा हुमायूँ' ऐसी कविताएँ हैं जिनमें कवि ने कुछ ऐसे विशिष्ट चरित्रों को सामने रखा है जो उसकी जिन्दगी में अपना प्रभाव छोड़ गए हैं। इन कविताओं में एक खास बात यह उभरती है कि यहाँ विशिष्ट चरित्रों के माध्यम से जहाँ मानवीय प्रकृति और व्यवहार के विशिष्ट रूप और पहलू खुलते हैं वहीं हमारा सामना उन अमानवीय सामाजिक सम्बन्धों से भी होता है जिनके चलते मनुष्य के लिए अपनी मूल मानवीयता और जिजीविषा को सुरक्षित बनाए रखना कठिन होता जा रहा है। ऐसे विशिष्ट चरित्रों—जो समाज की प्रातिनिधिक स्थितियों से आवययिक तौर पर जुड़े हुए प्रातिनिधिक चरित्र नहीं है—को सामने रखकर लिखी जाने वाली कविताओं में एक खतरा सन्निहित रहता है। कवि का ध्यान पाठकों के सामने चरित्र की विशिष्टता को लाने तथा उसके व्यक्तित्व के असाधारण पक्षों को उभारने में इस कदर लग जाता है कि वह वस्तुगत यथार्थ; जिसके दवाव से वह चरित्र बना है, आँखों से ओझल होने लगता है। यह खतरा यहाँ भी रहा है पर कवि ने एक हद तक इस पर विजय भी पाई है।

'सलिल' के कवि व्यक्तित्व के विकास की सम्भावनाएँ हम 'टूटी-फूटी चट्टानों के बीच' तथा 'काफिला' जैसी रचनाओं में ही खोज सकते हैं, जहाँ वे पूरे कलात्मक संयम के साथ इतिहास की उन आधारभूत शक्तियों से जुड़ते हैं

जो उनके सपनों में रची-बसी घर-जैसी आत्मीय और मानवीय सम्बन्धों की दुनिया को लाने के लिए लगातार जूझ रही हैं; शोषण की वुनियाद पर टिकी व्यवस्था को चोट कर चोट देकर अपनी क्षमता प्रमाणित कर रही है :

भट्ठियों के भेद में
अब और, अनजान नहीं रह सकते
छेनियों की चाल से लोरियाँ चकराने लगी हैं।
कुछ बात तो जरूरी है,
सदियों के सिलसिले/पाँवों की धूल से
इस तरह, यूँ ही नहीं चौंके।

(1982)

□□□